LES COMBATS DE LA VIE

Du même auteur :

Le SIDA, les faits, l'espoir, sous la direction de, onzième édition, Med-Edition.

Vaincre le SIDA, entretiens avec Pierre Bourget, Editions Cana, 1987.

SIDA et Infection par VIH, ouvrage collectif, avec W. Rozenbaum et J.-C. Gluckman, Flammarion, 1989.

New Concepts in AIDS Pathogenesis, avec M-L. Lise Gougeon, Marcel Dekker, 1993.

Le SIDA et la société française, La Documentation française, 1994.

Des virus et des hommes, Editions Odile Jacob, 1994.

Oxidative Stress in Cancer, AIDS, and Neurodegenerative Diseases, avec René Olivier et Catherine Pasquier, Marcel Dekker, 1997.

Traité de Microbiologie clinique, avec André Eyquem et Joseph Alouf, Editions Piccin Nuova Libraria S.p.A., Padova, Italie, 1998.

VIRUS, W.W. Norton New York - London, 2000.

www.editions-jclattes.fr

Pr Luc Montagnier

LES COMBATS DE LA VIE

Mieux que guérir, prévenir

Avec Dominique Vialard

JC Lattès
17, rue Jacob 75006 Paris

Pour l'éditeur, le principe est d'utiliser des papiers composés de fibres naturelles, renouvelables, recyclables et fabriquées à partir de bois issus de forêts qui adoptent un système d'aménagement durable.

En outre, l'éditeur attend de ses fournisseurs de papier qu'ils s'inscrivent dans une démarche de certification environnementale reconnue.

ISBN : 978-2-7096-2739-9

Première édition février 2008.

Prologue

Pourquoi vivre, longtemps : Le voyageur aux deux bagages

Chaque être humain vivant sur notre petite planète est un voyageur dans l'univers, mais un voyageur dont le temps est compté, trop court hélas au goût de beaucoup d'entre nous. Voyageur sans bagages ?

Non, nous commençons notre vie avec deux bagages aussi importants l'un que l'autre.

Le premier est le bagage biologique qui contient un patrimoine accumulé du fond des âges, un arbre de mémoire très ancien, 3 500 millions d'années, presque aussi vieux que la Terre elle-même. Au cours de ces longueurs de temps vertigineuses, notre programme génétique porté par l'ADN* a accumulé d'innombrables inventions au niveau moléculaire, puis cellulaire, puis à l'échelle d'êtres organisés. Ce programme est maintenant comme une partition musicale qui doit être jouée à chaque génération. Elle doit l'être sans la moindre fausse note à partir d'une seule cellule, l'œuf fécondé, jusqu'à son développement final ; la plus grande partie – le développement de l'embryon – étant jouée dans l'utérus de la mère, chez nous, les mammifères. Nous recevons ce patrimoine de nos parents et le transmettons à nos enfants. Surtout ne jouons pas à l'apprenti sorcier, n'y touchons pas ! Il s'agit à chaque génération non pas d'une création mais d'une reconstruction au quasi identique. Puis, l'être biologique que nous sommes va se frotter au milieu, y interagir, et retourner ensuite à la poussière, après avoir éventuellement contribué avec un être du sexe opposé à constituer le nouveau patrimoine de la génération suivante.

Mais ce n'est pas tout. A la différence des autres êtres terriens, nous disposons d'un second bagage, tout aussi essentiel. Celui-là est beaucoup plus récent, quelque 10 000 ans : c'est le bagage culturel. Il s'est développé avec la sédentarisation de l'homme, l'agriculture, les premières cités, avec une autre mémoire transmissible d'homme à homme : le langage, puis l'écriture avec ses impressionnantes amplifications récentes, de l'imprimerie à internet. Il dépend de bases biologiques – un cerveau hypertrophié, des mains et un larynx – mais qui ne sont elles-mêmes utilisées pleinement que par la communication sociale, la transmission du savoir par le groupe, la famille, l'école.

Ce bagage-là a davantage encore créé l'environnement où nous évoluons et s'accroît de génération en génération. Notre alimentation, notre habitat, nos cultures, nos sources d'énergie, notre extraordinaire mobilité, dépendent d'une accumulation de découvertes faites par nos ancêtres. En fait nous autres, hommes modernes, avons tendance à croire que tout cela s'est fait sans effort et que nous sommes là simplement pour en jouir au maximum sans regarder ni en arrière ni en avant. Mes grands-parents ont connu l'électrification des campagnes, gardant précieusement – au cas où –, dans leur placard, la lampe à pétrole et les bougies de leur enfance et éteignant l'ampoule électrique de la pièce qu'ils quittaient, une habitude que nos enfants ont pour la plupart complètement oubliée. L'eau chaude coule pour des bains ou douches quotidiens, et pas seulement pour quelques riches Romains. Quant à la médecine, j'ai connu au début de mes études à l'hôpital de Poitiers ces malades agonisants, atteints de tuberculose généralisée, ces enfants mourant de méningite tuberculeuse, ces adolescents paralysés de la poliomyélite ne survivant que dans des poumons d'acier, la fin dramatique de grands insuffisants cardiaques.

Depuis, bien des vies ont été sauvées grâce aux antibiotiques, aux vaccins, aux progrès de la chirurgie. Mais on continue à mourir de la tuberculose de l'autre côté de la Méditerranée, des souches de bacille tuberculeux multi-résistantes aux antibiotiques commencent à circuler à l'est de l'Europe ; chez nous, trop d'adultes encore jeunes meurent prématurément de cancers ou d'accidents cardiaques et les maladies du cerveau et les maladies articulaires graves augmentent au fur et à mesure que notre espoir de vie s'accroît. Peut-être même vont-elles atteindre des personnes de plus en plus jeunes si nous n'y remédions pas.

Mais reconnaissons que ce gain de durée de vie jamais atteint auparavant dans notre histoire – plus de trente ans en un siècle – nous accorde un privilège extraordinaire. Et si nous savons nous y prendre, nous pourrons encore gagner vingt ans de vie active de plus qu'auparavant !

Que faire de ce surplus de vie ? D'abord prendre conscience qu'il s'agit d'un gain extrêmement fragile, tant au niveau biologique qu'au niveau culturel, et qui peut disparaître si nous n'y prenons garde.

Au niveau biologique, nous sommes victimes de notre succès. Croissez et multipliez, disaient les religions monothéistes. Oui, mais jusqu'à quel point – 6,6 milliards, bientôt 10, 15 milliards – prédisent les démographes ! Or, la terre ne peut supporter une croissance indéfinie de l'espèce humaine. Brûler en quelques dizaines d'années les énergies fossiles dont les sources ont mis des millions d'années à se constituer ne va pas sans effets délétères : accumulation des déchets, modification du climat entraînant des effets déjà visibles.

Les pays où la croissance démographique dépasse 4 % par an ne peuvent se développer économiquement, accumulant une population jeune sans emploi et sans espoir d'avenir. Or, tous les organismes vivants ont appris – par la sélection – à réguler leur croissance quand ils ont épuisé leurs ressources nutritives. Ainsi, les bactéries ou des champignons microscopiques dans une boîte de Pétri remplie de gélose nutritive s'arrêtent de pousser lorsqu'ils ont envahi toute la surface et forment des spores qui ne germeront à nouveau que lorsqu'elles auront trouvé un milieu nutritif adéquat.

Nous n'avons pas encore trouvé un tel système de régulation. Certes, pour des raisons socioculturelles, la fécondité a largement diminué dans beaucoup de pays développés, au point même parfois de ne plus permettre le renouvellement des générations. En revanche, ce n'est pas le cas de bien des pays en voie de développement où il existe un décalage entre une baisse importante de la mortalité infantile, apportée par l'hygiène et la médecine, et des habitudes culturelles ancestrales de familles très nombreuses ne permettant pas ou retardant l'implantation de méthodes modernes de contraception.

D'autre part, notre société moderne, du fait même de son organisation globale sophistiquée, est fragile, à la merci d'une détérioration soudaine des moyens de communications, d'une panne d'énergie, ou encore d'une épidémie de maladie à contagion respiratoire, paralysant les échanges de personnes et de biens économiques. Nous devons donc être conscients de cette fragilité et tout faire pour conserver les acquis si positifs de cette société ; et notamment nous organiser pour que s'étendent progressivement jusqu'à la planète entière les zones de non-guerre.

Vivre en paix est la première condition pour que chaque être humain ait accès à l'immense masse de connaissances à sa disposition, la seconde étant la possibilité et la volonté d'apprendre à se situer dans l'univers, de savoir d'où nous venons et jusqu'où nous pouvons aller. Dispenser à chacun une éducation et des connaissances en continu, les moyens modernes de circulation de l'information (internet) nous le permettent. Encore faut-il créer un environnement favorable pour que l'on puisse et que l'on veuille accéder à ces moyens.

Vivre longtemps, c'est pouvoir accéder plus longtemps à cette somme de connaissances qui s'accroît de jour en jour. Vivre longtemps, c'est aussi bénéficier et jouir des arts vivants des différentes cultures. Ne serait-ce qu'écouter les chefs-d'œuvre des trois siècles d'or de la musique demande toute une vie, et une longue vie.

Enfin, avoir la joie de transmettre son savoir aux générations suivantes, la première, la deuxième, voire la troisième, de sa propre famille ou d'autres, demande également de rester des super mamies ou papis au cerveau intact. Il se dégage toujours de la longue vie d'expérience d'un être humain une conscience plus intense de sa situation au sein de ses semblables et dans l'univers, et même parfois une certaine sagesse.

Donc, vive le retour aux patriarches de cent ans et plus, et faisons tout pour réduire au minimum le nombre de morts prématurées par la maladie, les accidents et la guerre ! Essayons de vivre en bonne santé le plus longtemps possible.

Introduction

Ne pas mourir par ignorance

Au milieu des années 1980, de grandes affiches couvraient les murs du métro de Londres. En lettres éclatantes sur fond noir s'inscrivait le message : *« Don't die of ignorance ! »* ; en français, « Ne mourez pas par ignorance ! »

Le gouvernement de Margaret Thatcher lançait ainsi une campagne musclée pour la prévention du Sida. Le virus* était connu, ses modes de transmission aussi, les moyens de l'éviter également. Cette campagne eut une portée réelle, l'esprit de discipline des Britanniques aidant. Aujourd'hui encore, l'Angleterre est l'un des pays les moins touchés par l'épidémie. Le Sida, grâce aux traitements, n'est plus une maladie à l'issue inexorable. Et pourtant, il y a encore des endroits sur cette planète où l'on meurt toujours du Sida, parfois parce que l'on n'a pas les moyens d'éviter de l'attraper, mais aussi parce que l'on croit qu'il s'agit d'une punition divine, ou d'un sort jeté par un sorcier, et qu'il n'y a rien à faire !

---

* Les termes signalés par un astérisque figurent dans le glossaire en fin d'ouvrage.

Cet abîme entre les connaissances qui peuvent sauver la vie des gens et les comportements et croyances qui les conduisent à la mort, il ne faut pas croire qu'on le rencontre seulement dans des pays exotiques, et seulement pour le Sida. Il existe également chez nous. Nous qui sommes si fiers de notre Grande Médecine et de nos Grands Médicaments. Un cancer, un infarctus du myocarde, foudroient sans crier gare un homme ou une femme jeune, ou bien encore une fatigue insidieuse s'installe durablement, sans raison apparente, une maladie neurologique paralyse les membres à petit feu ; des épidémies virales surviennent les unes après les autres.

C'est le fait du hasard, de la malchance, ou d'une prédisposition génétique que nos docteurs invoquent parfois encore : « Mais mon pauvre monsieur, il n'y a rien à faire sinon à réduire les symptômes », dira le médecin à son patient. Le fatalisme n'est plus d'origine divine mais il existe toujours dans la tête de certains médecins et de leurs patients.

C'est bien là la grande insuffisance de la médecine actuelle. Elle vit encore sur les concepts qui ont présidé à de grandes réussites dans le passé, voire un passé récent : une maladie, un agent infectieux : un médicament ou un vaccin. Cette règle des trois unités s'applique correctement au contrôle des maladies infectieuses aiguës mais force est de reconnaître que le médecin se trouve maintenant désemparé devant des maladies complexes aux causes multiples s'additionnant les unes aux autres pour un jour déclencher une catastrophe non prévue, mais non imprévisible. Voilà les grands enjeux de la médecine actuelle : prévoir la survenue des maladies chroniques et nous en prémunir.

Pour masquer notre ignorance, on baptise souvent ces maladies « d'idiopathiques » ou « d'auto-immunes » quand on n'accuse pas l'âge : le mal serait donc inévitable et intraitable. On essaye simplement d'effacer les conséquences les plus voyantes de nos maladies. Un exemple caricatural est celui de l'usage inapproprié des anti-inflammatoires dans les maladies articulaires, alors que l'inflammation est une réaction normale, utile, de l'organisme et qu'il y a des causes précises, infectieuses, derrière cette réaction. Mais pour les trouver, encore faut-il avoir la volonté de les chercher !

Inspiré de mon aventure personnelle dans le Sida, j'ai voulu démontrer à travers des expériences de laboratoires que beaucoup de maladies que l'on associe au vieillissement – mais qui peuvent toucher chacun d'entre nous à n'importe quel âge – pouvaient avoir des causes précises et que la connaissance de ces causes permettra de les prévenir.

Certes, identifier des causes multiples dont l'importance relative peut varier d'un individu à l'autre n'est pas simple. Cela demande, outre des examens de laboratoire poussés, une connaissance approfondie par le médecin de son patient, de son histoire ; un dialogue qui demande du temps à une époque où l'on en manque. Il lui est aussi nécessaire d'accepter cette dialectique subtile qui fait qu'une cause peut devenir une conséquence, et inversement ; c'est le cas du stress oxydant*, un dénominateur commun à beaucoup de ces maladies. Il faudra encore attendre la mise à disposition de technologies nouvelles pour détecter les traces d'un ou plusieurs agents infectieux agissant de concert. Mais la révolution est en marche et rien ne l'arrêtera car il n'y a pas de meilleure solution pour le citoyen et la société : une médecine personnalisée, intégrative et prédictive, est appelée à se développer au détriment de la médecine de crise. Avec un maître-mot : la prévention.

Bien sûr, d'autres problèmes surgiront. Epidémiques assurément. Sans compter les menaces déjà à l'œuvre : le réchauffement climatique, la démographie non régulée, l'inégalité des développements, les idéologies totalitaires. La médecine et la science médicale ne pourront répondre à tout mais s'il est une valeur commune à tous les hommes, quelles que soient leurs croyances ou leurs différences culturelles, c'est bien la santé, la recherche de l'état de bonne santé. Et de la maladie généralisée au chaos social et économique, il n'y a pas loin. La recherche médicale apparaît donc toujours plus indispensable pour nous sauver de l'autodestruction et nous protéger des dangers qui nous entourent.

Or, face à ces nouveaux enjeux, il est urgent qu'elle se pose les bonnes questions, s'adapte et réagisse. Un gigantesque défi à relever. Elle n'y parviendra qu'en corrigeant ses propres déficiences et en se rapprochant des patients. Elle ne progressera qu'en puisant dans toutes les avancées des sciences du vivant comme dans les connaissances acquises empiriquement, trop souvent méprisées. Elle ne nous sauvera que si elle retrouve sa vocation originelle, loin des intérêts économiques, plus près de la sagesse d'Hippocrate et de sa règle première : *Primum non nocere*... D'abord, ne pas nuire ! Prévenir, plutôt que mal guérir ou ne pas guérir du tout... En renforçant nos défenses immunitaires et antioxydantes, en connaissant et en réduisant les facteurs de risques qui nous entourent, nous pouvons sinon échapper à de nombreuses maladies, du moins nous en protéger. De notre capacité à faire face à ce défi dépend notre avenir : perdrons-nous sur le terrain de la santé l'espérance de vie que nous avons durement conquise sur le temps ? Allons-nous gaspiller ce précieux supplément d'avenir, ce futur toujours plus proche que nous avons si chèrement payé ?

J'ai voulu aussi dans ce livre réconcilier le lecteur, dit profane, avec la science ou plutôt ses exécutants. Certes, les chercheurs ne sont pas des saints, ce sont des êtres humains avec leurs défauts et leurs qualités. Les risques de dérapage, de perversion, je le dis sans fard, sont réels. Les structures de la recherche apparaissent bien imparfaites, il y a des brebis galeuses, on craint le bioterrorisme mais malgré tout, l'étendue de nos connaissances, notre confort de vie, notre bonne santé, tout cela nous le devons en grande partie aux « savants ». Les chercheurs cherchent beaucoup, souvent en vain, mais parfois ils trouvent.

J'imagine un bond en arrière de trois siècles : le vieux roi Louis XIV, de la fenêtre de son carrosse ou de sa chaise à porteur, voit passer un long fuseau blanc dans le ciel. Il croit au miracle. Seul un être divin peut faire tenir ce prodige se déplaçant plus vite que le son – c'est un Concorde – et atteindre la Nouvelle-Amsterdam en trois heures. Il ne peut imaginer la somme de découvertes, d'inventions technologiques, de calculs mathématiques que petit à petit les hommes ont accumulée pour réaliser cette merveille.

Un autre miracle : un homme en blanc conduit Sa Majesté non pas dans l'un de ses hospices mais à l'hôpital. En quelques jours, le voilà débarrassé de ses calculs rénaux, de son infection urinaire et de sa fistule anale. Le voilà paré d'une denture flambant neuve. De l'hôpital, on le mène au Centre de médecine préventive où les savants lui conseillent de manger moins, et surtout d'éviter les viandes de gibier qu'il adore, de courir tous les matins dans le parc de son château de Versailles, et de prendre quelques pilules inoffensives. Voilà notre roi Soleil tout ragaillardi, prêt à traverser le XVIIIe siècle, à suivre les événements de son royaume et du Nouveau Monde à travers d'étranges lucarnes...

Ces miracles, nous les vivons tous les jours, ils nous paraissent tout naturels. Encore un effort, un petit coup de pouce – pour tout dire une prise de conscience – et nous pourrons vivre un siècle en bonne santé.

NOTRE CORPS MENACÉ

Nous avons les moyens de réagir

Le rôle-clé de nos défenses immunitaires

« Le microbe n'est rien, c'est le terrain qui est tout. »

Claude Bernard

L'héritage de nos ancêtres

Commençons par faire l'inventaire de nos moyens de défense. Si nous existons aujourd'hui, c'est parce que nos ancêtres, ignorants de tous les agents infectieux les entourant et du rôle de l'hygiène, ont su leur résister grâce à leurs défenses naturelles apportées par l'évolution biologique. Mais à quel prix ? Il y avait beaucoup de disparitions prématurées, combien de femmes mortes en couches, un enfant sur deux mourait avant l'âge de cinq ans et on était vieux et invalide à trente ou quarante ans. La sélection naturelle – impitoyable – a permis aux mieux armés de résister et de se reproduire. C'est ainsi que nous avons, en partage d'ailleurs avec les vertébrés supérieurs, un système de défense remarquable.

Dans toute maladie infectieuse, il y a l'attaquant et l'attaqué. L'attaquant, c'est le germe qui a trouvé un point faible pour s'introduire dans notre organisme et y proliférer. Il faut reconnaître que la médecine moderne s'est essentiellement focalisée sur l'attaquant : vaccins, sérums, antibiotiques, antiviraux ont fait merveille sur beaucoup de maladies aiguës. Mais cela ne fonctionnerait pas s'il n'y avait en face un bon répondant : le système immunitaire* de l'attaqué ! Si celui-ci fait défaut – c'est le cas des immunodépressions d'origine génétique ou acquise, c'est le cas par excellence du Sida – les traitements anti-infectieux agissent moins bien et l'infection persiste et peut même s'installer à l'état chronique.

Le risque des grandes hécatombes épidémiques du passé, choléra, peste, a reculé du fait de nos connaissances sur leur origine. Par définition, nous sommes les rescapés de cette sélection par la disparition des plus faibles. Nul doute que si l'on attendait suffisamment longtemps, l'épidémie de Sida arriverait à sélectionner des individus plus résistants au virus. Mais au prix de combien de morts ? La médecine donc nous protège ; mais elle a deux effets négatifs : d'une part, elle sélectionne des germes de plus en plus résistants à ses traitements – leur inventivité est sans limite avec le temps –, d'autre part, le patrimoine de défense que nous ont transmis nos ancêtres est en train de s'amoindrir ; du fait des changements d'environnement, de nos comportements, et du fait même des progrès de la médecine puisque celle-ci maintient en vie des personnes au système immunitaire faible qui, autrefois, seraient mortes – c'est heureux mais c'est un fait. Toutes les nouvelles maladies chroniques, peu ou prou, se sont engouffrées dans cette faille : nos défenses naturelles ne sont pas toujours à la hauteur des attaques qu'elles subissent.

En attendant, ce chapitre un peu technique a pour but de rappeler quelques données de base sur nos défenses immunitaires, plus précieuses que jamais.

Tous les êtres organisés, plantes et insectes y compris, possèdent des systèmes de défense contre bactéries et virus. Les antibiotiques que nous extrayons des champignons constituent leurs défenses naturelles contre les bactéries. Mais chez les vertébrés, peut-être à la suite de l'insertion de rétrovirus* dans leur génome*, se sont développés des dispositifs de défense variés et ultra perfectionnés – en particulier chez les vertébrés à sang chaud, oiseaux et mammifères – dont nous avons hérité.

Schématiquement, on peut les diviser en deux bras :

– l'immunité innée, qui peut agir immédiatement tous azimuts sans avoir déjà identifié l'ennemi ;

– l'immunité acquise qui, en quelques jours ou semaines, va apprendre à générer des soldats et des missiles dirigés de façon spécifique contre l'agresseur. Il s'agit à la fois de cellules spécialisées et de molécules solubles (les anticorps*) ayant la capacité de reconnaître la forme des molécules de l'attaquant, de s'y fixer – qu'elles soient présentes à sa surface ou qu'elles soient rejetées à l'extérieur (les toxines) – et de neutraliser leur action.

L'immunité innée en première ligne

Cette immunité regroupe celles de nos cellules qui sont déjà toutes naturellement armées pour éliminer bactéries et virus. Elles appartiennent essentiellement à la famille des globules blancs. Ce sont les macrophages*, les leucocytes polynucléaires* et les cellules tueuses dites NK, du terme *Natural Killers* (Tueurs Naturels).

Ces cellules réagissent dès la première alerte, stimulées par les produits que libèrent les microbes eux-mêmes : ainsi les macrophages qui existaient sous une forme de repos (les monocytes*) se transforment en cellules activées dès qu'elles rencontrent un stimulus étranger, que ce soit un antigène* de bactérie, d'un virus, ou même des molécules libres (messagers chimiques) ou des dérivés réactifs de l'oxygène (radicaux libres*). Les macrophages acquièrent ainsi des propriétés de phagocytose* leur permettant d'englober et de détruire des bactéries. Ils sécrètent aussi des molécules très réactives, des radicaux libres tels l'acide hypochloreux (la base de l'eau de Javel !) ou l'eau oxygénée, substances de nature à rapidement détruire microbes et virus s'approchant de trop près.

Les leucocytes polynucléaires agissent de la même manière, par phagocytose et sécrétion de molécules antiseptiques.

Quant aux cellules NK, ce sont des lymphocytes, de petites cellules rondes capables, grâce à des récepteurs spécifiques, de reconnaître et neutraliser toute cellule produisant un agent étranger. Ces « tueuses » ne visent pas directement le germe mais ciblent sans discernement les cellules infectées sur lesquelles elles se fixent avant de leur réinjecter des substances létales. Je suis toujours émerveillé par ce spectacle de laboratoire tout en regrettant que les choses ne se passent pas aussi bien *in vivo* : lorsque l'on place sur une culture de cellules cancéreuses humaines des lymphocytes provenant d'un donneur de sang sain, on assiste au microscope à l'élimination progressive et totale des cellules cancéreuses par les cellules NK, tout cela en moins de vingt-quatre heures. Cette efficacité présente aussi des inconvénients : ce sont ces mêmes lymphocytes qui provoquent les rejets de greffes puisqu'ils tuent tout élément étranger, cancéreux ou pas.

Il existe un autre mécanisme de défense inné très important, dirigé contre toutes les infections à virus : les interférons*. Ces petites protéines*, que toutes nos cellules sont capables de fabriquer, agissent comme des messagers pour arrêter la dissémination du virus. En fait, elles ne sont pas produites par les cellules non infectées, leur production étant induite par des molécules du virus lui-même, à partir de gènes* normalement au repos.

Le plus remarquable, c'est que ces molécules engendrées par les cellules infectées vont induire chez les cellules voisines encore non touchées un état de résistance antivirale par différents mécanismes enzymatiques*. En même temps, sous l'effet de l'interféron produit, des effets secondaires surviennent dans l'organisme, en particulier une augmentation de température – c'est la fièvre – et un sentiment de fatigue. Il s'agit donc d'une réaction rapide très efficace mais pas instantanée : il se passe quelques heures entre le premier contact du virus et la production de l'interféron puisqu'il répond à la multiplication du virus.

Il est important de rappeler que la fièvre est une réaction naturelle qu'il convient de traiter lorsqu'elle dépasse un certain seuil mais qu'il est malvenu de combattre systématiquement. La mode est aux antipyrétiques qui ont inondé les pharmacies ; on les absorbe à la moindre petite fièvre par souci de confort. Mieux vaudrait laisser celle-ci retomber naturellement car c'est ainsi que nos défenses immunitaires peuvent travailler à leur maximum... Nous pouvons bien éliminer les symptômes, cela ne supprime pas les causes précises, infectieuses, qui les provoquent.

L'immunité acquise

Tout est pour le mieux dans le meilleur des mondes : face à l'agresseur, pendant les premières salves de l'immunité innée, les agents de l'immunité acquise ont tout loisir, si l'on peut dire, de se déployer et de s'armer. Ils se répartissent en deux groupes que l'on distingue sous les termes d'immunité humorale et cellulaire.

L'immunité humorale s'appuie sur la sécrétion d'anticorps par la voie sanguine. En complément des anticorps naturels toujours présents dans la circulation mais peu puissants, l'organisme dispose d'un système de modification génétique afin que certains globules blancs puissent sécréter un anticorps dirigé contre un antigène donné, contre une protéine d'un agent bactérien ou viral.

Ces cellules, les lymphocytes B*, circulent essentiellement dans les ganglions lymphatiques et sécrètent des anticorps qui eux-mêmes passent dans le sang. Nous voilà dans l'immunoglobuline et ses différentes sous-classes d'anticorps : les IgM, les premières sécrétées au contact de l'antigène, puis les IgG en cas de contact prolongé ou de nouvelle rencontre avec celui-ci, les IgA, les IgE... Entre ces différentes classes d'anticorps, s'établit une sorte de transmission spécifique de l'information rendant cette unité très efficace. De ce processus découle l'obtention d'une « réponse mémoire » de l'organisme – c'est le principe-clé de la vaccination. Elle sera véhiculée par les IgG, les constituants fondamentaux de l'immunité acquise.

Face à une infection par le virus de la grippe par exemple, au bout d'une semaine ou deux des clones de lymphocytes B vont se multiplier. Ils produisent des anticorps spécifiques des protéines du virus. Parmi ceux-là, les anticorps dirigés contre les protéines exposées à la surface du virus vont pouvoir neutraliser ce dernier en agrégeant les particules virales entre elles. Le système est capable d'autorégulation : quand le virus disparaît, beaucoup des lymphocytes producteurs d'anticorps spécifiques vont mourir de suicide cellulaire ou, en terme scientifique, d'apoptose*, ne laissant en place qu'un nombre réduit de lymphocytes actifs. Ceux-là vont garder la mémoire des produits spécifiques du virus. Quand le germe se manifestera à nouveau, une réaction immédiate de défense s'engagera à partir du petit nombre de cellules-mémoire dont la prolifération se remettra en route. L'immunité ainsi acquise fonctionne alors comme l'immunité innée, c'est-à-dire très rapidement. C'est la protection apportée par un vaccin.

Comment agit un vaccin ? On part d'une préparation (comprenant un adjuvant*) d'origine microbienne privée de pouvoir pathogène soit par inactivation chimique soit par atténuation obtenue par passages successifs en cultures de l'agent infectieux. En introduisant le vaccin dans l'organisme, on induit la formation de lymphocytes-mémoire producteurs d'anticorps. Cette immunisation va neutraliser l'agent virulent dès que celui-ci entrera dans l'organisme. Cette mémoire peut durer plusieurs années, parfois toute la vie.

Le second composant de l'immunité acquise, l'immunité cellulaire, repose sur une autre catégorie de globules blancs, les lymphocytes T*, T comme Thymus (l'organe dont ils dépendent). Ceux-ci sont capables, en certaines circonstances, d'exprimer à leur surface une certaine molécule baptisée CD8*. Ces lymphocytes, comme les cellules NK, présentent un pouvoir cytotoxique : ils tuent de façon spécifique les cellules infectées par un agent pathogène. Cependant, contrairement aux cellules NK qui agissent tous azimuts, ils sont programmés uniquement contre le germe attaquant.

La programmation des lymphocytes T8 (ou CD8) dépend en effet d'une association, d'une communication avec d'autres cellules spécialisées dans la transmission d'informations immunitaires par la sécrétion de cytokines* : les lymphocytes T4* (ou CD4*). Si ces cellules ont disparu ou ne réagissent pas normalement, l'information émise sera tronquée et cette défaillance paralysera l'action cellulaire. Les lymphocytes T4 sont un peu les chefs d'orchestre du système immunitaire qu'ils stimulent et conduisent par l'intermédiaire des cytokines. Ce sont eux qui donnent la mesure aux cellules T8, cytotoxiques. Mais c'est aussi en fonction de leur présence et de leur vitalité que se feront de bonnes présentations d'antigènes, que se fabriqueront les anticorps. Ce sont eux que le Sida, justement, détruit. Malin, le VIH* frappe précisément à la tête de l'orchestre, en utilisant des protéines spécifiques paralysant et provoquant indirectement la mort des T4. C'est ainsi qu'il enraye les mécanismes de l'immunité dont l'efficacité repose sur une coordination parfaite de ses éléments constituants.

La liste de nos défenseurs ne se résume pas à ces quelques vaillants guerriers : d'autres troupes cellulaires sont impliquées dans la génération de l'immunité.

Ainsi lors de l'intrusion d'un agent pathogène, les premières cellules qu'il rencontre ne sont pas les lymphocytes mais les cellules dendritiques. Ces combattantes, dérivées de la lignée des macrophages, ont le pouvoir particulier de découper les protéines du microbe en petits morceaux qu'elles présentent aux lymphocytes T. Ces derniers seront ensuite programmés, avec l'aide des cellules T CD4, pour reconnaître certains de ces morceaux présentés par les cellules infectées. Les cellules dendritiques vivent en nombre variable dans nos muqueuses, dans la peau. Elles font actuellement l'objet d'une recherche particulière laissant espérer de belles avancées thérapeutiques. L'idée des chercheurs est de trouver les moyens de stimuler ces cellules dendritiques, de doper leurs capacités naturelles afin de les rendre meilleures présentatrices d'antigènes ; par conséquent, d'optimiser la réponse immunitaire par les lymphocytes. Des vaccins conçus sur ce principe sont déjà en test.

Nos défenses inflammatoires, endocriniennes et nerveuses

Aux côtés du système immunitaire classique coexistent d'autres types de défenses secondaires assez différentes mais néanmoins essentielles par la contribution qu'elles lui apportent.

Le système inflammatoire en est un : il répond systématiquement à l'agresseur local par des messagers chimiques agissant à distance sur les cellules du système immunitaire. Au point d'inflammation précisément, ce système de défense attire ainsi macrophages, lymphocytes et polynucléaires. Ce pouvoir d'attraction est dû à des messagers chimiques, les cytokines déjà évoquées, dont on a recensé des dizaines de variétés : certaines favorisent davantage l'immunité cellulaire, comme l'interleukine* 2 (IL2) ou 12 (IL12), d'autres l'immunité humorale comme l'IL4, l'IL6 ou l'IL10. De l'équilibre entre ces diverses interleukines dépendent l'articulation et le déploiement des différentes sortes de réponses immunitaires [1].

Le système endocrinien assure également une fonction probablement déterminante dans nos défenses, par l'intermédiaire de la cortisone. Cette hormone, sécrétée par la glande surrénale, fait partie des hormones dites de stress. Le fonctionnement endocrinien apparaît clairement comme un autre système de réponse, d'adaptation de l'organisme à l'environnement.

Nous entrons là dans le domaine du stress physiologique dont Hans Selye[2] fut le premier à donner une définition ; du stress psychologique également, la vitalité de notre système immunitaire dépendant en partie du système nerveux. N'oublions pas que tout notre organisme est contrôlé par le cerveau. Face à une agression, l'action du système nerveux central et de la psychologie entraîne une réponse patente au niveau immunitaire. C'est le domaine de la neuro-immunologie.

De nombreuses personnes peuvent témoigner d'exemples dans leur entourage d'individus ayant développé une infection ou un cancer à la suite d'un choc psychologique. L'action du système nerveux sur nos défenses immunitaires est une réalité que le jeu des hormones renforce et c'est là un important facteur de résistance.

Il ne faut pas croire que tous ces systèmes de défenses n'agissent que sur des germes étrangers. Les cellules cancéreuses elles-mêmes font l'objet d'une surveillance immunitaire, notamment par l'intermédiaire des cellules NK et des lymphocytes T cytotoxiques. Cette surveillance est partiellement efficace en ce sens qu'elle peut contenir pendant de nombreuses années la prolifération de quelques cellules cancéreuses. L'autopsie de prostates d'hommes âgés montre qu'elles renferment souvent des petits noyaux de cellules cancéreuses qui ne se développent que très lentement. Malheureusement, il arrive que le potentiel de variation génétique[3] de telles cellules leur permet d'échapper à la surveillance immunitaire et de produire finalement des tumeurs envahissantes, mortelles en l'absence de traitement.

Les portes d'entrée des microbes

Il faut savoir que les réactions immunitaires interviennent en priorité là où se situent les sources d'infection principales, soit tous les points du corps ouverts sur l'extérieur. Nous sommes d'abord exposés au risque d'infection par nos orifices extérieurs. Cela commence par la bouche et le nez, ce dernier étant mieux protégé que la bouche des poussières et des aérosols inspirés, grâce au barrage des poils et des sinus. Plus communément, une infection s'installe en respirant par la bouche, ce que je conseille donc toujours d'éviter. Les voies supérieures offrent une voie d'entrée royale aux infections respiratoires : bouche, pharynx, larynx... La peau, en revanche, quand elle est intacte, constitue un excellent protecteur. Nos yeux sont en principe bien protégés des bactéries grâce au lysozyme, une protéine anti-bactérienne, mais ils constituent une zone vulnérable et à risques de par leur proximité avec le cerveau. Viennent ensuite les voies d'élimination urinaire et intestinale. Nous savons qu'une grande quantité de bactéries prolifèrent dans notre gros intestin. Elles sont moins nombreuses dans l'intestin grêle mais c'est pourtant là que se situent les plus grosses défenses, sans doute en raison de la longueur de cet organe et de la surface qu'il offre aux bactéries. D'où la présence tout au long de celui-ci de vrais centres de défense, les « plaques de Peyer », formées d'amas de cellules lymphatiques : 60 % des lymphocytes de notre organisme y sont mobilisés. Ces globules blancs sont activés par les produits d'un monde bactérien qui ne demande qu'à passer à travers la membrane intestinale. Pour le Sida, ce pourrait être précisément la première cible d'infection.

Nous ne naissons pas égaux face aux risques

Si, pour la société nous naissons en principe égaux en droit, il n'en va pas de même sur le plan biologique : de par la loterie de répartition des gènes, nous n'héritons pas des mêmes capacités à la naissance et nous apparaissons inégalement armés pour en acquérir.

Les différents paramètres de l'immunité humorale et de l'immunité cellulaire seront plus ou moins proéminents suivant le type d'infection, bien sûr, mais aussi d'un individu à l'autre, selon son état génétique. Les expériences menées en laboratoire sur les souris montrent qu'il existe chez certaines d'entre elles des cellules répondant très bien à l'interféron et fonctionnant très mal chez d'autres. Des souris sécrètent beaucoup de cellules NK tueuses, d'autres peu. Ces facteurs génétiques mis en évidence chez le rongeur s'observent également chez l'homme. Nous ne sommes pas égaux dans nos défenses immunitaires. Le nombre de cellules dendritiques à la base du système d'adaptation et d'acquisition varie sensiblement d'une personne à une autre. Chacun répond un peu différemment au même agent infectieux. Pour nous chercheurs, c'est aussi une grande contrainte, spécialement lorsque nous travaillons sur un projet de vaccination. Nous devons impérativement prendre en compte cette diversité de réponses pour que le vaccin puisse agir en induisant à la fois une immunité humorale et cellulaire. C'est en mobilisant toutes nos mémoires immunitaires que l'on obtiendra la meilleure protection.

Sidaa... Syndrome d'immunodéficience associé à l'âge

Indépendamment des facteurs provoquant de façon anormale une dépression immunitaire, il existe chez l'homme une programmation génétique générale favorisant un déclin du système immunitaire ; notamment de l'immunité cellulaire puisque, pour que les lymphocytes T soient actifs, ils doivent passer dans le thymus. Or l'involution du thymus débute dès la naissance et s'accélère avec l'âge : le thymus d'un homme de soixante-dix ans fonctionne 100 000 fois moins que celui d'un homme de vingt ans. Et il se trouve qu'un homme de vingt-cinq ans sidéen a un thymus aussi réduit que celui d'un homme de soixante-dix ans VIH-négatif. On constate donc une sorte de parallélisme, du moins un point commun, entre la baisse de l'immunité cellulaire liée à l'involution naturelle du thymus chez le sujet âgé et celle qui est accidentellement causée par le virus du Sida.

On pourrait en déduire que les mêmes types de maladies sont susceptibles de se produire chez les personnes âgées en proie à cette sorte de « Sidaa », « syndrome d'immunodéficience associé à l'âge ». Ce n'est pas tout à fait le cas puisque les infections opportunistes communes dans le Sida, telle la pneumocystose, restent rares chez les vieillards. Leurs infections pulmonaires y sont cependant fréquentes et les personnes âgées meurent souvent de pneumonie à pneumocoques ou à mycoplasmes*. Il est possible que les microbes ou parasites présents dans l'organisme d'un sujet âgé ne trouvent pas les mêmes facteurs de croissance* que ceux qu'ils utilisent chez les malades jeunes du Sida de telle sorte qu'ils ne peuvent pas connaître la même expansion. Par contre, ils peuvent rester latents, persister et participer au développement d'une pathologie chronique, dans l'Alzheimer, le Parkinson, les cancers, les diabètes... On décèle dans ces pathologies un stress oxydant important qui peut être lié à l'expansion d'agents pathogènes ou de bactéries. Et je note un autre parallélisme : chez les gens infectés par le VIH et même chez les sujets traités, on assiste à une augmentation de l'incidence des cancers et il ne s'agit pas seulement des cancers « habituels » du Sida que sont les lymphomes* et le Sarcome de Kaposi* mais de différents types de cancers. Cela prouve bien que l'immuno-surveillance est en jeu. Si l'on stimule le système immunitaire du patient, on diminue ces risques.

Le Sida est un vieillissement accéléré, le vieillissement est un Sida lent. Cette formule lapidaire pourra en choquer certains mais on se rend bien compte de sa réalité en observant les patients atteints du Sida. Eux-mêmes évoquent parfois ce terrible sentiment de vieillesse dans la fleur de l'âge. Hervé Guibert a fort bien décrit ce phénomène dans son beau livre autobiographique *A l'ami qui ne m'a pas sauvé la vie* !

Quand notre système immunitaire déprime

Tout en étant chargées de missions spécifiques et variées, nos défenses immunitaires sont sensibles à notre état général, physiologique et psychologique, mais on connaît moins le rôle d'un déséquilibre biochimique majeur, c'est le stress oxydant qui affaiblit le système immunitaire en induisant la mort par apoptose des cellules impliquées dans le système immunitaire, en particulier des lymphocytes T et B*. Les autres cellules sont probablement moins sensibles. Nous avons vu que certaines d'entre elles (c'est le cas des macrophages et des leucocytes polynucléaires) sécrètent elles-mêmes des radicaux libres pour tuer les agents bactériens avoisinants. Lors d'une réponse ponctuelle à une infection aiguë, ces radicaux libres agissent positivement mais si le germe persiste, entraînant une sécrétion chronique, si les systèmes immunitaire ou antioxydant patinent, le phénomène devient dangereux car il contribue à l'installation d'un stress oxydant qui engendre en retour des effets nocifs sur les réponses immunitaires.

Ces nombreux aspects connexes de notre système de défense justifient une approche médicale globale, holistique. Faute de prendre en compte tous ces paramètres dans le traitement d'une affection, le remède lui-même peut diminuer cette défense. Cela arrive trop souvent. Il n'est pas suffisant de traiter un agent infectieux par un inhibiteur de cet agent, si bon soit-il : il est également vital de stimuler les réponses immunitaires endogènes contre cet agent si l'on veut vraiment éradiquer l'infection. Je reviens à l'exemple des infections à mycoplasmes : nous savons les faire régresser par les antibiotiques mais pour les faire disparaître, il est impératif de provoquer une réaction du système immunitaire de la personne qui complétera l'effet des médicaments.

Bien sûr, à l'image du VIH, la plupart des virus, bactéries, protozoaires ou champignons ont évolué de façon telle qu'ils réussissent à diminuer ou contourner nos défenses immunitaires. Même si notre système de défense est très efficace, il est malgré tout pris en défaut par cette course incessante entre le tank et la cuirasse, entre l'agent infectieux et la réponse immunitaire. La bataille biologique est perpétuelle, permanente, rien n'est jamais définitif en matière de santé. Dans cette course, la médecine est souvent à la traîne. Elle répare, faute de prévoir. Elle oublie qu'elle n'a pas meilleur allié que notre système de santé interne !

C'est la faute à Pasteur !

« Le microbe n'est rien, le terrain est tout. » On a totalement oublié cet aspect de la pensée de Pasteur. Pour tous les gens qui ont suivi l'école pasteurienne, c'est même le contraire : le microbe est tout. Ils ont oublié le terrain, totalement. Bien sûr le concept de vaccin fait appel au terrain : on utilise le microbe pour immuniser mais ce qu'on oublie, c'est qu'en modifiant ainsi le terrain dans un but précis, immédiat, on peut aussi, si l'on n'a pas suffisamment étudié ce terrain au préalable, favoriser des effets contraires.

Selon une récente étude américaine[4], certes controversée car renversante, on a enregistré ces dernières années une importante augmentation des décès dus à la grippe chez les plus de soixante-cinq ans. La progression serait étrangement proportionnelle à la couverture vaccinale, à l'augmentation du nombre de personnes vaccinées. Cette corrélation est paradoxale ; elle ne va pas dans le sens des préconisations de toutes les autorités de santé qui chaque année pressent les personnes âgées de se faire vacciner. Ce que l'on a oublié en l'occurrence, c'est qu'à partir de soixante-cinq ans beaucoup de gens ont un système immunitaire déprimé, le thymus ne fonctionne presque plus, nous l'avons vu. Leur organisme n'est donc plus en mesure de répondre suffisamment à la vaccination. Une autre étude de l'un de mes collègues américains, Marc-Edouard Weksler, a montré que si l'on administre de l'extrait de papaye fermentée* (FPP : *fermented papaya preparation*) à un groupe de gens âgés vaccinés contre la grippe, ils répondront beaucoup mieux à la vaccination.

La morale de l'histoire, c'est qu'il faut vacciner mais en ayant pris soin d'abord de stimuler le système immunitaire afin qu'il soit capable de répondre à la vaccination. Sinon celle-ci ne sert à rien ou ouvre la porte à d'autres risques. Inversement, trop de stimulations immunitaires peuvent entraîner des réactions nocives. Chez un nombre restreint de personnes, un vaccin ou son adjuvant (un immunostimulant très fort pour renforcer son effet) peuvent enflammer le système immunitaire et entraîner des réactions d'auto-immunité*. Les laboratoires pharmaceutiques utilisent encore pour leurs vaccins l'hydroxyde d'aluminium, un adjuvant introduit et accepté dans les années 1920 ! Je ne serais pas étonné que l'hydroxyde d'aluminium des vaccins provoque des problèmes d'auto-immunité ou de toxicité à long terme. Certains ne l'incrimine-t-il pas déjà comme l'une des causes possibles de certaines maladies comme l'autisme ? Là aussi, la solution est dans la recherche.

Ainsi, quelques accidents peuvent ruiner la réputation d'un vaccin. Cela a été le cas du vaccin contre l'hépatite B où, chez quelques personnes, la vaccination a coïncidé avec la survenue d'un lupus, d'une arthrite, voire d'une sclérose en plaque, bien qu'aucune relation de cause à effet n'ait été démontrée à ce jour.

La solution existe. Je l'ai préconisée au ministère de la Santé mais en vain, car elle coûterait du temps de recherche et de l'argent. Il s'agirait de mettre au point des tests sanguins permettant la détection d'une réponse immunitaire anormale après la première injection du vaccin, comme par exemple, des marqueurs d'activation anormale des lymphocytes. Si cette anomalie survenait, il faudrait arrêter et ne pas faire de seconde injection. En outre, il y aurait beaucoup à faire pour trouver des adjuvants plus sûrs que l'hydroxyde d'aluminium.

Face aux risques épidémiques émergents

« Si la civilisation humaine se maintient, si elle continue de s'étendre, les maladies infectieuses augmenteront de nombre dans toutes les régions du globe. [...] Les échanges, les migrations importeront en tous pays les maladies humaines et animales de chaque région. L'œuvre est déjà très avancée : elle est assurée d'avenir. »

Charles Nicolle
(*Destin des maladies infectieuses*, 1932)

Nouvelles épidémies : le défi du futur

Deux dangers d'égale importance nous font face. A côté des maladies chroniques principalement liées au vieillissement et plus ou moins associées au stress oxydant, une autre menace aussi sournoise mais plus inquiétante nous guette. Malgré tous les progrès de la médecine, les risques d'épidémies, et surtout de nouvelles épidémies, sont bien réels ; autant qu'autrefois et peut-être même plus, l'environnement que nous avons façonné n'étant que trop favorable à l'émergence de nouveaux agents viraux ou bactériens.

Les maladies infectieuses sont toujours là, tuant bien plus que les guerres ou les catastrophes naturelles :

15 millions de personnes par an dans le monde, un décès sur quatre ! Et à l'exception du Sida, ce chiffre est surtout le fait de maladies connues depuis longtemps. Selon l'Organisation mondiale de la santé (OMS), 80 % de ces décès sont dus à des infections respiratoires (pneumonies, grippe), au Sida, à la tuberculose, au paludisme et aux maladies diarrhéiques (choléra, salmonellose, typhoïde, etc.). Qui plus est, de nombreux nouveaux agents ont émergé ou ont été identifiés dans la deuxième moitié du XXe siècle : fièvres hémorragiques, SRAS, grippe aviaire, West Nile, Chikungunya... Une alerte en chasse une autre, entretenant le sentiment pesant qu'un jour ou l'autre l'épée de Damoclès s'abattra sur nos têtes. Sur les vingt-cinq dernières années, l'OMS, qui devrait jouer un rôle de premier plan au XXIe siècle, a suivi l'émergence d'une trentaine de nouveaux agents pathogènes. Plus d'un par an ! Le Sida nous a douloureusement rappelé ce que les progrès de la science nous avaient fait oublier : nous ne sommes pas à l'abri de virus surgis de l'ombre, et cela de moins en moins.

Tous les indicateurs s'orientent dans cette direction. Selon un rapport prospectif de l'Union européenne[5] publié fin 2006 et établi à partir de centaines de sources internationales, l'émergence de maladies – ou leur ré-émergence – constituera l'un des dix défis auxquels le monde aura à faire face en 2025. Ce rapport sur les grands enjeux du futur proche met l'accent entre autres sur la tuberculose, dont les cas ont augmenté de 20 % au cours des dernières années dans les pays pauvres mais dont on note aussi un retour, via de nouvelles souches résistantes, dans les pays riches. Selon certaines projections, 35 millions de personnes pourraient mourir de cette maladie d'ici à 2025. Un exemple parmi d'autres. Saurons-nous écarter ces dangers ? Rien de moins certain : « Cela va autant dépendre de la mise au point future de vaccins et de traitements préventifs que du développement économique et social des zones concernées. » En clair, nous ne l'emporterons pas sans une réelle conscience du danger et sans une forte solidarité internationale.

Une évolution biologique sans précédent

Ces nouveaux risques ne sont pas circonscrits aux pays pauvres, la rapide progression du virus de West Nile au sein de la population américaine le confirme. Plus sûrement, ils émanent des changements de l'écosystème dont nous sommes nous-mêmes responsables. Il ne s'agit pas de simples coïncidences mais d'une tendance durable, inexorable. Les facteurs susceptibles de favoriser une globalisation des germes ou l'apparition de nouveaux virus se sont multipliés en quelques années. Echanges accrus et accélérés, voyages multipliés à l'infini, dépression immunitaire générale liée à l'environnement, à la malnutrition ou à la pollution alimentaire, atmosphérique, climat urbain propice au stress... Nos maux sont inscrits dans nos progrès, y compris médicaux. Comme l'a si bien écrit Claude Lévi-Strauss, « chaque progrès donne un nouvel espoir suspendu à la solution d'une nouvelle difficulté[6] ».

Le développement des maladies nosocomiales dans nos hôpitaux, qui devraient être les endroits les plus sûrs du monde, le démontre : plus de 4 800 décès y sont officiellement associés chaque année en France, 9 000 officieusement[7], 25 % des infections hospitalières sont causées par *Escherichia coli,* 20 % par *Staphylococcus aureus* ou staphylocoque doré, 10 % par *Pseudomonas aeroginosa.* L'hôpital serait ainsi plus meurtrier que le Sida et autant que les accidents de la route ! L'usage inapproprié des antibiotiques sélectionne de plus en plus de bactéries multi-résistantes et favorise l'apparition de nouvelles formes bactériennes. En fait, il y a plus que la résistance.

Une évolution biologique sans précédent est à l'œuvre dans le microcosme des agents pathogènes. Certaines bactéries ont appris à « dormir » dans les tissus sans se multiplier, donc en devenant insensibles à tous les antibiotiques qui n'agissent que sur leur multiplication. D'autres s'associent entre elles pour former des biofilms inaccessibles aux anticorps et aux antibiotiques. Enfin, la plupart des bactéries pathogènes peuvent donner naissance à des formes extrêmement petites qui passent à travers les filtres, circulent dans le sang et peuvent reconstituer parfois des bactéries infectieuses loin de leur site d'origine. Ces « nanoformes » sont également insensibles aux anticorps et aux antibiotiques, cependant un très long traitement par antibiotiques peut éradiquer la source primitive de ces formes. Quant aux champignons microscopiques, un certain nombre d'espèces sont également très dangereuses. Leurs spores très résistantes et leurs formes intra-tissulaires en font des ennemis difficiles à éliminer et nous n'avons que très peu d'armes contre eux. Une maladie opportuniste découverte au Vietnam chez les sidéens est ainsi due à une espèce de champignons, *Penicillium marneffei.* Un exemple plus connu est celui des méningites causées par un cryptocoque qui, entre autres, est une source majeure de décès chez les personnes infectées par le VIH en Afrique.

Le temps des zoonoses

Parmi les nouvelles épidémies en augmentation depuis la fin du XXe siècle, les zoonoses – autrement dit les maladies transmises de l'animal à l'homme – occupent une place croissante. La terre est de plus en plus peuplée, amenant à des concentrations humaines jamais atteintes jusqu'alors, en particulier en Asie. Cette promiscuité à la fois humaine et animale – via l'élevage concomitant de plusieurs espèces – explique que beaucoup d'épidémies partent de ce continent. La deuxième raison résulte de la globalisation des échanges. Nous consommons tous des aliments qui ont été produits dans l'hémisphère sud, au Chili, en Afrique du Sud, au Brésil, en Thaïlande ou ailleurs. Tout nous parvient très vite par bateau ou par avion. Ainsi n'a-t-on pas découvert que l'épidémie de fièvre aphteuse dont fut victime l'Angleterre il y a quelques années était probablement arrivée par des plats servis dans un avion venu d'Asie du Sud-Est ! L'extension mondiale de l'industrie agroalimentaire, sous-tendue par une « fièvre acheteuse » généralisée, les pratiques d'élevage intensif autant qu'une circulation incontrôlée d'animaux nous exposent, de fait, à de nouvelles zoonoses. Ce n'est pas un hasard si les épidémies les plus dangereuses appartiennent à cette catégorie.

Le danger des germes infectieux transmis par voie respiratoire est évident : leur contagiosité par les aérosols de l'inspiration ou les mains souillées est importante, d'autant que les virus en cause ont trouvé le moyen d'échapper aux réactions immunitaires plus ou moins fortes en utilisant un extraordinaire potentiel de variabilité. C'est le cas des rhinovirus causant les rhumes et de la grippe dont la souche dominante varie d'année en année.

En général, les souches grippales arrivent d'Asie et voyagent d'est en ouest, le climat hivernal favorisant leur propagation. Nos organismes tentent toujours d'y échapper par une réaction immunitaire que le virus tente à son tour de contourner. Pour cela il doit muter, c'est ce qu'il fait aisément d'une année à l'autre mais, à l'intervalle de quelques années, il peut subir un changement plus profond. En effet, ses gènes sont répartis sur huit morceaux d'ARN* différents. Certains d'entre eux peuvent être remplacés par une pièce équivalente d'ARN provenant d'un virus appartenant à la même famille infectant des animaux, notamment des oiseaux. En général, cette diabolique « tambouille » se fait chez le porc, un animal sensible à la fois aux virus aviaires et humains : par exemple dans la cour d'une ferme chinoise où pataugent des porcs et des canards. Parfois même le porc n'est pas nécessaire, c'est ce qui est arrivé en 1918 avec le virus de la grippe dite espagnole.

Les leçons de la grippe espagnole

Cette maladie n'avait aucun lien avec la péninsule Ibérique mais à la guerre comme à la guerre... Le virus venant d'Asie ayant probablement été propagé en Europe par les troupes américaines venues en renfort en 1917, la grippe a ensuite contaminé les soldats de part et d'autre des tranchées, s'étendant rapidement aux populations civiles. Du fait de la neutralité de l'Espagne dans ce conflit et au nom du secret militaire (ne surtout pas donner de renseignement à l'ennemi !), elle fut « nationalisée » espagnole. Avec 30 à 50 millions de victimes dont plus de 5 millions de ce côté-ci de la ligne bleue des Vosges, l'épidémie a tué plus que la guerre de 14-18 elle-même. Après une première phase rampante et limitée, une seconde vague épidémique terrassait en trois jours des jeunes en bonne santé, hommes et femmes confondus, d'une pneumonie foudroyante s'accompagnant d'une diffusion générale du virus dans tous les organes. En général, les virus des grippes saisonnières sont beaucoup moins méchants. Ne sous-estimons pas cependant les dangers de la grippe « classique » : chaque année en France, 2 500 personnes en meurent, principalement des sujets dont les défenses immunitaires sont faibles (enfants, personnes âgées).

Récemment, en recourant aux techniques de biologie moléculaire, plusieurs groupes de chercheurs ont essayé de savoir pourquoi ce virus de la grippe espagnole avait été si virulent, au point de devenir un tel *serial killer*. Des jeunes marins avaient été enterrés dans des régions froides, le sol avait gelé (permafrost) et l'on a pu ré-isoler des morceaux d'ARN de virus de leurs cadavres. Du virus infectieux a pu même être reconstitué et inoculé à des souris qu'il a, au demeurant, tuées très rapidement. Il semble que son agressivité soit associée à la fois à des protéines de surface du virus (l'hémaglutinine) et à des protéines internes paralysant les défenses cellulaires destinées à neutraliser la multiplication du virus (le système de l'interféron).

D'une part, la protéine de surface du virus a besoin, pour s'attacher à la cellule et permettre la pénétration de celui-ci, d'être coupée par une enzyme* cellulaire répondant au nom de « protéase » : des ciseaux, en quelque sorte, qui vont reconnaître une région bien déterminée de la protéine. Dans les virus de la grippe ordinaire, il n'existe qu'un seul site de coupure et la protéase qui va reconnaître ce site n'est pas portée par toutes les cellules de l'organisme. En revanche, dans le cas de la grippe espagnole, la protéine de surface du virus s'est arrangée pour faire exposer plusieurs sites de coupures à des ciseaux de protéases provenant de différents types cellulaires, augmentant ainsi sa capacité de diffusion dans l'organisme.

D'autre part, la première défense cellulaire contre les virus est constituée par le système interféron. L'interféron, ou plutôt les interférons sont, comme nous l'avons vu, de petites protéines inductibles qui agissent comme des messagers d'alerte pour déclencher, à l'approche d'un attaquant viral, un système de défense intracellulaire capable de neutraliser la multiplication de n'importe quel type de virus. Dans le cas d'une infection par un virus grippal « saisonnier » ou un virus de rhume, ils agissent – notamment l'interféron alpha – dans les heures qui suivent l'infection, induits par les formes mêmes de réplication* de l'ARN du virus. Ainsi, la multiplication du virus est rapidement contrôlée. Les grandes quantités d'interféron produites ont cependant des effets secondaires, notamment la fièvre.

Dans le cas de la grippe espagnole, une protéine synthétisée par le virus dans les cellules infectées empêche la synthèse de l'interféron dès que celle-ci s'amorce. Le virus prend donc de vitesse la riposte cellulaire. Ces propriétés semblent aussi partagées par le virus d'oiseau actuel H5N1 qui tue poulets, dindons et quelques espèces d'oiseaux sauvages très rapidement. Ce virus peut être transmis directement à l'homme sans passer par l'intermédiaire du porc et déjà près de deux cents morts ont été dénombrés en Asie, la plupart (mais pas tous) ayant eu des contacts directs avec des oiseaux de basse-cour contaminés. La transmission interhumaine est possible, elle demande cependant un contact prolongé avec de grandes quantités de virus. C'est ce qui explique que les foyers asiatiques de l'infection localisés dans des régions rurales n'ont pas disséminé le virus et que la pandémie* n'a pas démarré. Mais quelques mutations* du virus pourraient permettre d'augmenter son affinité pour les cellules humaines, constituant alors un potentiel catastrophique d'épidémie.

Grippe aviaire : soyons prêts !

Rassurons-nous : les conditions ne sont pas les mêmes qu'en 1918 où le virus se propageait chez des personnes dont le système immunitaire, même chez les jeunes, pouvait être altéré par le stress de la guerre, la circulation atmosphérique des gaz de combat et aussi du fait de l'absence de concertation internationale. Aujourd'hui, en principe, l'hygiène et l'alimentation sont meilleures et il existe quelques médicaments empêchant la pénétration du virus (dont le fameux et déjà contrefait Tamiflu). Un réseau de vigilance présent dans beaucoup de pays a été constitué, impliquant l'abattage systématique et une mise en quarantaine des volailles dès qu'un foyer contaminé est détecté.

Au surplus, un vaccin spécifique de la souche circulante – dès que celle-ci aura été identifiée – pourra être rapidement mis en œuvre. Mais cela sera-t-il suffisant pour juguler l'épidémie dès son démarrage ? Je n'en suis pas certain. Des facteurs négatifs entrent aussi en jeu : les énormes concentrations humaines, notamment dans les transports publics des grandes villes où la pollution et le stress affaiblissent le système immunitaire ; le fait que les foyers asiatiques – nous l'avons déjà vu pour l'épidémie de SRAS – peuvent rapidement atteindre des hôtels où séjournent des voyageurs de tous pays ; les élevages gigantesques de poulets en batterie ; ou inversement les millions de volatiles élevés en liberté dans les villes et fermes asiatiques. *Last but not least,* les stocks de Tamiflu – un produit non dénué de toxicité – et les vaccins ne seront jamais disponibles en quantité suffisante pour couvrir les populations exposées.

Peut-on faire plus ? Certainement, en réfléchissant avant tout à des attitudes conséquentes de prévention ; tout d'abord, par des mesures générales de diminution des comportements à risque. A l'époque où la tuberculose était une maladie incurable, des mesures d'hygiène étaient enseignées dans les écoles et des campagnes d'affiches nous disaient : « Ne pas cracher à terre, ne pas balayer à sec, tousser dans son mouchoir, ne pas respirer par la bouche. » Manifestement ces attitudes, tombées depuis lors en désuétude, doivent être réactivées, dans les transports publics plus qu'ailleurs. Il faudra y ajouter pour les personnes les plus exposées, notamment le personnel soignant, le port de masques efficaces et de gants stériles. Ce devrait déjà être le cas du personnel manipulant des animaux sensibles au virus. Mais je pense que l'on peut aller beaucoup plus loin dans la protection par une prévention médicale rationnelle. Agir sur l'attaquant, le virus, c'est bien. Renforcer les défenses de l'attaqué, c'est mieux ! Et cela est possible.

Nous avons vu qu'un virus très virulent est capable de gagner une course de vitesse et de bloquer l'interféron avant qu'il ne soit suffisamment produit. Comment y parer ? En donnant préventivement de l'interféron exogène qui, lui, ne sera pas inhibé par le virus. L'interféron alpha comporte plusieurs espèces moléculaires, toutes synthétisées lorsqu'elles proviennent de leucocytes humains. Certaines de ces espèces sont actives par voie orale. Ce n'est pas le cas de la seule espèce moléculaire produite par ingénierie génétique qui, elle, n'est active que par injection et reste réservée à des maladies graves comme l'hépatite C ou la sclérose en plaques. Or, il existe maintenant, produites aux Etats-Unis, des préparations purifiées d'interféron leucocytaire actives par la bouche (voie perlinguale) à petite dose, donc sans effets secondaires (Alféron). Je préconiserais leur usage dès que la personne pense avoir été exposée au virus H5N1, de par sa profession, ou au début des premiers symptômes (congestion nasale, fatigue). D'après les études faites chez des volontaires, 1 000 unités par jour sont suffisantes pour déclencher un état antiviral protecteur.

Une autre précaution à prendre est de préserver son système immunitaire avec toutes ses capacités en parfait état. Or, beaucoup de personnes, au premier rang desquelles les personnes âgées, sont en stress oxydant, un facteur de dépression des défenses immunitaires. Cet état, lié à une alimentation pauvre en antioxydants ou à l'effet du vieillissement, peut être compensé par l'absorption de fruits et légumes frais mais également par la prise d'antioxydants : vitamine C, vitamine E, glutathion* actif par voie orale, extrait de papaye fermentée, etc. Mais attention aux surdosages ! Tous ces produits doivent être pris selon des prescriptions médicales et non pas en automédication. On pourra anticiper leur efficacité sur le virus H5N1 par leur capacité à faire disparaître les rhumes saisonniers et à augmenter la protection contre la grippe saisonnière, que cette protection soit spontanée ou induite par la vaccination anti-grippale habituelle ! Il n'est pas exclu qu'avec de nouveaux immunostimulants, cette dernière puisse aussi protéger contre le H5N1, ce qui n'est pas le cas à l'heure actuelle.

Interféron oral, anti-oxydants, mesures prophylactiques, hygiène prévenant la contagion respiratoire, immunostimulants... voilà des armes simples à mettre en œuvre contre la pandémie annoncée. Depuis 2004, les responsables de l'OMS ne cessent de nous mettre en garde en affirmant que la question n'était plus de savoir si cela pouvait se produire mais quand ? Cette année-là déjà, le coordinateur du programme contre la grippe, Klaus Stoehr, lançait un cri d'alarme : « Chaque siècle, il y a eu trois ou quatre pandémies et il n'y a aucune raison de penser que nous serons épargnés. Il n'y a pas de date, mais il va y avoir une nouvelle pandémie. » Pour l'OMS, pas de doute, le H5N1 est le virus « le plus à même de provoquer la prochaine pandémie ». L'organisation estime qu'une telle pandémie provoquerait plusieurs millions de morts et que le nombre de personnes contaminées dépasserait le milliard. Plus récente, une modélisation [8] fondée sur l'épisode de la grippe espagnole nous annonce entre 51 et 81 millions de morts, dont 96 % dans les pays pauvres ! Le pire n'est jamais sûr, mais mieux vaut s'y préparer !

L'épisode du SRAS

Les virus de la grippe ne sont pas les seuls à causer des problèmes respiratoires sérieux. L'épisode du SRAS en est un exemple et bien que provisoirement en sommeil, tel un volcan il pourrait se réveiller ou être remplacé par d'autres, aussi funestes. Le virus causal du Syndrome respiratoire aigu sévère – SRAS – a été identifié, il en existe des parents proches chez les animaux (le porc entre autres) : celui qui fut à l'origine de la contamination humaine proviendrait d'un animal exotique assez courant sur les marchés chinois, la civette. Fulgurante, l'épidémie est donc partie de Chine puis a touché Toronto via les voyages aériens. Le SRAS a terrorisé la planète pendant quelques mois et il faut noter que les victimes étaient en grande majorité des personnes déjà immunodéprimées. Même si l'on n'en parle plus, le virus de cette pneumopathie atypique appartenant à la famille des corona virus (d'ordinaire à l'origine de simples rhumes) n'a probablement pas disparu !

Il existe des modèles animaux d'infections à corona virus ; l'un de ces virus infecte et tue le porcelet nouveau-né. Des expériences de laboratoires ont montré que de petites doses d'interféron leucocytaire données par voie buccale protégeaient les porcelets d'une infection mortelle. Ceci suggère qu'en cas de reprise de l'épidémie de SRAS chez l'homme, un tel traitement serait fortement indiqué au même titre que les comportements de prévention mentionnés plus haut pour la grippe.

Je ne suis pas allé en Chine à l'époque du SRAS mais je m'étais préparé à y aller le cas échéant et j'avais réfléchi aux moyens de me défendre. Qu'aurais-je fait ? J'aurais pris les précautions élémentaires applicables à la prévention du rhume et j'aurais triplé les doses d'extraits de papaye fermentée et de glutathion habituellement préconisées. J'ai d'ailleurs écrit aux autorités sanitaires chinoises pour leur conseiller d'essayer de se protéger de cette manière. Celles-ci ont préféré, avec quelque succès semble-t-il, faire appel aux extraits de plantes de la médecine traditionnelle chinoise.

Nous avons eu le cas en France d'un médecin vietnamien contaminé. Il avait soigné des malades du SRAS à Hanoï et était rentré malade. On l'avait hospitalisé à Lille dans un service de maladies infectieuses. Quand je l'ai su, j'ai écrit au responsable de ce service que je connaissais personnellement pour lui donner quelques conseils. Puisque nous n'avions contre cette maladie aucun médicament spécifique, je lui conseillais de donner à son malade des antioxydants et de l'extrait de papaye fermentée. Cela au moins pouvait aider son patient à remonter son système immunitaire et à mieux résister. En retour, j'ai reçu un courriel me disant qu'il allait « consulter son staff à ce sujet »... Puis, le médecin vietnamien est mort.

En dehors de ce type de virus, les pneumonies sont causées par des agents bactériens, le plus connu étant le pneumocoque, mais un certain nombre sont dues à d'autres bactéries telles *Mycoplasma pneumoniae*, *Chlamydia pneumoniae*. Les laboratoires d'analyses sont souvent défaillants pour le diagnostic de ces agents. La pneumonie est alors classée « pneumonie atypique » et le médecin préconise en aveugle un traitement antibiotique, qui marchera ou ne marchera pas ! Combien de personnes âgées meurent-elles ainsi de pneumonies dont l'origine n'est pas diagnostiquée ?

Dans l'enfer tropical des fièvres hémorragiques

Au milieu des années 1970, un petit village bordant le fleuve Ebola, au Zaïre (l'actuelle République du Congo), est frappé d'un mal étrange et foudroyant. Un nouveau virus est identifié. En 1994, il ressurgit au Gabon, faisant une vingtaine de morts ; l'année suivante, il tue 250 personnes au Congo, refait surface en Afrique du Sud puis en Ouganda (plus de 400 morts)... En 2004, il est au Soudan, fait encore parler de lui en 2005 en Guinée Equatoriale : Ebola. Le mot charrie un cortège d'images de mort, de fossoyeurs masqués en combinaisons blanches officiant dans un ciel crépusculaire. Les victimes de cette fièvre hémorragique saignent de partout et agonisent en quelques heures. L'Ebola est le virus terrifiant par excellence, 100 % mortel, terriblement contagieux puisqu'il s'attrape par simple contact avec la peau, même saine. Cette virulence et cette capacité meurtrière font frémir mais paradoxalement elles limitent l'épidémie. Sa rapidité foudroyante permet de l'identifier rapidement. Les morts survenant dans l'entourage des premières victimes, personnel soignant, famille... sont très révélatrices. Les équipes de l'OMS débarquent, isolent les malades, désinfectent les cadavres, bouclent la zone.

Contrairement à ce que l'on croit souvent, l'agent responsable est bien connu. Il appartient à la famille des filovirus, ainsi désignés en raison de leur forme en filament. Il n'en est pas moins extrêmement difficile de mener des recherches sur l'Ebola et aucun traitement n'a été trouvé à ce jour. Les chercheurs doivent travailler dans des conditions de très haute sécurité dites P4, en scaphandre, dans des laboratoires hautement sécurisés. Des scientifiques américains sont néanmoins parvenus à élaborer un vaccin dont l'expérimentation est en cours sur des singes. Quant à l'origine du virus, elle reste inconnue. Nous savons qu'il dispose d'une espèce animal réservoir : avant de se transmettre d'homme à homme, il s'observe généralement chez les gorilles, les chimpanzés et les antilopes. Mais le mystère de l'espèce constituant son réservoir originel n'a pas été élucidé. Certains ont impliqué des chauves-souris, d'autres des singes vivant sur la canopée, au faîte des forêts tropicales, des anticorps ont été découverts récemment sur des chiens domestiques. En fait, le passage du virus Ebola chez l'homme est accidentel. Il se produit à la rencontre du réservoir de virus ; tous les cas relevés concernent des forestiers travaillant dans les forêts tropicales ou des mangeurs de viande de singe. Parmi nos « cousins », certains tolèrent sans doute ce virus, mais pas les chimpanzés ni les gorilles, plus proches de nous et qui comme nous en meurent. On raconte toujours l'histoire récente de ces deux chasseurs ivoiriens qui avaient fièrement rapporté au village de la viande de chimpanzé, en se gardant bien de raconter qu'ils avaient trouvé ces singes morts sur leur chemin. La viande était contaminée par l'Ebola, le village entier a été décimé !

Le système de vigilance sanitaire actuel est tel que les risques de grandes épidémies sont très faibles, d'autant que l'Ebola reste localisé aux régions tropicales d'Afrique peu fréquentées. Pour l'instant, car dans un futur plus ou moins proche, sous l'effet des changements climatiques accélérés auxquels nous assistons, il pourrait bien se déplacer par une extension de ses réservoirs.

Et si ce virus, me direz-vous, se retrouvait par accident, par une conjonction de circonstances ou encore par intention criminelle au cœur d'une grande ville ? Je crois que nous pourrions le combattre à condition de nous y préparer et de détecter au plus vite le porteur principal.

Si l'Ebola fait figure d'ultime référence, il n'est pas seul dans la famille des virus causant des fièvres hémorragiques. Les virus de Lassa ou de Marburg sévissent également en Afrique. En matière de manipulation, la triste histoire de Marburg est instructive. Ce virus vit chez des primates mais ceux-ci ne développent apparemment aucune maladie ; il a été découvert accidentellement en 1967 dans un laboratoire de la ville de Marburg, en Allemagne, où une compagnie fabriquait un vaccin anti-polio à partir de reins de singes verts. Une vingtaine de techniciens tombèrent malades, sept périrent après avoir manipulé sans le savoir des reins contaminés. Des départs d'épidémies ont été signalés depuis sur le continent noir. La plus meurtrière, au Mozambique, a fait en 2005 plus de 200 victimes.

Comme dans le cas de l'Ebola, nous n'avons d'autres moyens de lutte que la mise en quarantaine, en attendant un vaccin également en test. Moins meurtrière, la fièvre de Lassa a fait surface au Nigeria en 1969. Véhiculé par des rongeurs, le virus circule fortement en Afrique, et des cas (d'importation) ont été recensés en Europe et aux Etats-Unis. Heureusement, il peut être combattu par une arme antivirale assez efficace déjà utilisée contre l'hépatite C : la Ribavirine.

Sida, Ebola, souches de variole... le spectre du bioterrorisme

L'histoire de Marburg illustre le risque que les zoonoses font courir à l'homme. Elles nous prennent en traîtres : nous vivons sans le savoir avec des espèces animales où le virus se multiplie sans causer de maladies, du fait probablement d'une longue adaptation sélective, et puis soudain le contact avec une espèce nouvelle telle que la nôtre entraîne une maladie mortelle. L'épidémie ne se répandra pas si la transmission d'homme à homme est rare ou faible mais, nous le savons depuis la grippe espagnole, quelques mutations du virus peuvent aussi rendre la transmission interhumaine hautement efficace. Citons encore deux exemples : en 1998, le virus Hendra, transmis aux porcs par l'urine de chauve-souris, et qui avait atteint l'homme autour d'élevages en Malaisie et provoqué une centaine de décès ; et la variole du singe causée par un virus de la même famille que celui de la variole humaine, mais cependant beaucoup moins virulent. Lorsque nous étions tous vaccinés contre la variole humaine, nous étions aussi protégés contre cette maladie. Ce n'est plus le cas depuis l'éradication de la variole proclamée par l'OMS en 1978[9] et la suppression de la vaccination antivariolique, alors que la variole du singe, elle, n'a pas disparu ; elle peut donc maintenant nous contaminer. Des cas ont déjà été relevés chez l'homme en Afrique mais également aux Etats-Unis. La contamination se fait au contact du singe infecté, d'une pustule ou parfois simplement de la peau de l'animal. Aux Etats-Unis, l'infection a débuté dans une animalerie exotique peu regardante sur les animaux qu'elle importait. Cette variole n'est pas transmissible, semble-t-il, d'homme à homme mais le risque d'émergence d'une variante humaine existe. Ce fut peut-être une erreur d'arrêter la vaccination contre la variole, encore que – c'est un autre point – ce vaccin était l'un des plus dangereux. Il provoquait à un taux non négligeable des encéphalites vaccinales entraînant des décès, chez les enfants en particulier, ou de graves séquelles transformant les vaccinés en handicapés à vie. Peu avant que l'OMS ne prenne cette décision, on avait d'ailleurs envisagé de fabriquer et d'utiliser pour le vaccin des souches atténuées pour éviter cet effet désastreux mais on ne connaissait pas leur pouvoir protecteur.

Si nous avions à faire face à une réapparition de la variole en raison d'un acte de bioterrorisme, nous serions obligés de reprendre ces anciens vaccins. Le risque est réel car des manipulations génétiques ont pu – nous en avons des preuves – engendrer des souches plus virulentes dont nous ne savons pas entre quelles mains elles sont tombées. Face à une épidémie, la décision de vacciner s'appuie toujours sur la réponse à cette question : quel est le rapport « coût en vie humaine/efficacité » ? Pour la variole, on ne pouvait admettre que des gens meurent de conséquences vaccinales que si l'on protégeait efficacement des populations entières. Or cette notion, l'opinion publique l'accepte de moins en moins. En situation de panique, cela passerait sans doute, pas en temps de paix : nos sociétés ne supportent plus l'idée qu'un vaccin puisse tuer ou handicaper ne serait-ce qu'une seule personne. Les difficultés rencontrées actuellement par la vaccination contre l'hépatite B, soupçonnée de provoquer des scléroses en plaques, traduisent nettement cette évolution de la conscience collective.

Nous n'avons pas de raison de craindre une propagation massive de virus tels que l'Ebola ou la variole du singe. Mais le danger majeur – j'insiste – réside dans le bioterrorisme. C'est bien pour cette raison que les Américains ont jugé utile d'investir dans un vaccin contre l'Ebola.

Peste, choléra : un retour des miasmes du passé ?

La résurgence d'épidémies anciennes comme la peste ou le choléra rentre également dans le champ des possibles. Ces effrayants fléaux d'autrefois ont été relégués par d'autres peurs au fin fond de l'inconscient collectif. N'empêche que leurs germes sont toujours là : dès que l'on baisse la garde – et cela se voit dans beaucoup de régions du globe – ils réapparaissent et parfois donnent lieu à une épidémie limitée. Le bacille de la peste découvert par le pastorien Yersin est toujours arrivé par les rats, par l'intermédiaire de leurs puces.

Autour des grandes villes prolifèrent souvent des bidonvilles où le manque d'eau et d'hygiène favorise toutes les proliférations possibles. Le réchauffement climatique fait déjà monter du Sud vers le Nord certaines espèces de moustiques, qui pourraient être porteuses de virus comme le Chikungunya. Des épidémies de la forme hémorragique de la dengue actuellement récurrentes dans le Sud-Est asiatique et en Inde pourraient, par le biais des moustiques *Aedes Egypti* ou d'autres espèces-vecteur, remonter jusqu'à nos latitudes.

Nos égouts sont infestés par d'énormes populations de rats de plus en plus intelligents, sachant échapper aux poisons et aux pièges les plus habiles. Nous ne sommes pas totalement démunis contre leurs parasites grâce aux antibiotiques, encore efficaces. Le risque est donc faible mais il pourrait sensiblement augmenter du fait de la démographie et de la dégradation économique autour des grandes mégapoles, concentrations propices à de nouvelles « pestes » respiratoires...

Mathématiquement, le risque d'épidémie augmente avec la démographie. Plus il y a de monde, plus grands sont les risques de transmission. Le confinement extraordinaire des transports en commun est propice à la propagation d'un virus soit par voie respiratoire soit par les mains touchant les mêmes poignées. Lorsque je prends le métro ou l'ascenseur, cette idée m'effleure toujours l'esprit et m'inquiète.

Un virus échangiste : que nous réservent les mutations du VIH ?

Pour l'heure, notre problème majeur reste l'expansion mondiale de l'épidémie causée par le VIH et ses multiples variants. Voilà un virus terriblement échangiste ! Voici réunies toutes les conditions d'apparition d'une nouvelle virulence épidémique. La communauté scientifique s'y attend, souvenons-nous de l'alerte donnée à New York en 2005 après qu'un cas de Sida fulgurant eut été découvert chez un homosexuel. On y vit l'apparition d'un « super-virus ». Fausse alerte... il n'en demeure pas moins que la possibilité d'émergence d'un nouveau spécimen croît d'année en année.

Les deux grands types actuels du virus, VIH-1 et VIH-2, ont été divisés sur la base de leurs différences de séquences génétiques en sous-types A, B, C, D, etc. En fait, ces sous-types initiaux sont maintenant de plus en plus remplacés par des mélanges entre eux : on obtient ainsi une sorte de mosaïque où chaque virus dominant dans une population donnée présente des morceaux d'un gène, par exemple de sous-type A, associé à un morceau de gène de sous-type G ou F, etc. Ces variants en pleine expansion proviennent probablement de recombinaisons génétiques complexes ; elles permettent aux virus variants les plus adaptés à une population et à un mode de transmission donnés d'émerger. Tout se passe comme si le génome abritait des « points chauds » *(hotspots)* grâce auxquels les différentes formes de VIH s'échangeraient des morceaux de gène. Ces recombinants présentent des préférences géographiques. Le phénomène s'observe en Chine, en Afrique, en Amérique du Sud. En Afrique de l'Ouest, par exemple, le recombinant AG domine, ce qui impliquait au départ une personne probablement infectée par les deux sous-types A et G. Il est en effet tout à fait possible de contracter une première souche et d'en attraper une autre ; de l'addition à la multiplication, il n'y a qu'un pas que le virus emprunte allègrement. D'autant que la même souche virale chez un individu peut donner elle-même naissance à de nombreux variants !

Pour les deux formes de VIH et à partir d'une quinzaine de sous-types dominants, émergeait en 2006 une demi-douzaine de souches présentant ces mosaïques. Il semble que plus le virus infecte des ethnies différentes, plus il engendre de variants adaptés à ces nouvelles populations et plus il essaime de sous-types, formés eux-mêmes de nouveaux sous-groupes... à l'intérieur desquels se multiplieront, comme c'est déjà le cas, d'autres variants, individuels ceux-là. Car dans l'organisme de chaque patient, le virus se modifie également au cours du temps. Difficile de lutter contre ce potentiel de variabilité énorme tant par notre système immunitaire que par nos traitements. D'une certaine manière, nous sommes là confrontés au même problème que celui des antibiotiques et des bactéries dont nous avons sous-estimé les formidables capacités d'adaptation et de résistance.

Si l'accès aux traitements actuels – anti-rétroviraux – demeure un objectif à atteindre le plus rapidement possible pour tous les malades des pays pauvres, il n'aura que peu d'impact sur le cours de la pandémie. Pour arrêter la diffusion du virus et sa fuite en avant mutagène, des visions améliorées de la prévention par l'éducation et des moyens médicaux fondés sur de nouveaux concepts sont nécessaires. Un doux rêve ? Nous y viendrons car tant qu'il restera des foyers de Sida sur la planète, aucun d'entre nous ne sera à l'abri. Nous n'en mesurons pas toutes les conséquences sanitaires mais cette situation nous expose à de nouvelles menaces épidémiques. Le temps nous est compté.

Sida respiratoire ?

Je ne veux pas jouer les Cassandre mais il nous faut prévoir toutes les conséquences – je dis bien toutes – que nous encourons à laisser aller la pandémie. Des millions de personnes immunodéprimées circulent dans le monde, soit autant de bouillons de culture pour divers germes. De plus, chez les personnes les plus exposées par leur comportement, les bonnes habitudes de prévention ont reculé dangereusement. Il y a donc un risque de voir réapparaître des « masses critiques » comme cela s'est produit au début des années 1980 aux Etats-Unis au sein de populations gays ; ces masses critiques permettant l'émergence de souches virales encore plus dangereuses. Parmi les nouvelles générations, beaucoup vont consciemment au danger comme ils roulent à moto à 200 km/heure ou prennent une autoroute en sens contraire. Ces comportements suicidaires, ces *Nuits fauves* des années 2000, font craindre le pire. On les observe à nouveau dans tous les pays, y compris en France où le retour de la syphilis et même de la maladie de Nicolas-Fabre[10], en constitue des conséquences déjà visibles.

Le « virus échangiste » présente un talent de transformiste tel qu'il faut s'attendre au pire. Ceci est généralement occulté mais quelques cas de transmission par voie respiratoire ont été décrits dans la littérature scientifique, notamment chez les personnes âgées, et nous connaissons bien la contamination par voie orale chez les enfants, ne serait-ce que par le lait maternel. Il n'est donc pas exclu que des variants soient sélectionnés au fil du temps pour être transmis par d'autres voies. Cette évolution dépend de l'enveloppe du virus. On sait que quelques mutations de celle-ci peuvent déjà changer le type des récepteurs au virus sur les cellules cibles, les lymphocytes T4.

Sans réellement le chercher, j'ai créé en laboratoire un VIH dont l'enveloppe normale avait été remplacée par une enveloppe provenant d'une petite bactérie, *Mycoplasma pirum.* Un tel virus était infectieux mais résistait naturellement aux anticorps dirigés contre l'enveloppe normale du VIH, cette enveloppe à la base de tous les candidats vaccins. Ce mycoplasme pouvant s'attacher à bien d'autres types de cellules que les lymphocytes, y compris les cellules des muqueuses bronchiques, le virus ainsi emballé pourrait théoriquement être transmis par les voies respiratoires.

Ce n'est qu'une expérience de laboratoire ; elle pourrait cependant trouver son équivalent dans la nature et je pense que cette observation pourrait être étendue à un mycoplasme beaucoup plus répandu, agent causal de pneumonies, *Mycoplasma pneumoniae*. Sans même parler d'association physique, par l'immunodépression qu'elle entraîne, la seule présence du VIH peut augmenter l'agressivité d'un autre germe. C'est déjà le cas de la tuberculose ou du virus Herpès N° 8 à l'origine du Sarcome de Kaposi. Evoquons également le cas de cet enfant né d'une mère séropositive et lui-même infecté par le VIH : à la suite de sa vaccination par le BCG – un bacille vivant atténué inoffensif pour un enfant ayant un système immunitaire normal – il a subi une diffusion mortelle de la bactérie, une BCGite généralisée. C'est l'étrange histoire de Mme Vau dont nous reparlerons en détail plus loin.

Et qu'en serait-il du virus de la Vallée du Nil, West Nile, déjà très répandu aux Etats-Unis (30 % des donneurs de sang sont porteurs d'anticorps) s'il infectait des personnes immunodéprimées par le VIH ? Il est à craindre alors que les quelques cas mortels d'encéphalites produits par cet agent ne se transforment en plusieurs centaines, sinon en milliers.

Syndromes de guerre transmissibles

La hiérarchie militaire admet que les soldats meurent au combat mais pas de maladies. Pour elle, quand un soldat se fait porter pâle, c'est qu'il tire au flanc ou recherche quelque subside pour ses vieux jours. C'est l'attitude qui a prévalu face au Syndrome de la guerre du Golfe. Une maladie bien réelle mais longtemps déniée aux Etats-Unis. Mieux valait éviter de payer des pensions aux militaires touchés par ce syndrome. Et pourtant certains en sont morts, d'autres restent handicapés à vie ou l'ont parfois transmis à leurs épouses comme s'il y avait un agent transmissible... Ce syndrome se manifeste par des signes variés, une fatigue chronique, des douleurs articulaires et musculaires, des problèmes neurologiques, des cancers.

On peut penser que c'est une maladie multi-factorielle. Au début du conflit, les soldats furent vaccinés en masse avec des vaccins non dénués d'effets secondaires comme celui contre l'Anthrax (le Charbon). Par la suite, beaucoup ont été exposés aux particules d'uranium appauvri, un constituant des obus anti-chars, probablement aussi aux neurotoxiques fabriqués par les Irakiens, et évidemment au stress psychologique de la guerre.

Ces explications ne me paraissent pas suffisantes : je suis convaincu qu'il existe aussi un agent infectieux qui expliquerait entre autres la transmissibilité du syndrome. Je ne suis pas le seul à émettre cette opinion. Selon l'un de mes collègues américains, Garth Nicholson[11], un chercheur qui s'est rendu célèbre dans les années 1970 pour avoir donné la première théorie correcte de la structure des membranes cellulaires, ce syndrome serait lié à des infections par des mycoplasmes ! L'hypothèse me paraît plausible, elle pourrait maintenant être vérifiée par des technologies plus sensibles. Bien sûr, il est difficile de démêler dans ce syndrome ce qui en constitue la cause et la conséquence. On pourrait par exemple supposer que le développement du mycoplasme est lié à une dépression du système immunitaire, elle-même causée par tous les facteurs susmentionnés et particulièrement le stress psychologique. Cependant, des traitements antibiotiques administrés à certains de ces soldats ont montré des effets favorables à la longue. Quelques-uns même ont presque été guéris. Ceci renforce l'idée que l'infection bactérienne serait la cause plutôt qu'une conséquence du syndrome.

Le même syndrome qui a surtout été observé chez les soldats en première ligne (américains et britanniques) a également été relevé chez des militaires français durant la guerre de Bosnie. Il est à craindre qu'on le retrouve chez les soldats et les civils vivant en direct la nouvelle guerre en Irak. Faire de la recherche dans ce domaine n'est pas facile, le sujet est tabou et vous donne l'impression de mettre les pieds dans un champ de mines. Aux Etats-Unis, la thèse de Garth Nicholson a rencontré de vives critiques. Nous avons en commun un grand intérêt pour les mycoplasmes et avons rencontré les mêmes incompréhensions chez nos collègues.

Ma grande crainte

Dans un tout autre ordre d'idée est apparu, chez des personnes souvent jeunes soumises à un stress différent mais aussi très fort – celui des affaires et du business –, un syndrome longtemps nié mais maintenant communément accepté par la communauté médicale, celui de fatigue chronique. Divers agents infectieux, virus ou bactéries, ont été suspectés, sans démonstration convaincante. L'hypothèse la plus vraisemblable est la suivante : cette maladie serait liée au développement de nanoformes bactériennes persistantes. Aussi étonnant que cela puisse paraître, c'est bien ce que suggèrent les améliorations obtenues par les traitements antibiotiques de longue durée !

Il faut aussi craindre que de tels agents soient à l'origine d'affections non seulement neurodégénératives mais aussi psychiatriques. Le virus du Sida, le prion* de la maladie de Creutzfeldt-Jakob, le virus *Borna* du cheval, les toxoplasmes, les neurotoxines, l'origine possible d'Alzheimer... tous ces agents, par des mécanismes divers, peuvent affecter le cerveau et induire des démences. Notre organe supérieur est peu accessible aux médicaments antiviraux, l'AZT* pour le VIH restant une exception.

Nous ne pouvons pas exclure que, dans l'avenir, des virus présentant une plus grande affinité pour les cellules cérébrales et davantage transmissibles causent des épidémies de démence. Espérons que cette fiction ne se transforme pas en réalité cauchemardesque !

SIDA : LA FAILLE IMMUNITAIRE DU TROISIÈME MILLÉNAIRE

Ce que j'ai découvert derrière ce mal révélateur

Aux racines du syndrome d'immunodéficience

« Le Sida est la première des pestilences post-modernes. »

Mirko D. Grmek [12]

Dans notre voyage à travers les épidémies, arrêtons-nous à nouveau sur l'épidémie de Sida car c'est un danger qui persiste et nous pouvons en tirer beaucoup de leçons pour notre avenir. Nous l'avons vu naître, se développer inexorablement dans certains continents, se maintenir dans d'autres et malgré tous nos efforts, nous ne l'avons pas encore vu décroître.

Les premières questions que nous nous sommes posées, que nous nous posons encore : d'où vient le virus du Sida ? D'où et comment la maladie a-t-elle surgi ?

Premières errances

A son apparition, diagnostiquée aux Etats-Unis en 1981, on évoqua un « cancer gay ». Mais la multiplication rapide des cas et les enquêtes épidémiologiques des CDC (Centers for Disease Control) d'Atlanta mirent rapidement en évidence d'autres foyers épidémiques. Haïtiens, héroïnomanes et hémophiles furent regroupés aux côtés des homosexuels dans ce que les experts américains baptisèrent le « Club des quatre H ». Un drôle de club, sans privilèges, mais non sans persécutions [13]. Depuis, c'est à partir des Africains des régions tropicales – mangeurs de singes – que serait venu tout le mal ! Peu après l'isolement du virus chez l'homme en 1983, on découvrit, en effet, des virus analogues chez beaucoup d'espèces de singes africains. C'est ainsi qu'une théorie de l'origine s'imposa. Toujours en vogue, elle implique le singe, notre ancêtre, et l'Afrique, berceau de l'humanité et de ses malheurs... idée aisément acceptable pour l'inconscient collectif occidental. Mais outre qu'aucune preuve irréfutable ne corrobore cette origine, cette thèse éminemment « blanche » n'est pas complètement à l'abri des partis pris, des croyances et des idéologies. Inversement, pour nombre d'Africains, le Sida a été apporté par les Blancs. Pour une bonne partie de l'humanité, il ne peut être conçu autrement que comme punition divine, mauvais sort, manifestation du destin ou du karma. Et au sein même de nos sociétés rationalistes, son origine fait encore l'objet de polémiques laissant planer un soupçon de complot militaro-industriel...

Au début des années 1980, le cas de la communauté haïtienne – seul groupe ethnique alors touché – intriguait fortement les scientifiques ; ils y voyaient le relais du virus entre l'Afrique et l'épidémie américaine : il était tentant de faire le lien avec la découverte simultanée des virus de singes (SIV*). C'est ainsi que s'installa l'opinion séduisante pour les médias selon laquelle le Sida ne pouvait qu'avoir été importé directement ou indirectement d'Afrique. Comment ? On examina la possibilité qu'un ancêtre du VIH ait pu suivre la route des esclaves mais aucun argument sérieux ne valida cette idée. Quant au relais haïtien, selon la thèse du médecin anthropologue Paul Farmer, l'analyse des souches prouverait que le virus du Sida n'a pas voyagé d'Haïti vers les Etats-Unis mais a fait le chemin inverse en étant importé dans l'île par le tourisme sexuel des gays américains.

Le fait que le syndrome d'immunodéficience acquis ne se déclenche que bien des années après l'infection par le VIH a compliqué la tâche des chercheurs de l'origine. Et c'est toujours un handicap majeur dans la compréhension et la lutte contre l'épidémie. Le Sida s'installe de façon insidieuse et indolore. La situation du continent africain en est un tragique exemple. L'épidémie s'y est répandue en silence, les gens s'infectaient mais n'apparaissaient pas malades. Il aura fallu près de dix ans pour s'en rendre compte. Les institutions de santé internationales ont-elles suffisamment averti ces populations ? Malheureusement, elles n'ont été en mesure de prévoir l'évolution de la maladie de façon quasi certaine qu'après avoir eu le temps d'en mesurer les risques au Nord, notamment aux Etats-Unis : à partir de 1985-1986, nous savions que dans 95 % des cas, un patient infecté développerait une maladie mortelle au bout de dix ans en moyenne.

Accident scientifique ou complot ?

Nous connaissons tous ces thèses cyniques s'appuyant sur l'idée que le Sida aurait été « inventé » pour débarrasser le monde des drogués, des homosexuels et des Noirs, populations dont la progression aurait inquiété et poussé le gouvernement américain à réagir dans les années 1970. Soyons cyniques à notre tour : s'il s'agissait d'une arme conçue dans ce but, le plan a tourné court... La *gay attitude* triomphe, le business de la drogue prospère et la démographie en Afrique, bien qu'ayant ralenti, continue à croître.

Selon les tenants de cette explication machiavélique, cette arme bactériologique aurait été produite dans les années 1960-70. Voilà qui suppose qu'il ait existé déjà à cette époque un laboratoire très avancé dans la production du virus. Or on ne connaissait pas, on n'avait pas en main les technologies de laboratoire permettant de détecter les rétrovirus par des méthodes ultra-sensibles. On ne maîtrisait pas le clonage moléculaire, on ne savait pas manipuler les gènes, on ignorait la transcriptase inverse* caractérisant la reproduction des rétrovirus. Il faudrait donc imaginer l'existence d'un laboratoire qui ait eu vingt ans d'avance sur les connaissances du moment. Aujourd'hui, bien sûr, tout est possible.

Il traîne encore sur Internet et dans la littérature de soi-disant documents du Congrès américain datant de 1969 évoquant un « agent biologique de synthèse contre lequel aucune immunité ne peut être acquise (sic) ». Celui-ci aurait été testé dans le cadre de la guerre froide avant d'être employé par la CIA comme moyen de contrôle démographique... Un tenant de cette thèse du complot, Leonard Horowitz [14], est allé jusqu'à mettre en cause nommément Robert Gallo, le soupçonnant d'avoir travaillé pour la CIA. Gallo a découvert le premier rétrovirus humain bien après, à la fin des années 1970. Il recherchait le rôle des rétrovirus dans les leucémies* humaines. A l'époque incriminée, on connaissait uniquement des rétrovirus d'animaux produisant notamment chez la souris des cancers et des leucémies or, il est clair que le VIH n'appartient pas à ce groupe de virus. Et si Gallo avait eu connaissance de ce virus, je ne vois pas pourquoi il m'aurait laissé la primeur de le découvrir. Au nom du secret défense ? *Too much !*

Ont été également mis en cause les vaccins, anti-polio, anti-variolique, etc. En 1992, le journaliste américain Tom Curtis affirma que le Sida avait été inoculé aux Africains par l'intermédiaire d'une campagne de vaccination orale contre la poliomyélite menée de 1957 à 1959 au Congo belge où, justement, ont été découverts les premiers cas du continent. Cette thèse, médiatisée par le livre de Edward Hooper *The River*[15] et souvent reprise, s'appuie sur le fait que ce vaccin, mis au point par Hilary Koprowsky, avait été fabriqué à partir, entre autres, de reins de chimpanzés qui auraient été infectés par le VIH. Cela me paraît fort peu probable parce que le virus ne se multiplie pas sur des cellules de reins. On a dit aussi que le vaccin de la variole avait réveillé le virus en Afrique. La carte des campagnes de vaccinations contre la variole menées par l'OMS, font valoir les tenants de cette thèse, se superpose parfaitement à celle des pays les plus touchés... Mais d'autres affirment le contraire : le virus serait devenu virulent à partir du moment où l'on a arrêté la vaccination contre la variole qui aurait eu un effet protecteur !

En dehors de ces polémiques, je pense plus simplement que les vaccinations ont pu aider à la dissémination du virus par leur caractère massif et hâtif. C'est fort possible si les seringues ou les instruments que l'on a utilisés pour la vaccination orale n'étaient pas stériles. Contre la polio, on vaccinait à l'aide d'une petite seringue sans aiguille et on administrait le vaccin dans la bouche d'enfants très jeunes, dont certains pouvaient être infectés par le VIH. Or dans ce cas, l'infection par la bouche est possible. Vous administrez une dose à un enfant, vous passez à un autre et vous transmettez de la salive potentiellement porteuse du virus. Il faut savoir que la salive de l'enfant n'est pas protectrice, pas inactivante comme celle de l'adulte. On peut donc tout à fait envisager une transmission en chaîne de cette façon, singulièrement en Afrique, mais il est douteux d'incriminer les vaccins eux-mêmes.

D'où vient le virus ?

Rappelons les faits avec maintenant un recul de plus de vingt-cinq ans, en bref :

- Le virus existait en Afrique avant l'épidémie ;
- L'épidémie, aussi bien en Afrique qu'aux Etats-Unis, est récente ; elle s'est développée à partir des années 1970 ;
- La colonisation de l'Afrique par les pays européens jusqu'au milieu du XXe siècle n'a pas apporté le Sida en Europe. Le virus qui a infecté l'Europe de l'Ouest provient d'Amérique du Nord ;
- Des mutations génétiques de résistance au virus préexistaient chez les Européens, pas chez les Africains ni chez les Asiatiques ;
- Des virus proches des virus humains préexistent chez les singes d'Afrique.

Le virus a de nombreux variants africains : le VIH-1, fondé sur les séquences de son acide nucléique a été classifié, nous l'avons vu, en sous-types qui n'ont pas la même localisation géographique. La plupart d'entre eux sont répartis en Afrique. Ailleurs, c'est souvent un seul sous-type – ou un seul recombinant entre deux sous-types – qui domine. Le sous-groupe O du VIH-1 n'existe qu'en Afrique centrale. Le second virus, VIH-2, n'est présent qu'en Afrique de l'Ouest, en Guinée-Bissau et de là s'est répandu dans les pays africains lusophones : Angola, Mozambique, démontrant ainsi le rôle des échanges humains dans sa diffusion.

A partir des séquences des nombreux variants du VIH-1, on a pu dresser un arbre généalogique dont le tronc et les racines remontent aux années 1930[16], en supposant qu'une seule souche de virus soit entrée dans l'espèce humaine à ce moment-là (venant des singes ?) et qu'elle ait ensuite subi des mutations à une vitesse uniforme : c'est ce que l'on appelle l'« horloge moléculaire ». Cet argument s'effondre si l'hypothèse est fausse, si le virus pendant longtemps n'avait que peu de virulence et « végétait » dans des populations africaines en étant transmis de génération en génération sans causer de dommages. Les sous-types africains seraient alors beaucoup plus anciens...

L'épidémie est récente : le Sida déclaré se traduit par des infections dites opportunistes ou des cancers, comme le Sarcome de Kaposi, un cancer cutané causé par un virus du groupe des virus herpès, le HHV-8. La première définition de la maladie était d'ailleurs fondée sur une liste restreinte de ces infections. Et c'est à partir de cette définition que les premiers cas de Sida observés au Congo-Zaïre avaient été cliniquement diagnostiqués à l'hôpital Mama-Yemo en 1982 à Kinshasa : quelques mois plus tard, grâce au virus isolé en France, nous pouvions trouver dans le sérum de ces malades une sérologie VIH positive, confirmant ainsi que le Sida africain était lui aussi associé au même virus que celui d'Amérique du Nord.

En Afrique, les maladies les plus fréquemment diagnostiquées sont la tuberculose et la méningite à cryptocoques. La tuberculose peut se développer bien sûr sans le virus du Sida mais elle comporte des formes plus agressives du fait de l'immunodépression. Quant à la méningite à cryptocoques causée par un champignon microscopique, les observations médicales faites en Afrique indiquent que son expansion était récente et coïncidait avec l'épidémie de VIH, à partir des années 1970. De même, les formes graves mortelles de Sarcome de Kaposi ont coïncidé avec la diffusion du VIH en Afrique de l'Est à partir des années 1970.

Les études sérologiques faites en rétrospective à partir de sérums congelés indiquent que le virus était rare dans le premier foyer, le Zaïre, dans les années 1970. Une étude que nous avons effectuée avec des collègues belges sur des sérums prélevés chez des femmes enceintes à Kinshasa montre que seulement 2 sur 800, soit 0,25 %, étaient séropositives en 1970, contre 3 % en 1980 et plus de 10 % en 1985.

D'autres études faites dans les mêmes années dans des villages congolais montrent des chiffres bien inférieurs, suggérant que l'épidémie s'est d'abord diffusée davantage dans les grandes villes ouvertes internationalement.

Une préhistoire européenne du Sida et de son virus

C'est la loi pour tous les virus : afin de pénétrer dans les cellules qui vont les répliquer, ils doivent d'abord s'attacher à elles. Il y a donc une interaction entre la protéine qui se trouve à la surface de la particule virale et des molécules situées sur la membrane cellulaire. Cette interaction est spécifique : à chaque virus, son récepteur.

Le virus du Sida n'échappe pas à cette règle. Dès 1984, mon équipe, en même temps qu'une équipe britannique, identifiait son récepteur cellulaire, la molécule dite CD4, présente à la surface des lymphocytes du même nom.

Mais plus récemment, les choses se sont compliquées, le virus, après son premier attachement au CD4, utilise une autre molécule, dite co-récepteur, qui sert normalement au lymphocyte à recevoir des messagers chimiques qui circulent librement dans le sang, les cytokines. L'un de ces co-récepteurs s'appelle CCR5. Or, plusieurs équipes ont trouvé que des populations européennes ou d'origine européenne (on dit « caucasiennes ») présentent une particularité génétique : il s'agit d'une mutation dans le gène de ce co-récepteur CCR5 qui l'empêche de fixer le virus VIH. Entre 1 et 2 % de la population européenne est ainsi totalement résistante aux souches de virus utilisant ce co-récepteur, c'est-à-dire la plupart des souches transmises sexuellement et isolées à partir de malades récemment infectés. Ces personnes ont des mutations sur chaque élément d'une paire de chromosomes*. Lorsque la mutation ne porte que sur un des éléments de la paire, la personne peut s'infecter mais l'évolution vers la maladie est plus lente. Cette mutation n'existe pas chez les Africains ni chez les Asiatiques.

Selon les calculs, la mutation aurait pu apparaître dans la population européenne au Moyen Âge ou même bien avant. Il est tentant de penser qu'il s'agit d'un témoin résiduel d'une épidémie passée qui aurait fortement sélectionné et sauvé de la mort les individus porteurs de cette mutation : épidémie de Sida ou due à un germe utilisant le même co-récepteur ? A l'évidence, l'absence de cette résistance dans la population africaine montre à l'inverse que celle-ci n'était pas exposée à un virus VIH tueur jusqu'à l'épidémie actuelle.

Autre interrogation : l'Afrique a été massivement colonisée au XIXe siècle par les nations européennes, France et Grande-Bretagne principalement. Malgré les échanges humains et les flux migratoires, il n'y a toutefois pas eu d'épidémie détectable dans la population européenne, alors que la mutation de résistance n'était pas assez répandue dans la population pour la protéger.

Bien sûr à l'époque, et jusqu'à la première moitié du XXe siècle, les médecins ne disposaient pas de tests biologiques d'immunodépression et ne pouvaient se fonder que sur les signes cliniques pour leur diagnostic. La tuberculose a été un grand fléau au début de l'ère industrielle, tuant des sujets jeunes par la « phtisie galopante ». En outre, on ne pouvait reconnaître les autres causes possibles des infections pulmonaires. Le virus du Sida était-il donc présent ? On ne peut pas répondre mais les conditions de promiscuité, de mauvaise hygiène et de malnutrition peuvent suffire à elles seules à expliquer la sévérité de la maladie et sa grande diffusion jusqu'au milieu du XXe siècle.

Selon une autre théorie, un des sous-groupes du virus 1, le VIH 1-O décelé au Cameroun, pourrait avoir été introduit dans ce pays par les Allemands dont il fut l'une des colonies jusqu'à la Première Guerre mondiale. C'est l'hypothèse émise par Jaap Goudsmit [17]. Ce collègue hollandais a retrouvé les traces d'une étrange épidémie à visages multiples ayant sévi dans les années 1910 dans une pension allemande hébergeant des enfants abandonnés. Sont notamment mentionnés plusieurs cas de pneumocystose, une infection considérée comme l'une des signatures du Sida car elle constitue l'une des maladies opportunistes* les plus fréquentes dans l'hémisphère Nord. Faute de preuve directe, ce chercheur ne peut affirmer que le virus du Sida était là. Mais cliniquement, sa thèse se défend, d'autant que ce virus O est maintenant presque uniquement localisé au Cameroun et se retrouve très rarement dans les autres pays africains. On ne peut donc clairement écarter la possibilité que certaines souches de virus aient été présentes en Europe avant l'épidémie actuelle.

Quoi qu'il en soit, bien que nous soyons toujours dans le domaine des hypothèses, ces possibilités incitent à la prudence quant à l'origine « tout africaine » du Sida et de ses virus.

La zoonose africaine

C'est la thèse dominante actuellement de l'origine du virus et de l'épidémie de Sida. Le VIH-1 proviendrait du passage – récent – à l'homme africain d'un virus proche existant chez le chimpanzé. Nous l'avons vu au chapitre précédent, beaucoup de virus causant des maladies très graves chez l'homme ont leur réservoir dans une espèce animale qui propage le virus sans être malade, probablement du fait d'une longue adaptation. Pour que la transmission à l'homme se propage et conduise à une épidémie, il faut que le virus originaire de l'animal se transmette ensuite facilement d'homme à homme. Ce n'est pas toujours le cas : ainsi, la transmission interhumaine du virus grippal des oiseaux H5N-1 est encore très difficile – heureusement pour nous !

Qu'en est-il du virus du Sida ? En ce qui concerne le VIH-1, effectivement les souches virales isolées de malades peuvent infecter très facilement le chimpanzé captif, mais sans causer de maladie. Celui-ci a donc les caractéristiques du porteur sain.

Déterminer l'étendue de l'infection chez les chimpanzés sauvages – espèce protégée que l'on ne peut pas capturer – demande quelques acrobaties peu ragoûtantes : repérer ces animaux dans un arbre, placer dessous une grande toile pour récupérer l'urine, récupérer les excréments qui tombent comme des fruits mûrs. A partir de l'urine, on pourra détecter des anticorps contre le virus, preuve de l'infection ; à partir des excréments, repérer les traces moléculaires de l'ARN du virus et le caractériser.

Une équipe franco-américaine a pu ainsi identifier des traces du VIH-1 dans un pourcentage important de chimpanzés sauvages au Cameroun. A partir de quelques chimpanzés capturés au Gabon, on a pu aussi isoler directement un virus très proche du VIH-1 classique.

En ce qui concerne la variété O du VIH-1, son origine à partir du chimpanzé paraît fort peu probable : la souche humaine O que j'ai isolée d'une malade (*Mme Vau, voir prochain chapitre*) refuse de se multiplier dans les lymphocytes de chimpanzés au laboratoire. Mais le gorille pourrait, lui, être infecté par ce type de virus. Les singes anthropoïdes africains sont donc de bons candidats pour constituer le réservoir de la zoonose VIH-1.

Le scénario serait alors le suivant : l'homme africain de la brousse chasse dans les années 1930 le chimpanzé et se nourrit de sa chair peu cuite. Ainsi le virus passe subrepticement à l'homme, espèce non adaptée. Les changements socio-économiques – urbanisation, cultures intensives destinées à l'exportation selon les schémas de la Banque mondiale et du Fonds monétaire international (FMI) – font le reste, entraînant des déplacements de travailleurs migrants et le développement de la prostitution. Ainsi commence l'épidémie d'une maladie sexuellement transmissible dans les années 1970. Par le biais des voyages internationaux, le virus « saute » en Amérique et trouve des proies de choix chez les homosexuels ayant beaucoup de partenaires et chez les drogués qui se partagent les seringues.

En ce qui concerne le VIH-2, on peut aussi imaginer une origine simienne ; cette fois à partir d'un singe existant en Afrique de l'Ouest, le singe Mangabé qui lui, est infecté sans être malade par un virus SIV très proche du VIH-2. Notons que ce virus SIV a été transmis accidentellement – par la proximité des cages dans un Centre d'élevage de primates américains aux États-Unis – à une autre espèce de singe d'origine asiatique, le macaque Rhésus [18], chez qui il a causé une maladie proche du Sida humain. Preuve qu'entre singes assez différents, la zoonose a bien fonctionné.

Il y a cependant des invraisemblances dans un tel scénario pour le Sida humain. D'abord, les pygmées d'Afrique centrale qui sont les meilleurs chasseurs de singes, y compris de chimpanzés, ne sont pas infectés par le virus du Sida, ni VIH-1 ni VIH-2 ! Les coutumes de chasse des singes existant depuis fort longtemps en Afrique, les passages de virus à l'homme ont donc pu être fort fréquents dans les siècles passés, et les populations africaines n'en ont pas été décimées pour autant. D'autre part, ce ne sont pas les esclaves africains déportés dans les Amériques du XVIIe au XIXe siècle qui ont été à la source de l'épidémie aux Etats-Unis.

Donc, tout pointe vers un changement brutal de virulence du virus – changement commun à toutes les souches –, virus existant chez l'homme depuis plus longtemps que l'épidémie actuelle. Ce changement brutal de virulence ne peut être dû à une simple mutation d'une souche virale. Dans ce cas en effet, ce serait uniquement cette souche virale qui aurait causé l'épidémie, or toutes les différentes souches isolées en Afrique participent à l'épidémie et sont la source de maladies. Comment imaginer qu'elles aient toutes évolué de la même façon en un temps très court ?

Par conséquent, il faut plutôt supposer qu'un autre facteur – un facteur biologique nouveau – est intervenu pour déclencher l'épidémie à la fois dans les villes d'Afrique et dans celles d'Amérique du Nord.

Un scénario afro-américain avec co-facteurs

Les deux foyers initiaux et quasi simultanés du Sida sont les grandes villes des Etats-Unis – de New York à San Francisco – et, en Afrique, la capitale du Congo, Kinshasa et la région des Grands Lacs en Afrique de l'Est : sud du Kenya, Tanzanie.

Certes, les populations touchées sont différentes : homosexuels à partenaires multiples et usagers de drogues intraveineuses aux Etats-Unis, prostituées et hommes migrants en Afrique. Mais il y a peut-être un co-facteur identique.

J'ai en effet découvert en laboratoire un couple infernal : VIH/mycoplasme. Les mycoplasmes sont de petites bactéries sans paroi rigide qui sont des parasites externes collés aux membranes cellulaires de nos tissus et cellules. Pratiquement toutes les lignées cellulaires – souvent d'origine cancéreuse – utilisées dans les laboratoires sont contaminées par des mycoplasmes. Les chercheurs en biochimie et en biologie moléculaire font semblant de les ignorer : ils ont grand tort car ces infections perturbent grandement le métabolisme* des cellules qu'ils étudient. Elles créent en particulier un stress oxydant car elles sont dépourvues d'une enzyme convertissant l'eau oxygénée en eau ordinaire, et donc induisent des mutations dans l'ADN (ou l'ARN) et des cassures dans les chromosomes. Certaines espèces de mycoplasmes adorent le VIH et le VIH les adore.

Dans un lymphocyte infecté par les deux agents, on voit le virus sortir des cellules entre des buissons de mycoplasmes, un peu comme ces petits poissons qui se faufilent entre les tentacules des anémones de mer. Je décris dans le chapitre suivant leur rôle possible dans la maladie.

Mais qu'en est-il dans la transmission du virus et l'origine de l'épidémie ? Virus et mycoplasmes sont tous les deux transmis par les contacts sexuels et par les injections avec du matériel non stérile. Certains mycoplasmes sont pathogènes par eux-mêmes, provoquant des infections génitales ou pulmonaires mais beaucoup de personnes les portent, apparemment sans dommage. J'ai pu en isoler facilement à partir de donneurs de sang !

Toutefois, leur association avec le virus peut être dangereuse, et notamment augmenter sa transmission :

- en activant les lymphocytes déjà infectés par le VIH de façon latente, déclenchant ainsi la production de particules virales ;
- en étant présent au niveau des muqueuses génitales et en y créant des réactions inflammatoires locales ;
- en servant de vecteur « d'emballage » du virus ;
- en persistant sous des formes résistantes aux traitements antibiotiques, même de longue durée ;
- en contribuant à l'hypervariabilité du virus par le stress oxydatif* qu'elles créent et les mutations de l'ADN ou l'ARN qui s'ensuivent.

Je serais tenté de placer cette dernière propriété au centre de l'augmentation de virulence du virus, et d'en dériver le scénario suivant. Dans les années 1970, des avions charter favorisaient le tourisme sexuel de gays américains vers Kinshasa. Du fait de leur grande promiscuité, ces visiteurs étaient souvent porteurs de mycoplasmes de façon inapparente. Ces infections se propagèrent en Afrique. Nos touristes rapportèrent chez eux des souches de VIH encore peu actives.

L'association des deux germes – le virus et le microbe – conduisit, aussi bien aux Etats-Unis qu'en Afrique, à l'émergence de souches virales hypervariables, leur transmission étant favorisée à la fois par des injections avec des seringues non stériles et par des contacts sexuels multiples dans la période de primo-infection où la quantité de virus est importante dans le sang et le sperme. Ainsi se sont développées deux épidémies parallèles qui, de proche en proche, se sont répandues dans les autres continents.

Les souches virales qui ont émergé n'ont d'ailleurs plus besoin de mycoplasmes pour se propager facilement, bien que les quelques études épidémiologiques que nous avons effectuées montrent que ces microbes sont présents dans des proportions importantes dans les populations africaines, et les populations occidentales « à risque ». On peut d'ailleurs remplacer dans ce scénario le co-facteur mycoplasme par tout co-facteur entraînant une hypervariabilité du virus.

Le dernier mot n'est donc pas dit et reconnaissons-le humblement : nous sommes loin de tout connaître quant à l'origine de ce virus et de l'épidémie qu'il a créée au sein de notre civilisation.

La face cachée du Sida...
et de bien des maladies

« Ils ne mouraient pas tous mais tous étaient frappés. »

La Fontaine (*Les animaux malades de la peste*)

La pandémie persiste, la science s'essouffle

Le « syndrome d'immunodéficience acquise » a suscité des dizaines de milliers de publications et de communications scientifiques, sans compter les annonces à la presse. Malgré cela, la pandémie continue et nous n'avons toujours pas de vaccin. Un quart de siècle après les premières victimes fauchées aux Etats-Unis, depuis le premier cas de Sida diagnostiqué en 1981, quelque 25 millions d'hommes, de femmes et d'enfants en sont morts.

Comment expliquer cette situation ? Il est clair que bien des facteurs extra-scientifiques ont joué, mais nous, scientifiques, devons tout de même nous poser la question : quelle est notre part de responsabilité ? Avons-nous vraiment percé les mystères de cette maladie complexe et avons-nous exploré toutes les avenues possibles de la recherche sur ses mécanismes ?

Si les chercheurs ont réalisé d'immenses progrès

dans la connaissance du virus et la mise au point de médicaments – en un temps record par rapport à bien d'autres maladies – nous sommes loin d'en avoir terminé avec le Sida. La terreur qu'il suscita dans nos pays avancés jusqu'à l'apparition des trithérapies* s'est estompée, d'autres menaces plus immédiates l'ont remplacée. La pandémie n'en a cure, poursuivant sa route au Nord comme au Sud, se propageant à des rythmes plus ou moins rapides sur tous les continents. Rampante et sournoise dans les pays industrialisés, flambante et meurtrière dans les pays du Sud. La tragédie africaine s'étend dans les pays d'Asie, péninsule indienne en tête, en Chine, en Europe de l'Est. En 2006, près de 40 millions d'humains vivaient avec le VIH, dont une majorité de femmes. Et selon l'ONUSIDA*, le Programme commun des Nations unies sur le VIH/SIDA, si l'année 2005 a montré un apparent tassement de cette progression, un pic historique avait été enregistré l'année précédente avec 5 millions de nouvelles infections, plus de 3 millions de décès... La France compte plus de 150 000 séropositifs* déclarés [19]. Pas d'accalmie de ce côté-là : près de 6 000 nouveaux diagnostics ont été recensés en 2006, après un pic de 7 000 nouveaux cas en 2005. Le plus dur n'est pas forcément derrière nous comme on pourrait le penser ; cette pandémie est encore jeune et des épidémiologistes prévoient que le pic de mortalité ne sera atteint qu'aux alentours de 2040. Si rien ne bouge, le Sida sera alors l'une des toutes premières causes de mortalité dans le monde, sinon la première.

Bien sûr, il existe des raisons non scientifiques à cette situation dramatique, l'insuffisance des structures médicales dans les pays pauvres, les pressions économiques et culturelles pour une transmission sexuelle non protégée, la difficulté d'accès aux médicaments et aux tests de diagnostic et de suivi... Mais la communauté scientifique n'a pas été suffisamment innovatrice et n'a pas ou peu recherché de solutions médicales adaptées aux millions de patients des pays du Sud.

Une abondance de preuves montre que le virus découvert en 1983 est l'agent causal du Sida et il est normal que l'effort principal de recherche thérapeutique ait consisté en la mise au point d'inhibiteurs de plus en plus actifs de la multiplication du virus et d'un vaccin. Toujours est-il que cet effort n'est pas suffisant et apparaît scientifiquement trop réducteur pour nous permettre d'éradiquer cette infection à caractère multi-factoriel.

Un virus bien connu, une maladie mal cernée

Les fondements du corpus médical, de la thèse communément admise sur le syndrome d'immunodéficience acquise, sont vieux de vingt ans. Sur le plan biologique cette maladie, si singulière par la pluralité des maladies opportunistes qu'elle engendre, se caractérise par un déclin du système immunitaire, lent et progressif. Ce déclin porte sur une catégorie particulière de lymphocytes, les lymphocytes T CD4+, ceux-là mêmes que j'ai comparés à des chefs d'orchestre du système immunitaire. Le virus a bien choisi sa cible principale. La désorganisation des CD4 était connue avant l'isolement du virus ; dès 1981, elle constitue la signature biologique de la maladie. Mais ce déclin est progressif et il faut compter plusieurs années, dix ans en moyenne, entre le moment où une personne est infectée par le virus et celui où apparaissent les signes cliniques de la maladie, caractérisée par des infections « opportunistes » ou des cancers.

Aux débuts des années 1980, deux maladies dominaient chez les patients du Nord : la pneumocystose et le Sarcome de Kaposi, alors que dans le Sud prévalait la tuberculose. Depuis lors, les CDC d'Atlanta qui avaient identifié les premiers cas ont établi une liste beaucoup plus étendue d'autres maladies associées au Sida, y compris des affections du cerveau. Concernant ces dernières, on remarque que les patients des pays du Nord sont plutôt affectés par des toxoplasmoses alors que ceux du Sud sont confrontés à des cryptococcoses neuro-méningées causées par un champignon provoquant majoritairement des méningites dans les régions tropicales. Il faut noter que cette dernière infection était considérée comme plutôt rare en Afrique par les médecins exerçant dans ces régions avant les années 1980. Ceci confirme que le Sida en tant qu'épidémie ne s'est développé sur le continent africain que très récemment, tout comme en Amérique du Nord.

Le Sida est donc un syndrome bien défini dont la cause biologique réside dans le VIH (HIV selon la définition anglaise), « virus d'immunodéficience humaine » attaquant spécifiquement les cellules du système immunitaire. Mais si nous connaissons bien ce virus, je dirais à 90 %, nous ne comprenons qu'à 60 % les mécanismes par lesquels il détruit progressivement le système immunitaire ; il reste aux chercheurs un long chemin à parcourir ! Bien des mystères, et non des moindres, nous barrent la route.

C'est parce que le VIH attaquait les cellules du système immunitaire, pensaient la plupart des chercheurs aux premiers temps de l'épidémie, qu'il les tuait inexorablement. Assez vite, cette explication m'est apparue trop simple et je me suis orienté avec certains de mes collaborateurs sur une vision plus complexe que beaucoup maintenant partagent. Cette remise en question s'appuyait au départ sur l'observation de certains phénomènes. Premièrement, s'il est clair que les cellules infectées peuvent mourir, il apparaît qu'elles ne meurent pas immédiatement. En fait le virus, pour se répliquer et sortir de la cellule infectée, a besoin que celle-ci reste en bon état car il emprunte tous les mécanismes cellulaires de synthèse des protéines à partir de ses gènes. Deuxièmement, toutes les souches virales* ne détruisent pas les cellules, en particulier celles qui sont isolées pendant la phase asymptomatique de l'infection. C'est seulement en phase de Sida déclaré que l'on isole des souches très virulentes tuant les lymphocytes. Troisièmement, en laboratoire, nous avons démontré que cet effet destructeur était fortement augmenté en présence d'une co-infection des cellules par des petites bactéries, les mycoplasmes.

Enfin, nous avons observé que chez les patients, beaucoup de lymphocytes non infectés et pas seulement les CD4+, cibles principales du virus, avaient une propension à mourir spontanément d'apoptose. Il s'agit, comme je l'ai dit, d'un processus physiologique naturel permettant de réguler le système immunitaire et, d'une façon plus générale, d'arrêter les mécanismes de division cellulaire quand ils ne sont plus nécessaires ou deviennent nuisibles. L'apoptose intervient par exemple dans la guérison d'une blessure en stoppant au bon moment la cicatrisation. Et les cellules cancéreuses sont précisément reprogrammées pour échapper à cette régulation naturelle. Dans le cas du Sida, ce qui est anormal, c'est l'intensité de l'apoptose puisqu'elle touche près de la moitié des lymphocytes circulant dans le sang et des ganglions lymphatiques. Elle concerne non seulement les cellules cibles du virus mais également des cellules non infectables par le virus et finalement, tout le système immunitaire est désorganisé. Ce phénomène serait lié à une activation anormale des cellules par des protéines provenant du virus et au stress oxydant dont nous verrons qu'il constitue un facteur important de la maladie.

En fait, la force essentielle du VIH réside dans son énorme potentiel de variabilité. Cette capacité, cette « stratégie », n'est pas commune à tous les virus. Un autre rétrovirus humain, par exemple, le HTLV-1, agent causal d'une leucémie, varie extrêmement peu de telle sorte que l'on peut suivre à la trace l'évolution génétique des populations infectées à travers sa propre évolution. Le VIH, lui, présente des capacités de dissimulation redoutables.

Trithérapie : une solution provisoire... qui dure

Nous observons un véritable choix stratégique du VIH qui lui permet de se comporter comme un avion furtif vis-à-vis d'un radar, c'est-à-dire d'échapper très vite à toute réponse immunitaire et à un traitement de monothérapie. C'est seulement en utilisant simultanément trois produits agissant sur la multiplication du virus à des niveaux différents que l'on rend ce potentiel de variation partiellement inefficace, le virus ne pouvant varier partout à la fois sans mettre en danger sa propre existence. Avec la prolongation dans le temps de la trithérapie et sa diffusion massive, il existe bien des variants multi-résistants, mais ils s'avèrent être plus fragiles et semblent se multiplier moins vite. Nous ne pouvons cependant pas écarter la menace d'une deuxième épidémie avec ces variants.

Il n'en reste pas moins que la trithérapie a été un énorme progrès en permettant aux patients infectés de vivre la plupart du temps en absence d'infections opportunistes ou de cancers comme le Sarcome de Kaposi. Mais le fait est qu'elle n'éradique pas l'infection et qu'au moindre arrêt du traitement, la multiplication du virus reprend de plus belle. En outre, les inhibiteurs employés ne sont pas dénués d'effets toxiques, en agissant sur l'ADN (acide désoxyribonucléique) des mitochondries* et en induisant des troubles du métabolisme lipidique ainsi qu'un stress oxydant. Il sera donc de plus en plus difficile de maintenir à vie un tel traitement, surtout chez les jeunes patients des pays pauvres affligés par d'autres maux comme le paludisme et la tuberculose. En fait, la trithérapie serait beaucoup plus acceptable si, donnée pendant un temps limité, elle permettait sinon d'éradiquer le virus, du moins de le stabiliser à un niveau très faible sans dommage pour l'organisme. Une telle approche thérapeutique a déjà été couronnée de succès pour d'autres infections chroniques comme la tuberculose. Un traitement de trois ou quatre antibiotiques pendant neuf mois permet de réduire totalement une tuberculose active, le patient n'ayant plus besoin que de quelques contrôles de temps en temps.

Pourquoi ce qui a été obtenu pour la tuberculose ne peut-il l'être pour le Sida ? L'une des premières explications est liée à la nature même du VIH : un rétrovirus insère son matériel génétique dans la cellule qui pourra le garder indéfiniment jusqu'à sa mort si les gènes du virus ne sont pas exprimés, en quelque sorte si celui-ci reste latent. Mais le VIH, une fois installé, ne demeure pas facilement latent car la moindre activation des lymphocytes (elle se produit dès que le système immunitaire subit une agression) l'active et le rend ainsi théoriquement « visible », et donc sensible à la trithérapie. Un traitement suffisamment long et continu devrait donc pouvoir éradiquer l'infection. Ce n'est pas le cas. Même après dix ans de traitement, le virus revient en quelques semaines si ce dernier est interrompu. Il y a donc une logique à complémenter la trithérapie par des traitements visant à stimuler la réponse immunitaire contre le virus. L'exemple des infections bactériennes est à cet égard instructif. On ne guérit pas ces infections seulement par des antibiotiques attaquant l'agent mais en s'appuyant également sur le système immunitaire de l'hôte : si la personne est immunodéprimée, l'infection persistera.

Le virus résiduel : pourquoi le virus résiste-t-il au traitement ?

Cette résurgence du virus en cas d'arrêt du traitement implique qu'il existe donc des formes du virus inaccessibles au traitement, une sorte de réservoir inattaquable. La nature de ce réservoir est toujours discutée et aucune des explications apportées n'est vraiment satisfaisante : cellules infectées de façon latente mais par un virus capable d'être réveillé à tout moment, infections de cellules ou d'organes comme le cerveau où les médicaments ne peuvent pénétrer que difficilement... Ce réservoir de virus résistant, cette part d'irréductible, reste un mystère pour la médecine au même titre que la destruction indirecte du système immunitaire qui ne s'opère visiblement pas seulement par les cellules infectées. J'avance une troisième explication : l'existence de formes atypiques du virus, « subvirales », circulantes, capables dans certains cas de reconstituer du virus infectieux et ne dépendant pas de la multiplication du VIH. Des formes, par conséquent, inaccessibles aux traitements. Sans vouloir jouer les Cassandre, je crains fort que tant que l'on n'aura pas analysé et caractérisé ces formes masquées, quelles qu'elles soient, la recherche d'un vaccin préventif sera illusoire, les traitements n'auront qu'un effet limité et notre compréhension du syndrome d'immunodéficience restera déficiente.

La réponse médicale actuelle se contente de ralentir la multiplication du virus et laisse devant elle une maladie résiduelle, chronique. L'éradication de telles formes virales ne peut être obtenue que par une pression immunitaire très forte, de telle façon que dès que les formes normales du virus se reconstituent, elles soient neutralisées. Ceci implique qu'outre l'action directe sur le virus, on puisse stimuler le système immunitaire, à la fois spécifiquement par une vaccination thérapeutique et non spécifiquement par des immunostimulants. Nous y reviendrons.

Derrière le VIH...

Le VIH constitue, sans aucun doute, l'agent infectieux causal du Sida. Sans lui l'épidémie n'aurait pas éclaté. Il agit cependant à travers une maladie et une interaction très complexes. Comme l'ont montré les expériences menées chez les singes, plus le système immunitaire réagit contre le virus, plus cela favorise l'apparition du Sida. Au contraire si le système immunitaire ne voit pas, ne détecte pas le virus, il ne se passe rien. Cela démontre bien que la maladie résulte d'une interaction profonde entre l'infection virale et le système immunitaire. Cette maladie est transmissible par le virus. En son absence, il existe d'autres formes de dépression immunitaire mais *a priori* non transmissibles. Certains virus ont également un pouvoir immunodépresseur (c'est le cas du virus de la rougeole ou du cytomégalovirus), cela fait partie aussi de leur stratégie pour s'implanter dans l'organisme mais jamais on n'avait observé une destruction totale des lymphocytes

CD4 aussi totale que celle qui se produit dans l'infection par le VIH.

Je me suis longtemps posé la question de savoir si le virus agissait seul ou avait des complices. J'ai penché pour la seconde hypothèse pour deux raisons. Dès les premières expériences, nous savions que le virus du Sida ne peut se multiplier que sur des lymphocytes activés, c'est-à-dire dans un état où ils ont été excités par des antigènes ou un agent infectieux et où ils sont capables de se diviser. Comme le VIH n'a pas lui-même ce pouvoir d'activation, il a donc besoin de se reposer sur des agents extérieurs. Ainsi, toute infection intercurrente génératrice d'activation va soit favoriser son installation durable au début de l'infection, soit lui permettre de se développer au cours de la phase chronique. La deuxième raison pointant vers le rôle de certains complices bactériens, en l'occurrence des mycoplasmes, était le fait qu'en laboratoire le pouvoir tueur du virus était grandement augmenté par la présence de ces petites bactéries. Alors que la première raison est généralement acceptée, cette deuxième hypothèse a fait l'objet de controverses... toujours d'actualité.

Le virus, star de la recherche, l'explication de la maladie encore dans la grisaille ! En attendant une hypothétique réorientation vers ces champs d'exploration essentiels, les travaux scientifiques restent donc polarisés sur le VIH et tout particulièrement sur ses inhibiteurs. Au plan de l'application, la recherche travaille activement à la mise au point ou à l'amélioration de médicaments destinés à inhiber le virus et à bloquer sa multiplication[20]. Les fonctions des gènes du virus sont étudiées dans les moindres détails. Des montagnes de données ont été publiées sur cet aspect de la recherche. En revanche, la physiopathologie du Sida et ses grands mystères n'ont fait l'objet que de travaux contradictoires ou simplificateurs. A la décharge des chercheurs, j'en conviens, la tâche est ardue. Nous ne disposons pas de modèles animaux, à l'exception d'un seul mais imparfait puisqu'il ne recoupe pas tout à fait la situation humaine : celui du virus SIV inoculé au singe macaque Rhésus. Cette exploration demande aussi des moyens financiers qui font défaut. En outre, les investigations cliniques sont limitées du fait qu'elles nécessitent des prélèvements de matière ganglionnaire sur des personnes encore en bonne santé, ce qu'ont malgré tout réussi à faire quelques chercheurs américains. Mais dans les congrès internationaux, on entend surtout parler « virus, virus », on évoque bien peu son rôle pathogène, et encore moins ses éventuels complices.

Cette focalisation sur le VIH illustre l'esprit réductionniste prédominant dans la recherche en biologie. Comment faire semblant de croire que l'on sait quand on ignore toute la complexité du mal ? Si la réalité était aussi simple, nous aurions déjà éradiqué l'épidémie. Ce constat trop évident pour ne pas heurter un certain train-train scientifique, je l'ai dressé il y a longtemps, dès 1994, quand les certitudes triomphaient : « Si les esprits simplificateurs avaient raison, si le Sida était une maladie virale comme les autres, nous aurions déjà un vaccin[21]. » L'épidémie est toujours là.

Une évolution pathologique mystérieuse, des cas étranges

La réalité de la physiopathologie du Sida – c'est-à-dire comment l'infection par le virus aboutit à une destruction du système immunitaire – est complexe. Malgré notre connaissance relativement poussée du VIH, bien des questions se posent sur son rôle dans les multiples facettes de la maladie. Comment comprendre qu'il puisse exister des Sida sans séropositivité ? Que dire des survivants à long terme ? Des personnes naturellement résistantes ou immunisées ?... Toutes ces questions et bien d'autres méritent réponses ; d'autant qu'elles ont servi de prétextes à quelques scientifiques révisionnistes ou dissidents pour rejeter entièrement le rôle du virus comme agent causal de la maladie. Après l'évidence du rôle déterminant des thérapeutiques visant à inhiber la multiplication du virus dans l'amélioration clinique des patients – des millions de vies ont été sauvées par la trithérapie – il n'est plus possible de remettre en question le rôle du virus comme agent causal du Sida. Dès la fin des années 1980, la suppression de la maladie chez les transfusés et les hémophiles après l'instauration des tests de dépistage obligatoires a également bien démontré son rôle déterminant en écartant toute transmission du virus[22].

Ceci étant, nous ne pouvons ignorer certaines situations cliniques du Sida et de l'infection qui ne s'expliquent pas immédiatement par la vision simpliste : « le virus infecte les cellules du système immunitaire et les tuent ». D'abord, il existe environ 5 % de personnes contaminées qui n'évoluent jamais vers le Sida et ne montrent pas de dépression immunitaire – rappelons que cette situation est la règle chez les quelque 200 chimpanzés qui ont été inoculés avec les souches de VIH les plus virulentes isolées des malades. D'après les études qui ont essayé de percer le mystère de cette résistance, il semble que les organismes de ces personnes aient montré très précocement une très forte défense immunitaire contre le virus mais on n'exclut pas non plus que les souches virales les infectant aient été moins virulentes.

Des cas étranges ont également été observés chez des prostituées africaines exposées maintes fois dans l'exercice de leur profession : elles sont restées séronégatives, mais un suivi à plus long terme a montré que, paradoxalement, elles pouvaient s'infecter après la cessation de leurs activités. Il s'agit donc d'une immunisation active mais non durable du virus, se localisant probablement essentiellement au niveau des muqueuses génitales.

Rappelons également que des personnes d'origine européenne peuvent être, pour des raisons génétiques[23], totalement résistantes aux souches de virus transmises par voie sexuelle. La résistance est totale lorsque cette mutation est observée à l'état homozygote[24]. Lorsque cette mutation n'est que partielle, à l'état hétérozygote – ce qui est tout de même le cas pour 10 à 15 % de la population caucasienne – les individus s'infectent plus difficilement et le cas échéant évoluent plus lentement vers le Sida.

La triste et édifiante histoire de Mme Vau

En tant que responsable de Centres de référence sur le Sida au niveau national et à celui de l'Organisation mondiale de la santé (OMS), j'ai eu à m'occuper avec ma collaboratrice Sophie Chamaret de nombre de cas intrigants. L'un d'eux m'a particulièrement frappé et prouve le rôle des cofacteurs déprimant le système immunitaire dans l'évolution vers le Sida.

Mme Vau était l'épouse d'un agriculteur de l'Aisne dans la région tristement célèbre du Chemin des Dames. Aujourd'hui encore, les labours remontent à la surface des ossements humains, des éclats d'obus et des ferrailles de toutes sortes, témoins de la boucherie de 1917. Un matin de 2001, je reçus un échantillon de sang de cette dame alors atteinte d'une toxoplasmose cérébrale très grave. L'échantillon nous permit d'une part de vérifier qu'elle était bien infectée par un VIH mais, d'autre part, l'isolement du virus à partir de ses lymphocytes démontra qu'il s'agissait d'une souche particulière appartenant au sous-groupe O, un virus fréquent au Cameroun mais inconnu en France. Nous décidâmes donc de rechercher comment elle avait pu être contaminée.

Mme Vau avait épousé cet agriculteur en 1978 et avait élevé deux enfants en bonne santé nés de ce mariage. Les prélèvements de sang effectués chez le mari et les enfants se révélèrent négatifs, ce qui indiquait que Mme Vau avait été infectée avant son mariage. En 1980, deux ans après son mariage, elle avait donné naissance à un premier bébé qui était mort l'année suivante de BCGite ; en France, tous les enfants étaient vaccinés contre le BCG, vaccination alors obligatoire diminuant les risques d'affection tuberculeuse grave. Le BCG, isolé par les deux Pasteuriens Calmette et Guérin, est une souche atténuée du bacille tuberculeux, donc vivante ; inoculée par scarification, elle produit une très vive réaction locale d'immunité cellulaire bloquant la diffusion du bacille-vaccin et suffisante pour monter une bonne immunité contre un bacille virulent. Mais si l'enfant est immunodéprimé, ce blocage ne s'effectue pas, le bacille atténué diffuse dans tout l'organisme, entraînant une mort par BCGite généralisée. Ceci suggérait fortement que Mme Vau avait transmis son virus immunodéprimant à l'enfant bien qu'elle-même ne montrait à ce moment-là aucun symptôme d'immunodépression. En fait, après son mariage et pendant de longues années, elle avait vécu en bonne santé sans transmettre le virus à son mari et à ses autres enfants.

L'événement qui chez elle déclencha le Sida fut le traitement d'une autre maladie : un diagnostic de cancer de l'utérus entraîna une ablation chirurgicale suivie d'une chimiothérapie. Cette chimio, en déprimant le système immunitaire, fit tomber le barrage contre le virus du Sida qui se développa suffisamment pour entraîner l'immunosuppression mortelle. Cet exemple montre bien qu'il existe un équilibre fragile entre le système immunitaire et le virus installé mais plus ou moins dormant. L'addition d'un autre facteur immunodépresseur rompt cet équilibre et donne la victoire au VIH. Dans ce cas particulier, aussi étonnant que cela puisse paraître, l'infection par le VIH ne constitue qu'un facteur de risque : le déclenchement de son agressivité dépend d'autres facteurs immunodéprimants.

Séronégatif infecté, infection abortive, Sida sans VIH, transmission par voie orale ou sanguine...

Nous connaissons des cas d'infection par le virus du Sida sans que la personne fasse d'anticorps contre le virus. Là, à moins d'être traitée, la personne infectée évolue plus rapidement vers un Sida mortel. Pour que le clinicien ne passe pas à côté de telles situations, d'autant qu'elles sont rares, il faudrait qu'il puisse effectuer, devant des signes cliniques d'immunodépression inquiétants, des tests biologiques d'évaluation du système immunitaire et une recherche directe du virus dans le sang par analyse moléculaire, le test sérologique classique aboutissant par définition à une séronégativité.

Des cas plus heureux, dits d'infections abortives, sont aussi répertoriés : la personne fabrique d'abord des anticorps contre le virus (donc est sérologiquement positive) puis en quelques mois, grâce à une bonne réponse immunitaire, se débarrasse totalement du virus et redevient séronégative. Ces situations évidemment difficiles à détecter sont à mon avis fréquentes. On pourrait même supposer qu'un grand nombre de personnes sont exposées au virus et s'en débarrassent, et qu'une minorité seulement, du fait d'un terrain immunitaire défavorable, garde le virus pour de bon.

Peut-il exister des Sida sans VIH ? La nouvelle définition imposée par les CDC d'Atlanta associe obligatoirement le Sida à la présence du VIH, mais il existe cependant des syndromes analogues où le VIH n'est pas impliqué. Ces syndromes peuvent être causés par d'autres agents infectieux : la stratégie de beaucoup de virus (tels que le cytomégalovirus, la rougeole ou d'autres rétrovirus) consiste à déprimer le système immunitaire pour pouvoir s'installer durablement dans l'organisme. Le VIH n'a fait que perfectionner cette stratégie, jusqu'à tuer l'organisme hôte. J'ai ainsi rencontré le cas d'une personne morte de Sida sans virus mais qui présentait une infection persistante par un mycoplasme, petite bactérie souvent considérée comme non pathogène, sans doute à tort comme nous le verrons plus loin. On peut également rencontrer des syndromes d'immunodépression sévères sans qu'un agent transmissible ait pu être détecté...

Il semble qu'il existe aussi une population extrêmement sensible au virus : les enfants en bas âge. On sait que le nouveau-né (d'une mère séropositive) peut s'infecter par le lait maternel car celui-ci contient du virus malgré la présence concomitante d'anticorps. Par conséquent, l'enfant peut être contaminé par voie orale dans les premiers mois de la vie. Plus tard, l'acidité de l'estomac permet d'inactiver le virus.

Enfin, il existe également des exemples de transmissions en série chez les enfants par de petites quantités de virus présentes dans du matériel d'injection réutilisé. Ainsi dans les années 1980, dans un hôpital de la ville d'Elista, dans une petite république de l'ancienne URSS, plus de 170 enfants ont été infectés par des injections faites avec des seringues insuffisamment stérilisées.

En Roumanie, du temps de la dictature Ceausescu, des milliers de malheureux enfants abandonnés dans des pensionnats ont reçu pour les maintenir en vie, tant ils étaient malnutris, des injections de sang de donneurs non testés. Résultat : 12 000 enfants furent infectés par le virus du Sida. Lors de ma visite à Bucarest en 2000, j'ai appris que 6 000 d'entre eux étaient morts. Les survivants étaient plus ou moins bien soignés pour leur Sida grâce à l'aide européenne. Probablement là aussi, des partages de seringues dans les pensionnats auraient élargi la contamination, s'ajoutant à la mise en pool des sangs utilisés pour les injections.

Plus récemment, dans un seul hôpital pédiatrique de la ville de Benghazi, en Libye, plus de 450 enfants ont été contaminés par un virus d'origine ouest-africaine. Les autorités officielles ont accusé des infirmières bulgares et un étudiant en médecine palestinien d'avoir volontairement inoculé le virus aux enfants mais, comme à Elista, il est beaucoup plus probable que la transmission en série ait été accidentelle. C'est sans doute là le résultat d'accumulation de fautes d'hygiène sur des sujets déjà immunodéprimés et cette transmission est peut-être aussi liée à une souche de virus particulièrement virulente. Je consacre plus loin un chapitre particulier à cette triste affaire qui heureusement a connu l'année passée un heureux dénouement en ce qui concerne le personnel accusé.

La leçon à tirer de ces drames est que d'extrêmes précautions doivent être prises dans les hôpitaux accueillant des enfants malades pour éviter les infections nosocomiales par le VIH ou par des virus bien plus contagieux comme le virus de l'hépatite C.

Suicide collectif chez les lymphocytes

J'ai été plutôt prudent au début de l'isolement du VIH en affirmant qu'il était le meilleur candidat pour être la cause de la maladie. Rappelons que dans les premiers temps, on croyait assez naïvement – et certains le croient encore – que le VIH était un virus tueur de cellules comme la grippe : vous avez des cellules infectées par le virus, des T4, elles meurent et en infectent d'autres, et ainsi de suite. C'était la théorie en vogue il y a encore une dizaine d'années. Dès 1985-1986, je me suis posé des questions en constatant qu'*in vitro* les lymphocytes des patients mouraient prématurément alors qu'il s'agissait de cellules non infectées. Un peu plus tard, mes collaborateurs ont trouvé que l'origine de cette mortalité cellulaire provenait d'une mort suicidaire, l'apoptose. Il s'agit d'un mécanisme physiologique naturel comme nous l'avons vu mais dont l'extension à tous les lymphocytes n'a plus rien de normal. En présence d'une infection, des clones de lymphocytes vont se multiplier du fait qu'ils correspondent à l'un des antigènes du micro-organisme infectant, un virus par exemple. Cette réaction immunitaire va détruire l'infection mais pour que le système ne s'emballe pas et que ces lymphocytes ne continuent pas à se multiplier, le processus de freinage intervient, c'est l'apoptose. La plupart des lymphocytes actifs meurent, une faible fraction va persister : les lymphocytes-mémoire. Ils permettront à l'organisme de répondre à nouveau au même agent infectieux. C'est d'ailleurs le principe de la vaccination que j'ai déjà évoqué.

Dans le Sida, l'aspect insolite du processus est qu'il s'applique à la plupart des clones, pas seulement aux clones cellulaires chargés de répondre au virus mais à l'ensemble des lymphocytes. C'est le phénomène que nous avons observé en laboratoire à la fin des années 1980 : jusqu'à 40 % des lymphocytes provenant de patients infectés mouraient rapidement en culture. Par la suite, nous avons aussi constaté une très bonne corrélation entre cette apoptose *in vitro* et l'état clinique des patients. Par exemple, les malades en phase de Sida très avancé subissent une énorme apoptose, ceux qui sont au début de l'infection beaucoup moins, bien que le processus apparaisse dès la contamination. Et nous n'observons pas d'apoptose dans les lymphocytes des animaux susceptibles d'être infectés par le virus comme les chimpanzés mais qui, comme je l'ai rappelé, ne présentent pas la maladie à la suite de l'injection de souches virulentes humaines du virus du Sida. Inversement, les macaques touchés par le SIV proche du VIH-2 montrent une apoptose comme chez l'homme et déclarent un Sida. Cela me paraît un argument solide pour penser que ce mécanisme joue un rôle important dans la physiopathologie de la maladie.

Les causes de ce suicide cellulaire résident d'abord dans le virus, dans les protéines virales[25]. Mais d'autres raisons président probablement à l'apoptose et c'est ici qu'interviennent les cofacteurs infectieux.

Les cofacteurs du VIH et ses complices

En réalité ma recherche sur les cofacteurs n'est pas partie de la découverte de cette étrange apoptose mais de cette autre observation que j'avais faite qui montrait que les cellules tumorales utilisées pour la multiplication du virus mouraient davantage quand elles étaient aussi contaminées par des mycoplasmes.

Nous avons vu que ces petites bactéries se distinguent des autres par l'absence de parois rigides. Leur enveloppe flexible, semblable à celle de nos cellules, leur permet de se coller à ces dernières et de les parasiter en utilisant certains de leurs métabolites. En forme de champignons filamenteux, d'où leur nom (« myco »), de la taille d'un gros virus (200 à 300 nanomètres[26]), elles sont parfois pathogènes – 20 % des pneumonies chez l'homme[27] sont causées par une espèce particulière, *mycoplasma pneumoniae,* d'autres provoquent des infections uro-génitales. Elles contaminent pratiquement toutes les cultures cellulaires de longue durée, du fait qu'on utilise pour ces cultures du sérum de veau qui en contient. Il n'y avait donc aucune raison qu'elles ne contaminent pas les cellules qui produisaient le virus dans le cadre des expérimentations en laboratoire. C'est alors que mes collaborateurs et moi-même avons découvert avec surprise que ces cellules se dégradaient plus vite et mouraient en plus grand nombre en présence d'une co-infection par un mycoplasme. Elles forment alors de gros ballons et plus il y a de mycoplasmes, plus l'on voit au microscope ce genre de ballons gonflés comme des dirigeables. Ils résultent de la fusion de dizaines, de centaines de cellules, cela donne d'énormes syncitias*. J'en ai gardé des images absolument monstrueuses.

J'ai donc émis l'hypothèse que les cellules infectées chez les patients mouraient parce qu'elles étaient aussi victimes d'une co-infection. Cette situation peut exister notamment au niveau des lymphocytes des ganglions si nombreux autour de l'intestin. La majorité de nos lymphocytes (60 %) se situe dans cette région. Parce qu'ils ont beaucoup à faire pour détruire toutes les bactéries et les toxines menaçant de passer à travers les muqueuses, ils y sont en alerte permanente. Si le virus parvient à atteindre l'intestin – et cela peut se produire rapidement, notamment par la voie rectale chez les homosexuels – il rencontrera davantage de cellules activées, réceptives, et peut-être infectées par des bactéries, particulièrement des mycoplasmes.

Voilà pour le cheminement théorique. Dès la fin des années 1980, je tenais là une raison logique de traquer des cofacteurs. Mais au niveau pratique, sur quoi pouvais-je m'appuyer ? Sur quelques résultats de laboratoire montrant que des mycoplasmes augmentaient l'effet cytopathogène, c'est-à-dire destructeur, des cellules du virus... L'explication était un peu courte.

Comment les mycoplasmes « emballent » le VIH

Pour aller plus loin, j'ai décidé de constituer une équipe sur l'étude de la relation virus/mycoplasme – à mon corps défendant – cette idée fut accueillie par des sarcasmes aussi bien à Pasteur qu'ailleurs. Mes confrères voyaient dans cette initiative une lubie de chercheur voulant à tout prix se distinguer. Quelques années plus tard, alors que mes collaborateurs et moi avions signé plus d'une vingtaine de publications sur le sujet, le Conseil scientifique de l'Institut Pasteur me demanda de supprimer ce thème de recherche de mon laboratoire. Je n'en fis rien. En fait, nous n'étions pas seuls dans ce domaine, une équipe américaine dirigée par un Taiwanais, Shyh-Ching Lo, s'était elle aussi engagée sur cette voie. Ce spécialiste dirigeait une équipe à l'Institut de pathologie de l'armée américaine près de Washington. Je pense que, travaillant pour la Défense, il jouissait d'un confort de travail et d'une certaine protection que je n'avais pas. Il faut savoir que le rôle des mycoplasmes a très vite été évoqué dans le syndrome de la guerre du Golfe.

Après nombre de recherches non convaincantes, Lo finit par isoler, à partir d'urines d'homosexuels infectés par le VIH, une nouvelle espèce de mycoplasme qu'il appela *Mycoplasma penetrans*. En général, les mycoplasmes se fixent très solidement à la surface des cellules pour y pomper les substances nutritives qu'elles ne peuvent pas fabriquer. Mais certaines, et c'est le cas de *M penetrans*, ont la particularité de pouvoir pénétrer à l'intérieur de la cellule et de s'y installer comme un virus. Si *M penetrans* était « le » cofacteur du VIH, nous aurions dû le trouver dans tous les cas d'infections du VIH évoluant vers le Sida. Les études de Lo aussi bien que les nôtres ont révélé que ce n'était pas toujours le cas, d'autres mycoplasmes déjà connus pouvaient aussi être impliqués. Une question se posait, à laquelle seules des études épidémiologiques d'envergure pouvaient répondre. Les mycoplasmes étaient-ils simplement des agents opportunistes profitant de l'immunodépression induite par le virus ou constituaient-ils des facteurs augmentant à la fois sa transmission et son pouvoir destructeur ? Nous n'avions à l'époque ni les financements ni le soutien de la communauté scientifique, et la technologie était insuffisante pour lancer de telles études. J'ai donc seulement continué avec une équipe réduite à étudier au laboratoire les « entrechats » entre virus et mycoplasmes et j'y ai découvert des choses passionnantes.

D'abord, effectivement, plusieurs espèces de mycoplasmes sont capables d'activer les lymphocytes du sang circulant et de les rendre ainsi sensibles à l'infection par le virus. Transposé *in vivo*, à l'échelle de l'homme infecté, ceci signifie qu'une infection à mycoplasmes, notamment génitale, va favoriser la prise du virus, facilitant ainsi sa transmission interhumaine. Ensuite et surtout, je découvris cette fameuse interaction physique entre le VIH et le mycoplasme, ce dernier pouvant « emballer » le virus : le mycoplasme peut prêter sa membrane au virus, formant ce qu'on appelle un pseudo-type. Le noyau du virus portant son acide nucléique, son génome, au lieu d'être enveloppé par la membrane cellulaire à sa sortie de la cellule, paraît enveloppé dans la membrane du mycoplasme. L'avantage de ce « déguisement » pour le virus est d'échapper ainsi aux anticorps dirigés contre les protéines de membrane du virus et d'acquérir en outre une capacité à être facilement transmis par les rapports sexuels.

En outre, de telles particules hybrides ne seraient pas reconnues par des vaccins dirigés contre l'enveloppe normale du virus !

Des particules virales furtives

Cette découverte m'a fasciné et me fascine toujours. J'en ai parlé dans des congrès scientifiques, en me réservant d'en publier les détails après une étude plus approfondie chez des patients. Elle m'a par ailleurs conduit à identifier des formes extrêmement ténues de mycoplasmes traversant les filtres supposés les éliminer, des formes inconnues. De quoi s'agit-il ? C'est encore un mystère. Ces formes ne présentent pas les caractéristiques de particules classiques, mais sont potentiellement infectieuses.

Les mêmes expériences de filtration appliquées au virus lui-même ont également mis en évidence des formes infectieuses très petites, de taille inférieure à 20 nanomètres. Un résultat là aussi fort intrigant car le virus entier consiste en une sphère de diamètre de 100 à 120 nanomètres. De la même façon, ces « nanoformes » ne sont pas reconnues par des anticorps dirigés contre la protéine de surface du virus. Comme ces avions furtifs qui échappent aux radars, elles pourraient donc passer inaperçues au niveau du système immunitaire et être insensibles à toute vaccination. On les trouve particulièrement dans le plasma de patients traités par trithérapie et dont la charge virale est devenue indétectable : il n'y a plus de virus dans le sang reconnu par les techniques moléculaires et pourtant il y reste paradoxalement des particules infectieuses ! Ces formes pourraient constituer la clé du mystérieux réservoir de virus non accessible à la trithérapie, réservoir qui va permettre au virus de repartir dans sa multiplication débridée dès qu'on arrête le traitement.

Vous avez dit « multi-factorielle » ?

En conclusion, bien des points dans cette infection et cette maladie restent à expliquer et la recherche est loin d'avoir dit son dernier mot. Voilà vingt-cinq ans que je traque sans relâche les mystères du Sida et il y a longtemps que j'ai compris qu'il y avait dans cette maladie une interaction de plusieurs facteurs. Parmi eux interviennent des agents étrangers, on le sait, mais aussi d'autres agents installés dans nos cellules, en nous.

Je n'ai jamais été particulièrement attiré par les médecines traditionnelles, ma formation ne m'y inclinait guère. Mais face à ce type de maladie multi-factorielle, je dois admettre que la conception chinoise de la santé, où la maladie est considérée comme venant non seulement de l'extérieur mais aussi de l'intérieur, du non-soi et du soi, loin d'être désuète, prend une dimension étonnamment moderne. Il s'agit ni plus ni moins d'une conception holistique intégrant l'homme dans toutes ses dimensions. Les médecines traditionnelles partagent cette vision depuis la nuit des temps, c'était aussi celle d'Hippocrate, la médecine occidentale gagnerait à s'en souvenir. S'il y a à prendre et à laisser dans les approches de santé naturelle, ce postulat de départ me semble néanmoins le meilleur. Il implique une prophylaxie intime, un suivi médical en amont de la maladie, une médecine de prévention. Chez les Chinois, traditionnellement, on payait son médecin pour être en bonne santé, pas pour être guéri. Car une fois son patient malade, le médecin, considéré comme fautif, était dans l'obligation de le soigner ou de payer ses remèdes.

Face au Sida, l'approche du « tout virus » doit donc céder la place à une conception physiopathologique plus élaborée où interviennent, à côté du virus, des cofacteurs infectieux, un stress oxydant aggravant la dépression immunitaire, et peut-être aussi des nanoformes prêtes à régénérer le virus par des moyens où la physique a peut-être autant à dire que la biologie. Le Sida est un *serial killer*. Pensons donc en *profiler*, donnons-nous les moyens de le cerner sans négliger aucune des techniques ou compétences dont nous disposons, bien au-delà de la virologie, de la biologie ou de la génétique ; sans ignorer le moindre indice qu'il nous laisse sur son chemin, fût-il scientifiquement, intellectuellement, culturellement dérangeant.

Et ce qui vaut pour le Sida qui est le prototype même de l'infection chronique multi-factorielle – notion que notre science analytique a bien du mal à admettre – vaut en grande partie, quoique sous d'autres formes, pour nombre de maladies chroniques dans lesquelles interagissent agents pathogènes de toutes sortes, stress oxydant et défaillance immunitaire.

Les enfants de Benghazi : une ténébreuse affaire

Terminons par une dramatique affaire où se mêlent science et politique.

La transmission du virus du Sida par le sang et les produits du sang a déjà fait l'objet de polémiques et de procès dans de nombreux pays. Entre la démonstration de la causalité virale du Sida et la mise sur le commerce des premiers tests sérologiques, il s'est trouvé une période de quelques mois à un an où les contaminations par voie sanguine ont continué alors que l'on « savait » qu'elles transmettaient le virus, sinon une maladie mortelle. Des flottements, des retards dans les décisions des responsables politiques ou médicaux ont été sanctionnés mais jamais ces responsables n'ont été accusés d'avoir volontairement, sciemment, transmis le poison.

Cela est arrivé en Libye, dans l'hôpital pour enfants El Fateh de Benghazi, où plus de 450 enfants ont été infectés par un virus d'origine ouest-africaine entre 1997 et 1999. L'ampleur du désastre n'a eu d'égal que l'énormité de l'accusation proférée à l'encontre du personnel hospitalier en poste dans cet hôpital. Les autorités se sont en effet permis d'accuser cinq infirmières bulgares ainsi qu'un étudiant en médecine palestinien en stage de fin d'études d'avoir *volontairement* inoculé le virus aux enfants.

Voici l'histoire telle que je l'ai vécue :

15 décembre 1998 : Deux médecins libyens viennent me voir à l'Institut Pasteur, fort inquiets de ce qu'ils venaient de découvrir. A la suite d'un test préopératoire d'un enfant qui le détecte séropositif pour le virus du sida, plus de 300 enfants – parmi les milliers ayant récemment séjourné à l'hôpital – ont été testés et trouvés séropositifs. Leur sérologie a été confirmée par le Bureau régional de l'OMS au Caire. Incrédules, les

autorités libyennes ont alors envoyé ces enfants avec leurs parents dans des hôpitaux italiens, français, suisses et autrichiens pour vérifier leur état d'infection.

Une mission de l'OMS suggère des fautes d'hygiène. Néanmoins, des infirmières bulgares et un étudiant en stage de fin d'études de médecine appelés à travailler dans l'hôpital sont arrêtés et soupçonnés de crime de bioterrorisme, renversement étrange pour un pays dont certains ressortissants sont accusés de terrorisme. Mon laboratoire confirme la séropositivité des enfants envoyés en France et fait quelques isolements de virus, indiquant un sous-type A d'origine ouest-africaine. Les sérums d'une petite fille hospitalisée en mars 1999, prélevés successivement à quelques mois d'intervalle, permettent de dater avec précision la séroconversion : mai 1999. Or, les infirmières ont été arrêtées en février 1999.

En juin 1999, sur l'invitation du ministère de la Santé de Libye, j'effectue une mission à Benghazi, accompagné du Dr Gustavo Gonzalez, Directeur médical du Centre de recherche sur le Sida créé par ma Fondation à l'Hôpital St Joseph à Paris. Outre l'affaire de Benghazi, notre mission est également chargée d'envisager la création, près de Tripoli, d'un Centre de recherche tourné vers les problèmes de santé de l'Afrique : Sida, tuberculose, malaria.

Le voyage de Tripoli à Benghazi dans l'un des jets du Leader est mouvementé. Peu après le décollage, les oreilles nous font mal, les masques à oxygène tombent : panne de pressurisation ! Du fait de l'embargo, l'entretien des avions, même officiels, laisse à désirer. Retour à Tripoli ; après plusieurs heures d'attente, un avion à hélices nous amène enfin à bon port. Sur le tarmac de Benghazi, les responsables de l'hôpital nous attendent comme des messies. Réunions de travail, visite de l'hôpital, rencontre avec les parents. Certains enfants infectés sont déjà très malades, ce qui suggère qu'ils ont été infectés, peut-être dans ce même hôpital, depuis un certain temps. Leurs mères sont séronégatives et n'ont donc pu les infecter.

Sur environ 10 000 enfants qui ont séjourné à l'hôpital pour des problèmes de santé divers entre 1997 et 1999, plus de 400 sont infectés, soit 4 %. Deux infirmières libyennes sur 50 sont également infectées, soit également 4 %. Quant aux infirmières emprisonnées, je ne les verrai pas. On me montrera plus tard un flacon de plasma vide – que l'on aurait saisi dans le frigidaire personnel de l'une des infirmières – et un test sérologique positif effectué sur les traces de plasma restées dans le flacon. En fait, un examen attentif indique que le test est indéterminé, ni positif, ni négatif. Une autre analyse très sensible de détection du virus lui-même aurait pu trancher mais jamais nous n'aurons accès au flacon. La visite de l'hôpital ne montre pas de délabrement, les salles sont modernes, mais des enfants infectés sont placés dans des berceaux à côté d'enfants non infectés, ce qui n'est pas conseillé. Les parents semblent beaucoup attendre de notre visite.

De retour à Tripoli, Gustavo et moi rédigeons un rapport pour le ministre de la Santé, concluant à un renforcement des précautions d'hygiène. Manifestement, personne dans l'hôpital ne s'attendait à ce cataclysme. Malgré l'embargo, il y avait du matériel stérile à usage unique pour les injections. Mais y avait-il des pratiques particulières d'économie, par exemple, le partage du matériel d'injection entre deux enfants, ou celle de partager les perfusions à partir des flacons de plasma ? Toujours est-il qu'après la découverte des infections, leur nombre diminua brusquement, coïncidant, mais pas tout à fait, avec l'arrestation des infirmières. Avait-on alors supprimé la pratique fautive ?

Avril 2002 : Ce sont mes derniers jours à l'Institut Pasteur. Plus de laboratoire, on me pousse doucettement vers la sortie ! Je garde encore mon bureau, mais pas pour longtemps me fait-on savoir à la Direction, car on manque de place... C'est là que je reçois Saïf Al Islam Kadhafi, Président de la Fondation qui porte le nom de son père. Il est en visite de la vénérable Institution française, mais aussi pour parler de « l'affaire ». Personne dans le monde scientifique ne croit à la culpabilité du médecin et des infirmières, deux d'entre elles, dit-on, auraient avoué sous la torture. J'ai devant moi un homme jeune vêtu à l'occidentale, parlant un anglais parfait. Sa visite se termine comme il se doit par celle du musée – les appartements de Pasteur – et la crypte où ce dernier repose. En l'absence du Directeur, c'est moi qui sers de guide à Saïf.

Nous signons un accord aux termes desquels ma Fondation, associée à l'UNESCO, est commissionnée pour rechercher les origines de la contamination et proposer des solutions. J'y associe mon collègue, le Professeur Vittorio Collizi de l'université Tor Vergata à Rome, qui avait déjà commencé des études sur le virus des enfants. Nous lançons des missions sur place et une analyse moléculaire du virus est effectuée indépendamment en Italie et au Canada où je bénéficie maintenant d'un laboratoire.

Les résultats, portant sur une centaine d'enfants dont on avait conservé les sérums, indiquent qu'une souche unique de virus – avec de petites variantes – avait circulé dans l'hôpital. Une étude parallèle menée par le Professeur Luc Perrin à l'Hôpital cantonal de Genève confirme l'analyse et montre en outre que la moitié des sérums contient des traces moléculaires d'un autre virus, celui de l'hépatite C. Cette infection, très rare ordinairement chez les jeunes enfants, confirme une transmission par faute d'hygiène.

Par ailleurs, l'épluchage des dates de séjour des enfants à l'hôpital effectué par Collizi et ses collaborateurs confirmait que certains des enfants infectés étaient entrés et sortis de l'hôpital avant l'arrivée des infirmières.

Notre rapport, bâti sur tous ces faits, concluait donc à une série de transmissions d'enfant à enfant, par le biais d'injections ou de perfusions de flacons de plasma. A la demande des avocats bulgares des infirmières, Collizi et moi-même fûmes appelés à témoigner à leur procès en appel qui eut lieu à Benghazi en septembre 2003.

Cette fois, ce fut le jet officiel du président de la République de Bulgarie qui nous conduisit à Benghazi. La tension était forte dans l'enceinte du tribunal, qui se voulait solennel. On avait amené les infirmières bulgares et le médecin palestinien dans un réduit séparé de la salle par de lourds barreaux de fer. Muets et dignes, je les sentais sans illusion sur l'issue de cette mauvaise pièce de théâtre. Du centre jusqu'au fond de la salle, les parents présents leur étaient clairement hostiles. Près d'eux, quelques policiers, que la partie bulgare accusait d'avoir torturé les infirmières et le médecin, attendaient, flegmatiques, la fin de la séance. Notre interrogation durera pour Collizi et moi-même trois heures d'affilée, séparément. Un interprète du consulat britannique traduisait, naviguant entre l'anglais et l'arabe. Puis viennent deux verdicts opposés :

– confirmation de la condamnation à mort des accusés. Applaudissements du fond de la salle.

– acquittement des policiers soupçonnés de torture !

Mais notre rapport et nos témoignages avaient quand même porté. Il fallait donc les démolir. Cinq médecins libyens furent chargés d'écrire un contre-rapport réfutant nos arguments. Ce rapport commençait ainsi : « Le virus du Sida a été découvert en 1981 »... les auteurs confondent la première description de la maladie, en 1981, et l'isolement du virus, en 1983.

Plus graves étaient les contresens faits sur le mot « recombinant », le virus qui circulait chez les enfants était en effet un recombinant naturel entre les sous-types A et G. Ce type de virus « mosaïque » est fréquent et même dominant en Afrique de l'Ouest. Il provient de l'infection d'une même personne par un virus de type A et un virus de type G, mais peut ensuite se transmettre à beaucoup d'autres par les voies sexuelles ou sanguines. Pour les médecins libyens, le mot recombinant signifiait que la main de l'homme, une manipulation de laboratoire, l'avait créé !

Le reste de leur rapport portait sur la coïncidence entre les dates des infections et le passage des infirmières. Mais de science, d'une origine accidentelle que la Fondation Kadhafi était prête à accepter, officiellement on ne voulait rien entendre. Pourquoi ? Je pense qu'il y avait à cela deux raisons principales.

Une raison de politique intérieure : il fallait trouver très vite des coupables pour calmer la colère des parents. Du personnel étranger pouvait ainsi servir plus facilement de bouc émissaire alors qu'accuser le personnel libyen de l'hôpital de mauvaises pratiques, c'était réduire à néant une réputation de soins médicaux de haut niveau, dans une ville par ailleurs considérée comme assez frondeuse par rapport à Tripoli.

Peut-être encore davantage, une raison de politique extérieure : montrer que la Libye, longtemps accusée d'avoir soutenu ou hébergé des auteurs d'attentats terroristes, pouvait également être la victime d'un terrorisme encore plus affreux, un bioterrorisme s'attaquant à des enfants.

Néanmoins, le camp de la vérité scientifique se renforçait. Des commentaires apparaissaient régulièrement dans les revues *Science* et *Nature*. Ces revues publiaient des lettres signées par des experts internationaux du VIH ainsi que par des prix Nobel.

Une étude de l'arbre généalogique des virus présents chez les enfants, réalisée indépendamment de nous par des chercheurs anglais, italiens et sud-africains, montra clairement que le virus avait évolué chez les enfants avant l'arrivée des infirmières à l'hôpital.

Des associations humanitaires contre la peine de mort se mobilisaient. La grande presse publiait des articles bien documentés. Les informations sur les tortures subies par les accusés commençaient à circuler. Tout cela contribuait à donner une mauvaise image du régime libyen, tandis que celui-ci maintenait sa position officielle et que les tribunaux successifs, y compris la Cour Suprême, confirmaient les condamnations à mort.

L'affaire devenait une affaire d'Etat entre la Bulgarie et la Libye et un enjeu international : ministres occidentaux et même chefs d'Etat multipliaient les visites à Tripoli, tandis qu'une négociation commençait en coulisse avec des avocats internationaux et des représentants de l'Union européenne pour un « deal » impliquant la liberté pour le personnel accusé.

Pour moi, les termes d'un accord devaient prendre en compte plusieurs éléments :

– qu'il soit éthiquement acceptable. C'est-à-dire qu'il ne soit pas un échange d'otages : infirmières bulgares contre personnes responsables des attentats de Lockerbie et Ndjamena ;

– que la présomption d'innocence soit reconnue au personnel bulgare et au médecin palestinien et qu'ils puissent se défendre libres devant un tribunal impartial. Si leurs aveux ont été extorqués sous la torture et qu'ils ont été emprisonnés à tort, qu'une compensation pour le préjudice moral et physique qu'ils ont subi leur soit accordée ;

– que la prise en charge médicale des enfants infectés soit effectuée dans les meilleures conditions possibles. Plus de 50 enfants sont morts et l'hôpital des Enfants du Sacré Cœur de Rome reçoit encore des enfants en très mauvais état physique, n'ayant clairement pas eu accès aux meilleurs traitements antiviraux. Tous les enfants survivants doivent être traités correctement ainsi que le personnel adulte infecté.

Certes, les parents ont droit à des compensations financières, mais l'argent n'est pas le facteur essentiel pour maintenir en vie les enfants : une formation de médecins sur place, le respect des prises de médicaments sous leur contrôle et celui des parents sont nécessaires, ainsi que des tests périodiques effectués par un laboratoire fiable.

Dès 2004, j'avais préconisé la création d'une Fondation internationale vouée à cette prise en charge. De plus, cette Fondation aurait un autre but : financer la recherche pour l'éradication de la maladie.

En effet, les traitements actuels sont efficaces en réduisant le risque d'affections mortelles, mais ils ne guérissent pas. Dès qu'ils sont interrompus, la multiplication du virus reprend. Ils devraient donc être donnés à vie, ce qui est un lourd handicap pour quelqu'un de jeune, ce handicap croissant avec le temps : effets secondaires toxiques, émergence de virus résistants. Une recherche dirigée visant à éradiquer le virus serait bénéfique à tous les patients infectés, et particulièrement aux jeunes enfants de Benghazi.

Par ailleurs, la Fondation pourrait stimuler la mise aux normes modernes du service de santé libyen et conduire des études épidémiologiques sur la circulation du VIH dans le pays : pas plus que d'autres, la Libye n'est épargnée par la toxicomanie et la prostitution, et l'afflux d'émigrants venant de pays lourdement touchés par le Sida est une source de virus dont il ne faut pas sous-estimer l'importance.

Enfin, une conférence scientifique, faisant état de toutes les données disponibles sur l'origine de la contamination, devrait être tenue, de préférence sous l'égide de l'OMS ou de l'UNESCO : éclaircir, mais aussi agir pour qu'un tel désastre ne se renouvelle pas, nulle part dans le monde.

Post-scriptum : l'effort des scientifiques pour obtenir la libération du personnel médical accusé à tort a été relayé – avec le succès que l'on sait – par celui de personnalités politiques européennes de premier plan. J'ai pu rencontrer les infirmières et le médecin palestinien à Sofia, après leur libération. Ils m'ont confirmé l'existence des conditions d'hygiène défectueuses qui prévalaient à l'époque de leur séjour à l'hôpital libyen et m'ont réaffirmé leur souhait d'être lavés des accusations mensongères proférées à leur égard.

Pourquoi nous n'avons pas vaincu le Sida : les leçons d'un échec

« C'est merveilleux que nous ayons rencontré un paradoxe. Maintenant, nous avons l'espoir de faire des progrès. »

Niels Bohr

Incident au Vatican

Comment se dessine la lutte contre le Sida ? Saurons-nous éteindre les menaces que la propagation de VIH mutants fait courir sur notre avenir ? Allons-nous remédier à la pandémie, pouvons-nous raisonnablement nourrir l'espoir d'entendre un jour de la bouche d'un proche cette confidence : « J'ai eu le Sida » ? J'entrevois cette ligne d'horizon et je vois mal comment nous y parviendrons sans changer de cap. Nous ne pouvons pas continuer à faire l'économie d'une mobilisation véritablement mondiale en terme de prévention. Et la communauté scientifique ne pourra plus se réfugier longtemps encore dans l'impasse d'un vaccin préventif en laissant sur le bas-côté toute idée thérapeutique dépassant le cadre rigide des inhibiteurs, en ignorant toute solution de traitement complémentaire visant à restaurer le système immunitaire des malades et des séropositifs sans symptôme.

Intensifier la prévention – l'idée va de soi – constitue le meilleur rempart contre cette maladie typiquement évitable car peu contagieuse. Dans les faits, c'est une autre paire de manches. Nous ne devons écarter aucun moyen connu. Je n'ai jamais cautionné, comme d'aucuns me l'ont reproché, la position de Jean Paul II sur le préservatif. Tous les modes de prévention doivent être utilisés suivant la conscience et le comportement de chacun. Ce que le Pape a dit est une chose, ce que beaucoup de religieux appliquent sur le terrain en est une autre. J'ai connu un Père blanc installé en Tanzanie, le Père Joannet, qui avait imaginé une campagne de prévention sous la forme d'une bande dessinée. Il comparait le Sida à un fleuve. On voyait les eaux envahir peu à peu un village menaçant d'engloutir ses habitants et les poussant à fuir. Trois bateaux les attendaient, reliés par des cordages : l'Abstinence, la Fidélité et le Préservatif. Belle image...

A la fin des années 1990, à l'occasion d'une conférence organisée par le Vatican, j'ai évoqué cette parabole dans la grande salle de conférence du Saint-Siège devant un large public : des représentants des congrégations religieuses les plus engagées dans la lutte, et toute une brochette d'officiels dont l'ancien Premier ministre italien Giulio Andreotti. Le souverain pontife n'était pas là, sans doute suivait-il les interventions devant son écran vidéo dans une pièce adjacente. La conférence était présidée par le Cardinal Angelini qui était à l'époque, si l'on peut dire, le ministre de la Santé du Vatican. Le Cardinal me passa la parole, je fis un bref discours ponctué d'un tonnerre d'applaudissements. Je crois que je n'ai jamais été autant applaudi. Fin politique, le Cardinal Angelini reprit le contrôle par une pirouette : « Ces applaudissements vont au grand chercheur qui a découvert le virus et lutte contre ce fléau... » Il était évident que ce public très concerné m'avait ovationné parce que j'avais osé parler du préservatif au cœur du Vatican ! Je n'ai d'ailleurs jamais été réinvité dans ces conférences, ce qui ne m'a pas empêché d'être reçu plus tard en audience privée par le Pape.

La prévention capote

L'action préventive individuelle ne demande qu'un peu de vigilance, un changement de comportement, un usage-réflexe des préservatifs et quelques autres précautions. Il est regrettable d'avoir encore à le marteler dans nos pays développés mais force est de reconnaître que depuis l'apparition des trithérapies, ces principes élémentaires ont peu à peu été oubliés.

Et une attitude laxiste se répand aujourd'hui : c'est de croire que, puisqu'il existe des traitements, il y a des garde-fous et de s'autoriser en conséquence quelques folies en pensant que l'on pourra toujours survivre à une éventuelle infection. Ce qui est faux puisque, d'une part, les antirétroviraux ne guérissent pas mais transforment le Sida en maladie chronique – non sans risque de mort prématurée – et que, d'autre part, apparaissent de plus en plus des souches de virus résistant à ces traitements.

Cette attitude fort dangereuse est en particulier suivie par de jeunes homosexuels qui n'ont pas vécu l'hécatombe des années 1980-90. Conscience et prévention : je ne connais pas d'autre moyen d'enrayer cette dérive et d'éviter de voir l'histoire se répéter. Quelles que soient les réponses que la médecine peut ou pourra apporter, ne nous leurrons pas, rien ne vaut la conscience du risque et la prudence. Même si nous pouvions compter sur un vaccin protecteur, je pense que l'on assisterait à ce genre de réactions. Ces populations se sentant protégées reprendraient de plus belle leurs mauvaises habitudes et nous verrions très vite apparaître des virus résistants au vaccin comme cela s'est produit après l'apparition des multi-thérapies. La seule réponse médicale, si performante soit-elle, n'apportera pas de solution définitive. Le Sida est une maladie transmissible évitable par des moyens connus, appliquons-les !

Dans les pays en voie de développement, la prévention ne se résume pas à un effort de vigilance. L'utilisation du préservatif bute sur d'énormes obstacles. C'est le cas en Afrique où l'objet reste culturellement inacceptable, à la différence de l'Asie, en particulier du Japon où il s'est imposé comme moyen contraceptif. Beaucoup d'hommes en Afrique pensent que si leur compagne leur propose un préservatif, c'est qu'elle entretient des relations adultères. Le statut subalterne des femmes dans les sociétés traditionnelles leur interdit de dire non à leur mari. Quant aux prostituées, si le client y met le prix ce sera sans capote. Ce moyen de prévention a donc du mal à passer. Il n'y a pas si longtemps la consommation de préservatifs en Afrique se réduisait au nombre 1 : un préservatif par homme et par an. D'énormes stocks y sont envoyés, qui finissent souvent détériorés sous l'effet de la chaleur. Nous ne pouvons que reconnaître ces limites et envisager d'autres moyens de protection dont les femmes, ce serait une bonne chose, auraient le contrôle, mais le préservatif féminin est d'un coût prohibitif, des gels spermicides et vermicides (tuant le virus dans le vagin) sont encore en phase de test et les premiers résultats sont moins qu'encourageants. Il reste donc encore beaucoup à faire dans ce domaine. Il est aussi possible de réduire sensiblement la transmission par le traitement antibiotique des affections génitales associées. Il ne faut pas oublier que les autres maladies sexuellement transmissibles, d'origine virale ou bactérienne, peuvent favoriser également la transmission du virus. Par conséquent, éliminer ces infections par des traitements antibiotiques ou antiviraux est un autre moyen simple et efficace de réduire cette transmission. Bien que le sujet ait été longtemps controversé, la circoncision semble également réduire la transmission ; soit en diminuant le nombre de cellules du prépuce sensibles au virus, soit en diminuant le taux d'infection bactérienne associée.

Un comportement responsable impliquerait que chacun limite le nombre de ses partenaires sexuels. Facile à dire mais nous nous heurtons ici à une réalité économique dont la prostitution occasionnelle – phénomène grandissant aux quatre coins du globe – n'est pas le moindre des obstacles. Elle ne sera surmontée que par une augmentation du standard économique des populations et par l'émancipation sociale des femmes. Le renoncement à certaines pratiques culturelles comme la scarification des enfants à la naissance, et le remplacement de l'allaitement maternel par des laits artificiels fabriqués avec de l'eau non polluée, diminueraient également la transmission du virus des mères infectées à l'enfant.

Enfin et surtout, une éducation sur le Sida et le VIH donnée systématiquement dans les écoles dans les classes précédant la puberté aurait probablement le plus grand impact. C'est ce que l'on constate d'ailleurs dans un certain nombre de pays africains ayant mis cette directive en pratique. L'attitude conjointe des pouvoirs politiques est également déterminante : là où le chef de l'Etat lui-même s'est impliqué dans les campagnes de prévention (Sénégal, Ouganda...), l'incidence de l'infection a baissé. Il est important que ces campagnes s'appuient sur des bases culturelles locales solides et non pas sur des brochures conçues par des bureaucrates dans les institutions du Nord.

Les « villages du Sida »

Dans les pays d'Europe de l'Est, la libéralisation économique, sinon politique, a également favorisé le développement de l'épidémie. Actuellement, la Russie est très touchée ainsi que l'Ukraine. L'épidémie est partie d'une infection massive des toxicomanes par voie intraveineuse, faute d'une politique de prévention, puis sa transmission hétérosexuelle a été favorisée par des conditions d'hygiène en recul et par la libéralisation des mœurs. Faute de volonté politique, les autorités de ces pays ont pris conscience du danger trop tardivement. Arrivera-t-on à une situation africaine avec des taux de prévalence de 10 % et plus ? Ce n'est pas certain du fait de la résistance génétique au virus déjà évoquée d'une partie de la population et en l'absence d'infections sévissant en milieu tropical.

Quant à l'Asie, le nord (Japon) est peu touché, l'infection ayant surtout atteint des hémophiles traités avec des produits étrangers contaminés mais elle progresse régulièrement tous les ans. En revanche, les pays d'Asie du Sud-Est sont affectés de façon importante (entre 5 et 10 % de la population) : Thaïlande, Malaisie, Cambodge, Vietnam, Inde. On ne peut pas ne pas citer ce qui s'est passé en Chine, dans une province pauvre du centre du pays, le Henan. Un énorme scandale de sang contaminé qui a contribué à l'expansion de l'épidémie dans le pays autant que la transmission sexuelle ou la drogue. Un million ou plus d'habitants pauvres de cette province ont été contaminés par des pratiques de transfusion de sang infecté. En Chine les centres de transfusion centralisés sont peu nombreux et cantonnés aux grandes villes. Quand on a besoin de sang dans les campagnes, on va voir le pharmacien du coin qui, généralement, dispose d'un petit réseau de donneurs. Mais ceux-ci ne sont pas testés et la méthode de collecte en « pool » est plutôt archaïque : le sang de plusieurs donneurs est mélangé et traité par centrifugation afin de séparer le plasma. Les firmes spécialisées dans les produits dérivés du plasma sanguin ont trouvé dans le peuple paysan du Henan une cible de choix, une source de matière première bon marché. Entre 1993 et 1996, des millions de paysans ont défilé dans plus de 300 stations de collectes de sang, attirés par le slogan « Donner son sang est glorieux », et par quelques yuans. Les collecteurs gardaient le meilleur – le plasma contenant les protéines protectrices contre les infections – et réinjectaient les globules rouges de mêmes groupes aux donneurs pour soi-disant les protéger de l'anémie. Dès lors que l'un des donneurs était infecté, tous ceux qui avaient reçu ce mélange étaient contaminés.

Arrêtons-nous sur un autre aspect peu connu de la présence du virus dans les fractions du sang : le VIH s'associe aux globules rouges bien qu'*a priori* il n'ait aucune raison de s'y adosser puisqu'ils n'ont pas de récepteurs. Mais le fait est là : il existe une fraction infectieuse de globules rouges contenant du virus. Probablement à cause d'une association à un mycoplasme (encore !) qui, lui, peut se fixer aux globules rouges. Toujours est-il que par ce système chinois, quand 50 donneurs recevaient un sang « poolé », les 50 s'infectaient. Des gens bien portants, de jeunes adultes, des familles entières se sont « saignés » pour l'équivalent de 5 euros et le système a été étendu à grande échelle. Des compagnies se sont enrichies, plus d'un million de donneurs et leurs familles ont été infectés. Une catastrophe humanitaire ! Des responsables politiques locaux étaient certainement impliqués, confortés par la complaisance du gouvernement central qui préférait fermer les yeux. Le scandale n'a été révélé qu'en 1999 (des reportages télé, depuis, ont montré ces « villages du Sida ») et si ces pratiques d'un autre âge ont été suspendues, combien de Chinois concernés ignorent encore leur séropositivité au VIH, à l'hépatite B ou C ? Bien que nous ayons connu nous aussi un scandale du sang contaminé, leur échelle semble plus importante dans les pays où l'information ne circule pas, a fortiori sous des régimes autoritaires.

Les enfants... et les chiens de Bucarest

Ainsi en Roumanie, le dictateur Ceausescu avait décidé que le pays manquait d'habitants et avait décrété qu'il fallait faire des enfants. La contraception fut interdite et beaucoup de parents eurent des enfants dont ils ne voulaient pas. Qu'à cela ne tienne, l'Etat pouvait s'en occuper et formerait ainsi les nouvelles générations communistes ! Ces petits, recueillis dans des pensionnats, étaient très mal nourris par manque d'argent et mouraient de faim. Ceausescu eut alors l'idée « géniale » de demander aux médecins de les transfuser pour qu'ils vivent au moins le temps que l'on puisse les montrer ; ce qui fut fait en masse à partir de sang non testé de marins ayant séjourné dans des contrées infectées par le virus.

Lors de ma visite en Roumanie en 2000, j'ai voulu

étudier les raisons de cette contamination, et en particulier le rôle des cofacteurs bactériens infectieux (les mycoplasmes) et j'en ai trouvé ! Par hasard, Brigitte Bardot se trouvait également dans la capitale roumaine pour demander une audience au président de la République. Ce qui l'intéressait, c'était le sort des chiens de Bucarest menacés d'euthanasie. Ceausescu, en effet, avait rasé la moitié de Bucarest pour construire de grands ensembles d'habitat socialiste. Beaucoup de gens qui vivaient jusqu'alors dans de petites maisons avec jardin y furent logés de force, contraints d'abandonner leur animal de compagnie. Des années après, la ville était envahie par 200 000 chiens errants. Le maire décida de les ramasser et de les vouer à l'euthanasie. Brigitte Bardot obtint finalement la grâce de ces chiens qui ne furent que stérilisés...

Des trithérapies pour les plus démunis : oui mais...

Depuis quelques temps, on assiste à une mobilisation internationale très médiatisée pour obtenir l'accès aux trithérapies des patients des pays pauvres. ONU, le G8, Fondation Gates, initiative Bush, taxe Chirac sur les billets d'avion : une mobilisation générale qui atteint certains résultats. J'adhère évidemment à ces initiatives généreuses mais elles ne sont pas sans effet pervers à long terme.

Premièrement ce traitement, si l'on retient les critères cliniques suivis dans les pays riches, ne s'applique pas à toutes les personnes infectées. Seule une minorité sera concernée : les patients chez lesquels les tests détectent moins de 350 CD4 et dont la charge virale s'élève à plus de 50 000 copies d'ARN viral par millilitre de plasma, soit des personnes au bord d'une infection opportuniste, séropositives le plus souvent depuis cinq ou six ans. Mais que fait-on des autres, non traitables, non « éligibles » pour reprendre la terminologie officielle ? Deuxièmement, pour qu'un traitement antirétroviral soit efficace, un suivi par des tests de laboratoires est indispensable, ce qui a un coût. Il ne suffit donc pas de raisonner sur le prix du traitement, il faut aussi intégrer le prix de ces tests, les salaires des médecins chargés de traiter par trithérapie, le coût de la formation sur place, des investissements et des charges qu'impliquera la mise en place de laboratoires et de structures d'accueil. Souvent un seul test immunitaire est effectué et la charge virale n'est pas mesurée. Il faut aussi se donner les moyens de traiter tous les dépistés, y compris ceux qui n'auront pas droit aux trithérapies. En Afrique comme dans la plupart des pays concernés, cette logistique est insuffisante, il faudra bien la mettre en place et vite...

De telles infrastructures seraient utiles pour toutes les maladies touchant ces pays mais ces investissements ne sont envisageables qu'avec l'accord des gouvernements locaux et exigent une forte volonté politique. C'est une première condition. Or que font prioritairement certains gouvernements en quête d'argent dès qu'ils en perçoivent ? Ils achètent des armes pour faire face aux problèmes de sécurité ou de guerre civile. Souvenons-nous de la Déclaration d'Abuja[28] de l'Organisation de l'unité africaine (OUA) au printemps 2001, à travers laquelle les Etats membres s'étaient engagés solennellement à consacrer 15 % de leurs budgets nationaux en dépenses de santé. Naturellement elle n'a jamais été appliquée. Seuls deux pays, le Sénégal et l'Ouganda, se sont mieux protégés que les autres ; c'est dire le poids de cette volonté politique. Ensuite, et c'est la deuxième condition, il est nécessaire d'opérer un transfert de technologies du Nord vers le Sud. C'est l'une des missions que nous poursuivons au sein de la Fondation mondiale de recherche et prévention Sida créée sous l'égide de l'UNESCO en 1993. Le gouvernement français s'y est attelé depuis le passage à la Santé de Bernard Kouchner, à travers des jumelages d'hôpitaux : un hôpital français/un hôpital africain. Cette initiative, baptisée « Opération Ester », me semble une bonne formule car elle favorise les actions de formation.

Quant aux médicaments, il serait simpliste de croire que ces populations n'y ont pas accès parce qu'ils coûtent trop cher et d'accuser les compagnies pharmaceutiques de vouloir « faire de l'argent ». Hors de toute considération philanthropique, ces firmes ont tout intérêt au contraire à entretenir leur image auprès des institutions et du grand public. Elles ont ainsi consenti à baisser leurs prix de 90 % sur les antirétroviraux à condition que les pays destinataires luttent contre le marché noir. Elles ont signé en 2001 les accords de Doha fixant des dérogations aux droits de propriété intellectuelle et ouvrant un marché générique pour les médicaments concernant le Sida, la tuberculose et la malaria. Quels profits réalisent-elles en vendant leurs traitements aux Africains à si bas prix ? Les vrais bénéfices se font sur les trithérapies qu'elles commercialisent chez les Occidentaux, des traitements, ne l'oublions pas, pris en charge par les assurances et les systèmes de sécurité sociale. Autrement dit financés par le contribuable !

Si l'on souhaite que les populations du tiers-monde éligibles pour les trithérapies y aient accès, c'est un plan Marshall du Sida qu'il faut mettre en œuvre, impliquant la mise en place de structures nouvelles capables d'effectuer des tests de laboratoire et le suivi de l'efficacité des traitements. Des problèmes culturels doivent être également résolus. L'accessibilité des traitements ne va pas sans poser d'autres questions, comme celle de leur durée. Nous savons que si le patient stoppe son traitement, le virus se manifeste à nouveau au bout de quelques semaines. Mieux vaut l'éviter sous peine de voir son infection repartir de plus belle ou de favoriser l'apparition de mutants résistants. Un certain nombre d'Africains pourront faire l'effort de débourser l'équivalent de six mois ou d'un an de traitement mais combien pourront se payer dix ans de thérapie ? En outre, dès qu'ils vont se soigner, ils vont se sentir mieux ; se sentant mieux, certains vont penser – question de culture là aussi – qu'ils sont guéris et s'empresseront de revendre leurs médicaments. Ceux-là n'auront gagné qu'un an sur la maladie. Ceux qui persévéreront seront confrontés à l'écueil de la mutation. Nous bénéficions de suffisamment de recul sur les trithérapies (depuis 1996) pour savoir qu'à la longue une partie des patients ne supportent plus les effets toxiques associés et finissent par baisser les bras. Cet abandon favorise l'émergence de souches virales multirésistantes que l'on observe chez 10 à 30 % des malades. Associé au facteur financier, ce phénomène prendrait des proportions plus inquiétantes en Afrique. Là aussi il n'est pas politiquement correct de le dire mais les problèmes de la plupart des pays en voie de développement butent sur ces questions, ils ne disparaîtront pas d'un coup de baguette magique et nécessiteront un engagement fort et durable à la fois de la communauté internationale et des gouvernements locaux !

La solution du vaccin thérapeutique

Malgré ces obstacles, ces limites, nous n'avons pas le choix : la prévention doit être poursuivie coûte que coûte. Elle fonctionnera d'autant mieux que nous pourrons proposer aux patients infectés des traitements efficaces. Prévention et traitement vont de pair, tout le monde s'accorde maintenant sur ce point. Les multi-thérapies constituent un progrès mais ne représentent pas la panacée. La seule voie qui vaille passe par la mise au point de traitements pour tous les patients infectés. Parce que le dernier problème (et pas le moindre) que nous rencontrons dans la lutte contre le Sida, c'est le refus de se faire tester. Un habitant du tiers-monde séropositif – et c'est aussi encore en partie vrai dans les pays développés – va rencontrer tous les problèmes de la terre, une stigmatisation dans sa famille et sur son lieu de travail. Personne n'a intérêt à se faire tester dans ces conditions ! Et après avoir pris la décision de le faire, comment aura-t-il vécu l'annonce de sa séropositivité, prononcée avec plus ou moins de tact, dans sa famille et vis-à-vis de ses collègues ? Le Sida ne mène pas inéluctablement à la mort. Il est important de le dire car les facteurs psychologiques jouent un rôle certain dans le maintien d'une bonne fonction immunitaire. Si vous affaiblissez quelqu'un psychologiquement en lui signifiant qu'il va mourir comme on le disait sans le dire au début de la maladie, vos mots vont le condamner.

Donnons-nous donc les moyens de pouvoir proposer des remèdes à toute personne qui se fait tester, c'est ainsi que l'on démystifiera la séropositivité. Quels traitements peut-on proposer ? C'est ici qu'interviennent l'immunisation (vaccination thérapeutique) et la lutte contre le stress oxydant.

Beaucoup de populations africaines, nous l'avons constaté, sont en stress oxydant sans le savoir. Celui-ci a deux origines et une conséquence. Il provient d'un apport insuffisant d'antioxydants par l'alimentation (malnutrition ou nutrition déséquilibrée) et de l'existence d'infections chroniques plus ou moins latentes ou de parasitoses. La conséquence en est un état de dépression immunitaire même chez les personnes séronégatives pour le VIH. Cette immunodépression va donc favoriser la prise du virus et, une fois l'infection établie, son expansion dans l'organisme, le virus lui-même prenant à ce moment-là le relais pour accroître l'immunodépression. Cela signifie qu'une politique bien coordonnée d'éducation à la nutrition, d'augmentation du standard de vie, d'application des règles d'hygiène élémentaires (par l'accès à l'eau potable) pourrait déjà diminuer la réceptivité des habitants de ces pays à l'infection par le virus du Sida et, une fois infectés, ralentir leur évolution vers un stade exigeant la trithérapie.

Une telle approche serait finalement moins coûteuse que la trithérapie. Quoique moins spectaculaire et moins profitable pour les industries pharmaceutiques, elle devrait pareillement être financée par les donneurs de fonds, massivement. L'Afrique regorge de fruits et légumes riches en antioxydants. Elle abonde en recettes de médecine traditionnelle utilisant des extraits de plantes. On trouve parmi ces extraits des facteurs à la fois antioxydants et stimulants du système immunitaire ; leur utilisation à bon escient implique que ces produits passent des essais cliniques rigoureux de non-toxicité et d'efficacité. Ceci ouvrirait la voie à une véritable politique africaine de prévention du Sida.

En ce qui concerne les patients déjà en phase de Sida et sous trithérapie, les antioxydants et les immunostimulants peuvent aussi aider à la restauration immunitaire. J'en donnerai un exemple bien documenté à propos du rhume avec l'extrait de papaye fermentée. En l'espèce, si la restauration immunitaire est suffisante, on peut également envisager une immunisation spécifique contre les protéines du virus, en quelque sorte une vaccination thérapeutique dont le but serait d'obtenir un contrôle de l'infection par le système immunitaire du patient comme cela se produit pour l'heureuse minorité des personnes infectées non malades (non progresseurs à long terme). Les essais cliniques utilisant des formules de vaccins préparés à titre préventif ont déjà donné des résultats encourageants mais seulement sur une partie des personnes infectées, probablement du fait que le système immunitaire des autres n'était pas assez répondeur, pour deux raisons sans doute : la formule du vaccin n'était pas totalement adaptée et leur stress oxydant n'était pas traité.

Comment mettre au point la formule du vaccin thérapeutique ?

Personne ne possède de formule magique. Notons toutefois qu'il sera plus facile et plus rapide de trouver, par tâtonnement, la formule thérapeutique adéquate à partir d'essais cliniques courts que pour un vaccin préventif. Il s'agit de mesurer l'effet du vaccin après une trithérapie qui aura déjà permis de réduire la présence du virus dans le sang à des taux trop faibles pour être détectés. Si on interrompt cette trithérapie, on sait que le virus va réapparaître très rapidement dans le sang. Si, par contre, un effet protecteur de cette vaccination s'exprime, le virus ne réapparaîtra pas ou le fera plus lentement. Ainsi, chaque essai clinique d'efficacité, bien entendu effectué après des essais classiques de non-toxicité, ne prendrait que quelques mois. Je préconise cette solution depuis dix ans avec des succès divers. Je me souviens avoir sollicité en 1996 des fonds dans un programme de recherche de l'Union européenne et avoir été renvoyé à mes chères études sous prétexte qu'il n'était pas « éthique », selon les experts de Bruxelles, d'arrêter les trithérapies. Depuis lors, bien des essais cliniques officiels impliquent des arrêts au moins temporaires de traitements.

Ce projet de vaccin consistait à utiliser des produits précocement formés après l'entrée du virus dans la cellule, comme les protéines Nef et Tat, ajoutés à une protéine de surface du virus modifiée génétiquement. La stratégie du virus consiste à présenter au système immunitaire les parties les plus variables de cette dernière protéine, une simple mutation lui permettant d'échapper aux réactions du système immunitaire. Un peu comme un toréador qui présenterait au taureau des muletas de couleurs changeantes à chaque passe, le virus désoriente complètement le système immunitaire. Il est possible d'enlever les parties variables de la protéine de surface par manipulation génétique, de telle sorte qu'elle expose au système immunitaire ses parties conservées qui sont les mêmes dans les différentes souches de virus. Cette protéine de surface peut être insérée dans des petites sphères de lipides que l'on appelle des liposomes*, des véhicules très efficaces pour déclencher des réactions immunitaires. Bien sûr, d'autres formules sont possibles.

La mise au point d'un vaccin thérapeutique constituerait une grande avancée, à condition je le répète, que le système immunitaire du patient soit capable d'y répondre convenablement, c'est-à-dire après une trithérapie et en neutralisant le stress oxydant. Le protocoletype ? Traiter pendant six mois le patient pour réduire à zéro la charge virale dans le sang ; lui administrer des immunostimulants et antioxydants comme l'extrait de papaye fermentée et le glutathion ou d'autres préparations d'origine naturelle contrôlées ; puis l'immuniser avec le vaccin thérapeutique. Ensuite, arrêt de la trithérapie et constat : observe-t-on ou non une remontée de la charge virale ? Si la charge virale remonte, le vaccin n'aura pas été efficace et il faudra reprendre le traitement antiviral. Si en revanche, elle ne remonte pas, cela signifie que l'immunisation aura été efficace ; tout se passe alors comme si le système immunitaire du patient avait été capable de maintenir la multiplication du virus à un taux très bas, sans danger pour l'organisme. Certains de mes amis ont fini par appeler cela « le protocole Montagnier ». Peu importe son nom, le principal est de le financer et il n'est pas sûr que je puisse le faire, les bailleurs de fonds, publics ou privés, s'intéressant plutôt au serpent de mer qu'est le vaccin préventif. Dommage, car un tel vaccin pourrait être mis au point en trois ans tout au plus.

Vaccin préventif : on a tout essayé !

La voie royale pour prévenir une infection virale ou bactérienne passe par un vaccin préventif. C'est grâce à la vaccination que la variole a disparu de la surface du globe et que nous n'en sommes plus très loin pour la poliomyélite. Lors de l'annonce mondialement médiatisée de la découverte du virus par l'équipe de Robert Gallo, le 23 avril 1984, la secrétaire d'Etat américaine à la Santé, Miss Heckler avait promis un peu vite la mise à disposition d'un vaccin dans les deux ans. Il était logique – et nous sommes tous passés par là – d'élaborer un vaccin selon les modèles des autres vaccins viraux. On a tout essayé... et rien n'a marché. Pour la raison déjà mentionnée plus haut : parce que la stratégie du virus est de faire chatoyer une enveloppe changeante destinée à tromper les défenses immunitaires. En outre, au fur et à mesure de la diffusion de la pandémie, des sous-types nouveaux du virus apparaissent, encore plus changeants. Pour compliquer les choses, nous ne disposons pas de modèle animal fiable. Le chimpanzé, je le rappelle, ne déclare pas de maladie, un vaccin préventif ne pourrait donc au mieux que le protéger de l'infection sans nous éclairer sur son efficacité en phase de Sida. Des millions de dollars ont été dépensés, deux cents chimpanzés ont été piqués ! Aucun vaccin n'a finalement réussi à leur épargner l'infection. Ces singes séropositifs ne pouvant être abattus, on les transporte d'un centre à l'autre, pitoyablement. Sur les macaques, des résultats intéressants ont été obtenus, mais nous ne pouvons pas totalement les transposer à l'homme... Toutes sortes de concepts ont mis en ébullition la recherche. Tous semblaient prometteurs, chez les petits animaux en particulier, mais ces tests se révélaient nettement moins clairs chez les macaques et ne fonctionnaient plus du tout chez l'homme.

Arrêtons-nous un instant sur l'une des pistes considérées comme des plus prometteuses, celle de l'ADN vaccinal. Au lieu d'utiliser une préparation de protéines du virus, l'idée consiste à introduire des gènes du virus qui vont produire ces mêmes protéines dans un autre ADN, un plasmide*. Cet ADN est ensuite injecté dans les muscles d'une souris où il s'installe durablement. A partir des gènes du virus, les protéines sont traduites et induisent une réponse immunitaire. Le résultat est remarquable chez la souris, il l'est moins chez le singe et devient carrément incertain chez l'homme. D'autant que les effets d'induction de maladies à long terme ne sont pas évalués. De grandes compagnies pharmaceutiques comme Merck continuent à dépenser des millions de dollars dans de tels projets. On investit, on dépense... jusqu'à ce qu'un président pressé d'arrêter les dépenses par ses actionnaires finisse, dépité, par arrêter les frais.

Avantis-Pasteur nous a aussi donné un bel exemple de fausse bonne idée qui, d'ailleurs, n'en était pas une au départ. Ce groupe avait pris une autre direction, celle du canaripox[29], un virus de la vaccine adapté aux oiseaux. Ce type de virus contient beaucoup de gènes et on peut y adjoindre des gènes du VIH dont ils deviennent les vecteurs. Le principe est le même que pour l'ADN vaccinal mais on utilise ici un virus porteur de cet ADN. Ce fut un échec total, scientifique et financier, alors qu'une bonne partie des essais étaient soutenus par l'ANRS (Agence nationale de recherche sur le Sida) et les Américains du NIH (Institut national de la santé). Ce prototype de vaccin n'a pas produit de réponse immunitaire suffisante dans la phase d'évaluation de ses effets biologiques pour lui permettre d'atteindre la dernière phase, l'étape décisive permettant de tester son efficacité protectrice. Très peu de candidats sont d'ailleurs arrivés jusque-là. Ce fut le cas du prototype financé par la compagnie américaine Vaxgen (filiale de Genentech) mais les essais, effectués aux Etats-Unis et en Thaïlande, d'une protéine de surface produite artificiellement, n'ont pas abouti à une protection vaccinale.

La plupart de ces échecs étaient prévisibles cinq ou six ans avant le début des tests puisque toutes ces préparations étaient fondées sur une protéine de surface non modifiée du virus qui expose ainsi au système immunitaire ses régions les plus variables. C'est le problème de la « muleta multicolore » dont nous avons parlé à propos du vaccin thérapeutique. Si ces firmes avaient pris la précaution de consulter des experts indépendants un tantinet avertis, elles auraient évité cette dispendieuse fuite en avant. Leurs équipes de recherches ne sont pas plus obstinées que les autres mais l'inertie de ces compagnies est telle qu'elles ne peuvent changer d'orientation rapidement. Il s'agit bien d'erreurs stratégiques flagrantes de la part de managers scientifiquement mal conseillés. En outre, les vaccins étant beaucoup moins lucratifs que la fabrication de médicaments pour l'industrie, peu de firmes s'y intéressent faute de perspectives de retours sur investissements.

Pour le Sida, le marché du vaccin préventif apparaît d'emblée sans commune mesure avec celui des médicaments : il concerne avant tout le tiers-monde, l'Afrique et l'Asie et ne générera donc pas de revenus importants. A contrario, le marché des trithérapies est très lucratif. Vu sous l'angle purement économique, les antiviraux pris à vie constituent une rente pour les laboratoires. Bien que personne ne puisse le reconnaître, cette réalité freine la mise au point d'un remède définitif. Le marché est entre les mains d'un petit nombre de firmes toutes rattachées à des multinationales américaines. A la décharge de ces groupes, reconnaissons qu'ils ont dépensé beaucoup d'argent pour la mise au point de ces traitements. Les anti-protéases, par exemple, ont nécessité de longues années de recherche. Et pour un produit commercialisé, combien de centaines n'ont jamais vu le jour ? Ayant consenti ces lourds investissements, ils récupèrent légitimement de l'argent mais je pense qu'ils amassent maintenant quelques beaux profits dans les pays développés. Par patient et par an, les traitements coûtent entre 10 000 euros et 20 000 euros (pour les plus récents visant les souches résistantes) à la collectivité ou aux assurances – la Sécurité sociale en France. Ils ne sont supportables pour un pays que si le taux d'infection est relativement limité. Si nous avions des millions de malades, nos sociétés ne pourraient plus se le permettre.

L'essai clinique d'un vaccin préventif implique des dépenses énormes et pose aussi des problèmes éthiques épineux. En effet, il s'agit de prouver, au sein d'une population exposée naturellement au virus, qu'elle s'infecte moins après vaccination qu'une population témoin de même taille recevant un placebo. Pour que la différence soit significative, le taux d'infection naturelle doit être assez important et un minimum de plusieurs milliers de personnes est nécessaire. Dans le cas de groupes exposés comme des prostituées ou chez des femmes pauvres poussées à la prostitution pour des raisons économiques, on conçoit le caractère cynique que peut facilement prendre cette expérimentation. Leur consentement sera-t-il vraiment éclairé ?

Mais si les laboratoires comprenaient un peu mieux l'intérêt du vaccin thérapeutique, ils y trouveraient certainement des débouchés intéressants. Ils pourraient étendre plus facilement les trithérapies aux pays pauvres où les gens ne peuvent faire l'effort financier d'un traitement à vie. La lourdeur de l'investissement sera toujours un frein, cela dit, les choses pourraient changer, le mot vaccin reste magique, des ONG se mobilisent sur ce terrain et Bill Gates y met de l'argent.

Quant à moi, je n'en démords pas : le vaccin thérapeutique s'inscrit dans la logique des choses. La solution que je préconise revient d'abord à mettre au point ce vaccin et à le réserver à des personnes déjà infectées ; puis à l'utiliser, avec peut-être une formulation différente, de façon à ce qu'il soit efficace sur la transmission sexuelle du virus. Dans ce cas, il serait aussi souhaitable que le système immunitaire des personnes vaccinées (jeunes adultes) soit en bon état. Là aussi l'usage d'immunostimulants ou d'antioxydants peut se révéler fort utile sinon indispensable.

LE STRESS OXYDANT : CET ENNEMI QU'ON IGNORE

Au cœur du vieillissement et des maladies

Un diagnostic majeur

« On a beau avoir une santé de fer, on finit toujours par rouiller. »

Jacques Prévert

La difficulté de vivre

Nous sommes tous sujets au stress. C'est bon signe : nous n'y échapperons qu'une fois mort. Ce phénomène auquel nous sommes exposés dès la naissance revêt diverses formes subtiles et complexes, à l'instar des mécanismes du vivant. Nous ne connaissons que trop le stress psychologique. Au grand « mot », les grands remèdes : le mal de l'époque – nous somatisons, c'est connu – est disséqué à longueur d'émissions de télé, de radio, de livres ou de conférences, alimentant un marché lucratif. Compléments alimentaires, tranquillisants, techniques en tous genres, yoga, méditation, produits miracles... Ce nouveau stress a presque fait oublier le stress physiologique dont la définition fut donnée par Hans Selye à la fin des années 1930 : « Ensemble de réactions de notre organisme à des agressions fortes du milieu dans lequel nous vivons. » Ces réactions de défense, commandées par notre cerveau, impliquent des hormones produites par nos glandes surrénales telles que la cortisone et l'adrénaline, et bien d'autres mécanismes découverts peu à peu.

Mais le stress que je traque avec d'autres depuis des années a trait à un autre phénomène, de nature biochimique. Il s'agit du stress oxydant déjà mentionné, un syndrome que les biochimistes ont parfaitement défini mais qui reste peu connu du public et – ce qui est moins concevable – de la majorité des médecins.

D'où vient ce terme barbare de « stress oxydant » ? Il dérive de l'anglais *oxydative stress* d'où son autre appellation en français de « stress oxydatif ». Il existe de par le monde de nombreuses publications très sérieuses entièrement consacrées à cette réalité scientifique bien établie comme en témoigne la revue *Free Radikals in Biology and Medecine. Free radikals*... Ce terme anglais traduit par « radicaux libres » n'est pas britannique par hasard. C'est en effet outre-Manche que la chose a été définie, à la fin des années 1930, après que des chimistes eurent observé que des atomes et des molécules instables, extrêmement réactifs, étaient impliqués dans l'apparition de la rouille du fer et des fendillements du caoutchouc. Découvrant qu'il s'agissait de sous-produits de l'oxygène de l'air, ils les baptisèrent *free radikals*. Libres... car il s'agit d'atomes possédant à leur périphérie un électron libre, baladeur. Enclins à se stabiliser, ces atomes, inclus dans des molécules, donnent un électron ou arrachent un autre électron à un atome d'une autre molécule qui en possédait deux à son orbite périphérique, transformant à son tour cette molécule en radical libre. Comme ces molécules sont dérivées de l'oxygène de l'air, il s'agit donc d'un processus d'oxydation.

Plusieurs scientifiques allaient développer cette notion dont un médecin, ancien chimiste de la Shell installé à Berkeley. Denham Harman appliqua ce phénomène à la matière vivante en décrivant les effets destructeurs des molécules oxydantes sur l'organisme humain et le vieillissement qu'elles induisaient. Sa théorie fut publiée en 1956 dans *The Journal of Gerontology*. L'étude de la relation entre stress oxydant et vieillissement constitue depuis un vaste sujet de débat et de recherches, autant pour les biochimistes que les gérontologues.

Aujourd'hui, nous savons que ces radicaux libres jouent dans l'organisme un rôle majeur, à la fois positif et négatif. Lorsqu'ils sont dans un excès insupportable pour le corps, celui-ci entre dans un stress oxydatif, avec des conséquences d'une portée difficilement imaginable sur notre santé. Cet excès apparaît quand nos défenses naturelles anti-oxydantes, provenant de molécules que nous ingérons ou que nous fabriquons, sont dépassées.

Bataille au cœur de nos cellules

D'où viennent ces radicaux libres ? De l'air que nous respirons, mais pas seulement. Il s'agit de sous-produits d'un métabolisme essentiel partant de l'oxygène pour aboutir à des molécules très riches en énergie, l'ATP, l'adénosine triphosphorique* ; le carburant de nos cellules en quelque sorte.

Tout se passe comme si, dans une chaîne de réactions enzymatiques, on brûlait un sucre (le glucose) à feu très lent, en présence d'oxygène. Cette respiration se déroule dans des organites intracellulaires, les mitochondries. Elles proviennent de petites bactéries que les cellules ont absorbées en symbiose il y a bien longtemps puisque tous les organismes, y compris les levures, en possèdent. Ce sont les centrales énergétiques de nos cellules. Mais ces réactions respiratoires n'ont pas un rendement à 100 %. De la même façon qu'un moteur à explosion de voiture brûle de l'essence en dégageant des émanations polluantes, cette chaîne respiratoire produit des radicaux libres, molécules hyperréactives. Et plus le kilométrage de la voiture est élevé, plus l'engin pollue : en vieillissant, nos mitochondries fonctionnent moins bien et accumulent au fil des ans davantage de radicaux libres. Nous sommes donc tous plus ou moins exposés à partir d'un certain âge à une source endogène de radicaux libres.

Cependant, quand ils ne sont pas en excès, ces radicaux libres jouent un rôle bénéfique pour l'organisme. D'une part, certaines cellules spécialisées comme les globules blancs en synthétisent certains pour détruire des bactéries, en particulier l'acide hypochloreux (le principe actif de l'eau de Javel). D'autre part, ces molécules oxydantes activent des facteurs de transcription des gènes impliqués dans la division cellulaire ou les défenses immunitaires ; elles jouent probablement un rôle tout à fait physiologique dans les transmissions de signaux, dans les échanges d'informations entre cellules. C'est leur excès qui devient dangereux et cet excès provient de plus en plus de sources extérieures présentes dans notre environnement. Les polluants chimiques, les radiations de toutes sortes, les agents infectieux, l'alimentation... produisent leur part de radicaux libres. Le stress psychologique déjà évoqué en est sans doute une autre source... En réalité, les conditions de la vie moderne regorgent de facteurs susceptibles de générer des radicaux libres. Mieux vaut le savoir car notre santé passe d'abord par celle de nos cellules.

De l'oxydation à l'usure irréversible

Ces molécules étant un peu à l'organisme ce que la rouille est au fer, le rancissement au beurre ou la craquelure au caoutchouc, les mécanismes de nos cellules et de nos tissus se grippent, leurs constituants « rouillent » et se transforment.

Oxydés, les composants de nos cellules subissent des dommages irréversibles. Aucun d'eux n'est à l'abri, qu'il s'agisse des protéines, des lipides, des glucides ou de l'ADN... Oxydées au niveau de certains de leurs constituants (acides aminés*), les protéines subissent une perte de fonction suivie d'une rapide dégradation. Sous l'effet de cette oxydation, leur durée de vie diminue : considérées comme des détritus par les protéases – les enzymes « éboueurs » de notre organisme – elles sont détruites. Les protéases savent donc éliminer les protéines « poubelles » pour les recycler mais s'ils sont en trop grand nombre, ces déchets s'accumulent. La protéase « éboueur » ne passe plus, le système sature et ne parvient plus à évacuer le surplus : les détritus de protéines s'accumulent, s'agrègent et forment des dépôts insolubles inattaquables. C'est probablement ce qui se passe dans les maladies où il y a formation de dépôts insolubles comme les maladies articulaires, la maladie d'Alzheimer pour le cerveau ou les plaques d'athérome* au niveau des artères. Il ne faut pas confondre ces déchets avec les toxines que l'on élimine en « rinçant » notre organisme en buvant beaucoup d'eau et qui sont ensuite évacuées principalement par les reins. Les molécules oxydantes, malheureusement, ne disparaissent pas en quelques gorgées : si les éboueurs de l'organisme ne suivent pas le rythme, elles restent sur place, se déposant souvent non pas dans les cellules elles-mêmes mais à la surface extérieure de celles-ci.

D'autres facteurs interviennent dans le phénomène d'oxydation de l'organisme. L'altération des lipides par les radicaux libres apparaît tout aussi dangereuse. La structure des membranes cellulaires étant très sensible à l'état des lipides qui les constituent, l'oxydation de ces derniers provoque des catastrophes telles que des trous dans la membrane ou la formation de dépôts quand les lipoprotéines vont circuler dans le sang (les plaques d'athérome encore !). Des lipides de type oméga 3 et oméga 6 touchés produisent en outre un excès de produits oxydés dérivés impliqués dans l'inflammation (prostaglandines* et leucotriènes*) des molécules que l'on trouve à l'état naturel dans l'organisme mais qui, en trop grande quantité – c'est toujours le même processus – deviennent nocives : leur présence chronique entraîne des phénomènes pathologiques et déclenche des processus inflammatoires.

L'oxydation des constituants de l'ADN, notamment de l'une de ses quatre bases, la guanine, entraîne des mutations. La guanine va être transformée en 8-hydroxyguanine* : elle ne sera plus reconnue en tant que guanine par les enzymes de réparation, il s'ensuivra une altération du code génétique, donc des mutations et des cassures à l'échelle des chromosomes*, autant de phénomènes susceptibles de contribuer à la formation de cancers. Il existe d'ailleurs un moyen très simple, joliment baptisé la « technique comète », permettant de voir concrètement comment les rayons ultraviolets ou même la lumière visible cassent l'ADN des cellules de la peau. Une fois l'ADN de ces cellules extrait, l'expérience consiste à le faire migrer dans un champ électrique : les molécules se déplacent alors plus ou moins selon leur taille. Si elles sont cassées en petits morceaux de taille variable, une sorte de queue de comète se forme clairement. C'est un moyen très efficace de mesurer les dégâts causés par les radicaux libres induits par les rayons ultraviolets sur la peau.

L'oxydation des sucres, appelés encore glucides ou carbohydrates, entraîne d'autres ravages. L'exemple de ce qui se passe dans le diabète illustre l'effet principal de cette oxydation se manifestant sous la forme d'une glycation des protéines. La glycation consiste en la formation de liaisons covalentes entre les sucres et les protéines (comme l'hémoglobine) et constitue donc une source importante de dysfonctionnement. D'ailleurs, comme Monsieur Jourdain, nous faisons tous en cuisine des glycations sans le savoir ; en faisant cuire un bifteck par exemple. Sous l'effet de la chaleur, il se produit une combinaison covalente entre les sucres du glycogène et les protéines du muscle qui se traduit à la surface de la viande par un aspect brun et caramélisé. Une substance goûteuse pour les plus gourmands mais peu recommandable pour notre santé !

Encore des merveilles dans le Jardin d'Eden

Quelles sont nos défenses vis-à-vis de ces molécules agressives ? Bien qu'inégaux devant les radicaux libres, nous sommes naturellement armés pour les neutraliser dès qu'ils commencent à présenter un danger. Nous disposons à cet effet d'un certain nombre d'antioxydants endogènes que nous fabriquons. Ainsi nous fabriquons naturellement une petite molécule faite de trois acides aminés, le glutathion[30], qui est à la fois un très bon capteur de groupements chimiques oxydants et un détoxifiant. Nous fabriquons également de l'acide urique à partir des produits de dégradation de nos acides nucléiques*, lui aussi antioxydant. La régénération du glutathion dépend d'enzymes spécifiques dont l'activité est elle-même tributaire de certains ions* fournis par l'alimentation, dont le sélénium et le zinc. Nos défenses antioxydantes nécessitent d'autres apports en oligo-éléments comme le fer et le cuivre. Des carences en ces métaux ou dans leur proportion entre eux, ou au contraire un excès, peuvent s'avérer néfastes. D'où l'importance d'une alimentation équilibrée. Celle-ci va également apporter des éléments essentiels à nos défenses anti-oxydantes, ce sont les vitamines que, par définition, notre corps ne fabrique pas et que nous prenons à d'autres êtres vivants.

La nature, généreuse, nous offre une fantastique source de vitamines. Le monde végétal est un jardin d'Eden d'antioxydants. Tout simplement parce que les plantes, au cours de l'évolution et depuis l'origine, ont été contraintes de fabriquer ces antioxydants. La respiration chez le végétal comme chez l'homme produit des molécules oxydantes mais, outre cela, la photosynthèse des plantes génère de l'oxygène sous des formes parfois très réactives. Utilisant ces deux processus, les plantes ont fait face à cette double contrainte en fabriquant des antioxydants, dont la vitamine C, mais aussi bien d'autres types moléculaires comme des pigments. Les principaux en sont les caroténoïdes, dont le bêtacarotène de la carotte et le lycopène de la tomate, les polyphénols que l'on retrouve dans toutes les plantes, mais aussi dans le thé et la pomme (l'excellente quercétine) ou le vin (le fameux resvératrol) et les flavonoïdes (très en vogue avec notamment les compléments alimentaires OPC). Tous ces produits nourrissent nos défenses chaque fois que nous mangeons des végétaux à l'état frais. Ils sont souvent répartis de façon inégale à l'intérieur des fruits : on sait ainsi que la vitamine C est davantage concentrée au niveau du hile de la pomme et du trognon. Il faut cependant garder à l'esprit que la richesse des fruits en vitamine C décroît rapidement au cours de leur conservation.

Mais l'alimentation nous apporte d'autres vitamines essentielles telles que les vitamines A, D et E solubles dans les graisses. La vitamine E est essentielle pour stabiliser les lipides des membranes cellulaires particulièrement exposés au stress oxydant. Elle forme avec la C l'un des meilleurs tandems antioxydants. En effet, la forme oxydée de la vitamine E est inerte et même toxique. Pour être régénérée en forme active réduite, elle fait appel à la vitamine C. Les vitamines agissent de concert et leur rapport relatif – c'est une notion capitale – est aussi important que leurs quantités absolues. Sur un plan chimique, une sorte de couplage s'établit entre les vitamines – particulièrement fort entre la C et la E – qui se repassent la « patate chaude » que constitue l'électron au niveau moléculaire et se régénèrent ainsi mutuellement. D'où l'importance, et cela vaut pour tous les antioxydants, de ne pas recourir à une seule vitamine. En outre, la vitamine C n'étant pas stockée dans l'organisme alors que la E peut s'accumuler dans les lipides des membranes, il en résulte qu'il faut prendre davantage de vitamine C que de vitamine E, ce que les utilisateurs ne comprennent pas toujours et souvent le rapport C/E est déséquilibré en faveur de la vitamine E.

Dans le passé, de grands scientifiques – des Prix Nobel comme Linus Pauling[31] ou Albert Szent Györgyi[32] – ont préconisé des doses très fortes d'une seule vitamine, en l'occurrence la C. Cette approche prévaut toujours chez les spécialistes des médecines alternatives mais elle apparaît encore mal justifiée ou disons incertaine en l'état de nos connaissances. Une telle démarche peut en effet produire au contraire des effets nocifs car une vitamine seule est facilement pro-oxydante, c'est le cas des vitamines C ou E. Tout est dans la dose et le rapport ! Malgré tout, Pauling, qui lui-même absorbait quotidiennement de très fortes doses de vitamine C, avait peut-être raison : on peut se demander si une dose élevée de vitamines pro-oxydantes, en créant une sorte de stress oxydatif artificiel, n'a pas un effet inverse de ce qui est escompté. Cela peut très bien donner un coup de fouet à l'organisme induisant une salve de réponses endogènes antioxydantes. Je n'écarte pas la possibilité de cet effet paradoxal qui donnerait raison aux partisans de la dose forte. Il est possible qu'une forte exposition à l'ozone (O3, forme très réactive de l'oxygène) ou bien encore une cure d'oxygène à haute pression dans un caisson hyperbare aient des effets analogues en créant artificiellement un stress oxydant et, en réaction, une forte défense anti-oxydante de l'organisme. A l'état physiologique, on retrouve ce phénomène à l'échelle cellulaire sur les lymphocytes de patients infectés par le virus du Sida : alors qu'ils sont soumis à un fort stress oxydatif, on y observe une augmentation très forte d'une enzyme anti-oxydante, la superoxyde dismutase*, la SOD. Malheureusement dans ce cas, cette enzyme va être elle-même oxydée et sera moins fonctionnelle. Cela met cependant bien en évidence le processus d'induction. Nos défenses biochimiques fonctionnent selon un mode de base. Mais il est fort possible, comme on l'observe dans le système immunitaire, qu'une réaction de défense anti-oxydante puisse être activée par une agression extérieure oxydante qui stimulerait les enzymes. En tout état de cause, nous sommes là dans un domaine extrêmement complexe. Une molécule oxydante peut paradoxalement aider à une réaction forte contre un stress oxydant, c'est ce qu'il faut retenir. Ce qui complique les approches thérapeutiques.

Des oméga 3, oui, mais lesquels ?

Une alimentation équilibrée doit contenir en quantité modérée des sucres, des protéines mais aussi des graisses, en particulier sous la forme d'acides gras polyinsaturés. Là aussi, l'efficacité de ces lipides passe par un bon équilibre : le rapport entre oméga 6 (dont l'acide linoléique) et oméga 3 (dont l'acide alpha-linolénique), qui doit respecter une certaine proportion, de l'ordre de 5 pour 1. Ces acides gras fournissent la matière première des membranes cellulaires, notamment de celles des cellules cérébrales, et sont aussi à l'origine de composés anti-inflammatoires (dérivés des oméga 3) ou inflammatoires (dérivés des oméga 6). Or notre alimentation semble s'appauvrir depuis des décennies en oméga 3 (provenant des poissons gras par exemple) tout en s'enrichissant excessivement en oméga 6. Nous mangeons de façon déséquilibrée et c'est là un doux euphémisme si l'on s'en réfère aux statistiques selon lesquels les Français (ne parlons pas des Américains !) absorberaient 20 fois plus d'oméga 6 que d'oméga 3. C'est ainsi que l'on a vu naître la mode des complémentations de toutes sortes en oméga 3 – même les chats ont leur pâté enrichie en bons oméga avec, bien sûr, un zeste de vitamine E !

Attention toutefois ! ces produits présentés comme la panacée deviennent toxiques quand ils sont oxydés par des radicaux libres... Mieux vaut s'assurer qu'ils ont été bien conservés. D'où l'importance encore de neutraliser le stress oxydant avant de recourir à une supplémentation en oméga 3. Ces acides, il faut bien le dire, deviennent parfois toxiques au point d'aggraver le déséquilibre que l'on voulait combattre. La démarche la plus rationnelle consiste à passer un test biologique pour connaître sa balance oxydants/antioxydants, ses carences, puis de les compenser par la nutrition ou par des suppléments. Une fois équilibré, on pourra ensuite faire appel aux oméga 3 tout en respectant l'équilibre avec les oméga 6. Ici comme ailleurs, tout repose sur des comportements individuels raisonnables.

Attention aussi à l'origine de nos aliments car l'apport équilibré en oméga n'est pas seulement lié à ce que nous mangeons mais aussi à la qualité de la nourriture. Chaque espèce dans la chaîne alimentaire se nourrit des acides gras des autres. Si l'on nourrit des saumons d'élevage avec des graisses de porc ou de poulet, leurs tissus seront principalement composés d'oméga 6. En croyant prendre des oméga 3, nous avalons en réalité des oméga 6. On ne va donc pas nécessairement se faire du bien en consommant, comme on nous le recommande, des poissons gras ou telle ou telle huile. *A priori*, les végétaux sont plus sûrs mais il arrive que leur teneur en antioxydants soit modifiée par la façon dont ils sont cultivés, d'après les sols ou les engrais utilisés et les transformations qu'ils subissent. Les choses ne sont pas aussi simples que voudraient nous le faire croire les marchands d'anti-stress et de substances réductrices de risques cardiovasculaires !

Derrière le vieillissement

Nos défenses, nous l'avons vu, déclinent avec l'âge. Le rôle bénéfique des antioxydants sur la durée de vie a été démontré par plusieurs expérimentations depuis la fin des années 1950, époque à laquelle Denham Harman réussit à augmenter de 20 % la durée de vie de souris en enrichissant leur alimentation en antioxydants. Nous savons aussi et depuis peu, qu'à partir de la cinquantaine, nous devenons particulièrement fragiles face aux radicaux libres. C'est la conclusion d'une très sérieuse étude américaine réalisée par Dean Jones en 2002 sur un groupe de 180 personnes prises au hasard sans aucun critère de sélection, gens de tous âges, hommes, femmes... Cette équipe d'Atlanta a étudié certains paramètres pouvant refléter le stress oxydant, tels que la quantité de glutathion oxydé (le mauvais) et de glutathion réduit (le bon) dans le plasma ou dans les globules rouges. Elle a ensuite recherché des corrélations avec les caractéristiques des sujets et n'en a trouvé aucune à l'exception très nette de l'âge. Effectivement, à partir de quarante-cinq/cinquante ans s'engage un déclin du glutathion réduit tandis que le glutathion oxydé augmente.

C'est l'âge critique du vieillissement humain, celui où commencent à apparaître les phénomènes de dégénérescence. De ce point de vue, les résultats de cette étude n'ont rien de surprenant, ils présentent cependant l'intérêt majeur de mettre l'accent sur un point précis, un mécanisme essentiel de nos défenses. Stress oxydant et vieillissement sont étroitement liés et, en corollaire, il est évident qu'un stress excessif se manifeste par un vieillissement prématuré. La plupart des maladies de notre époque se situent précisément au croisement de ces deux phénomènes. Ce constat nous ouvre des perspectives totalement nouvelles. Car le stress oxydant n'est pas une fatalité, nous pouvons nous en protéger, en réduire les effets par la connaissance des comportements et des facteurs qui l'aggravent, et espérer ainsi vivre plus longtemps en bonne santé.

Les causes du stress oxydant

« La stabilité des systèmes vivants se détériore graduellement du fait des réactions chimiques, et non pas à cause du temps qui passe. Si nous pouvions contrôler la vitesse de ces réactions néfastes, nous pourrions contrôler le processus de vieillissement. »

Richard A. Passwater

Problème de batterie !

Nous n'imaginons pas à quel point nous sommes exposés, quoi que nous fassions, où que nous soyons, à une multitude de facteurs générateurs de stress oxydant. Les causes du syndrome proviennent à la fois d'une trop forte exposition aux radicaux libres liée à nos comportements, à notre environnement proche et lointain et à l'insuffisance des réponses antioxydantes de notre organisme.

Les sources extérieures du stress biochimique sont multiformes. La plupart de ces facteurs exogènes, une fois identifiés, peuvent être combattus avec un minimum de précautions. Pour les facteurs endogènes, c'est une autre gageure ! Comment agir sur les causes profondes de ce stress puisqu'elles sont liées au fonctionnement plus ou moins bon de nos mitochondries ? Là aussi nous ne sommes pas égaux. Certains possèdent de bonnes mitochondries, d'autres moins. De plus, nos « centrales » cellulaires s'essoufflent avec l'âge. Bien que dépendantes de l'ADN nucléaire des cellules, ces organelles contiennent de l'ADN (hérité de leurs ancêtres bactériens) mais un ADN assez court qui contient l'information pour un nombre donc limité de protéines et dont les enzymes de réparation fonctionnent mal, entraînant des mutations fréquentes. C'est la raison pour laquelle elles s'altèrent plus vite que le reste de la cellule. Qui plus est, leur multiplication n'est pas synchronisée à la division cellulaire : le nombre de mitochondries dans chaque cellule peut donc varier de quelques dizaines à plusieurs centaines. L'étude des mécanismes du vieillissement aux niveaux cellulaire et moléculaire mériterait davantage d'efforts de recherche dans ce domaine.

En attendant, les facteurs de stress oxydant exogènes résident d'abord dans les comportements individuels (tabagisme, alcoolisme, suralimentation) dont les rôles sont connus dans la genèse de cancers et des maladies cardio-vasculaires. Le tabac à lui seul présente un triple rôle néfaste : non seulement gros producteur de radicaux libres en soi, il agit aussi par la nicotine et par les goudrons générés par la combustion, porteurs d'hydrocarbures cancérigènes. L'alcool, quelle que soit sa dose, génère aussi des produits oxydants, particulièrement dans le foie. Cependant, de petites doses d'alcool associées à de puissants antioxydants comme ceux du vin (notamment rouge) peuvent constituer un mélange bénéfique en stimulant les défenses antioxydantes de nos tissus. Naturellement, à consommer avec modération et j'ajouterai avec plaisir – le plaisir n'est-il pas l'un des meilleurs anti-stress ? – en prenant garde que d'autres substances toxiques tels les sulfites ne soient pas présentes en trop grandes quantités !

Trop de sport nuit à la santé

Pour faire passer les excès, dit-on, rien de mieux que l'exercice physique. Voire ! Quand nos muscles travaillent intensément, l'organisme subit assez rapidement une carence en oxygène : les mitochondries de nos cellules musculaires chargées de fournir l'énergie fonctionnent moins bien et se mettent à produire des molécules réactives de l'oxygène, autrement dit davantage de radicaux libres. Lorsque l'on fournit un effort modéré, rien de tel ne se produit, on récupère vite et l'exercice est bénéfique. Mais le sportif assidu ou professionnel qui boucle ses 200 km à vélo tous les jours, ou s'inflige régulièrement un marathon, augmente considérablement son besoin de récupération. Et pendant ce temps, il est en stress oxydant avec tous les dégâts que cet état prolongé peut provoquer. Ceci explique pourquoi beaucoup de grands sportifs meurent prématurément de cancers ou de maladies nerveuses dégénératives comme la sclérose latérale amyotrophique.

Les antioxydants n'augmentent pas les performances des sportifs, ne dopent pas, mais facilitent leur période de récupération et évitent les effets néfastes de l'effort musculaire à long terme. Leur prise est donc indispensable pour la récupération après l'effort. Combien de médecins suivant des sportifs professionnels l'ont compris ? Une étude réalisée par la société belge Probiox sur les footballeurs de l'équipe de France en 2002, peu avant les matches de Coupe du Monde en Corée, a montré que tous... sauf un (en l'occurrence d'exception !) étaient en stress oxydant, probablement du fait d'un épuisement musculaire consécutif à un excès de matches de compétition et à l'absence d'une compensation antioxydante adéquate.

Si les risques liés à nos comportements sont relativement évidents et limités, il n'en va pas de même des facteurs d'environnement dont la prolifération accompagne ou induit nombre de maladies chroniques incurables. Et ces sources néfastes se multiplient, à commencer par les radiations dont nous sommes chaque jour un peu plus transpercés.

Les « faibles doses » des radiations

Tous les types de radiations électromagnétiques sont impliqués : les rayonnements solaires, les ultraviolets (A et B), la lumière visible, les radiations dites ionisantes, les ondes radios... Comment créent-elles un stress oxydant ? Des radiations ionisantes telles que rayons X, rayons gamma, radiations de très forte énergie, vont être capables de ioniser, c'est-à-dire d'enlever un électron à une molécule, produisant ainsi directement des radicaux libres. Les radiations de plus faible énergie comme la lumière visible ou les UV, ne sont pas ionisantes mais présentent néanmoins la capacité de faire changer d'orbite des électrons pouvant conduire aussi à la production de radicaux libres. Dans tous les cas, ces radiations ont le potentiel d'induire des cassures d'ADN, et donc des mutations et des cancers. Derrière les radiations ionisantes, les rayonnements ultraviolets – les plus énergétiques – sont les plus réactifs. La mode des centres de bronzage UV, par exemple, explique en partie la forte hausse du nombre de cancers cutanés.

On entend souvent dire que les radiations ne sont pas dangereuses en deçà d'un certain seuil. C'est en fait la question de la dose minimale très controversée depuis longtemps. Les tenants de « la petite dose inoffensive » ne manquent pas de souligner que notre système de réparation des cassures d'ADN induites par les radiations ionisantes est très efficace. Ils affirment par ailleurs qu'étant tous exposés depuis l'origine des temps à des radiations naturelles provenant d'éléments radioactifs présents dans certaines roches (uranium, radium...), notre organisme s'est efficacement adapté. Ainsi dans les régions granitiques (Auvergne, Bretagne), la désintégration du radium produit un gaz lourd auquel nous sommes exposés, le radon, lui-même radioactif. Nous avons donc développé des systèmes de réparation de l'ADN nous protégeant de ces petites doses de radiations ionisantes. Je réponds à ces arguments : même à faible dose, ces radiations engendrent la formation sur nos constituants cellulaires de radicaux libres. Ceux-ci ne manqueront pas de s'ajouter à ceux produits par d'autres facteurs de l'environnement. Et par conséquent, la somme de ces petites doses peut devenir dangereuse, d'autant qu'il existe entre individus des différences génétiques portant sur les enzymes antioxydants.

Prenons l'exemple de Monsieur X, pilote de ligne dans une grande compagnie effectuant régulièrement des vols transatlantiques Paris/New York. Monsieur X aime retrouver sa famille dans sa maison de campagne en Bretagne, vieille bâtisse de granit qu'il a récemment restaurée. En particulier, il a fait remplacer tous les cadres de fenêtres en bois qui laissaient passer trop librement le vent océanique par du matériel en PVC, totalement étanche. Attentif à sa ligne, Monsieur X pratique de l'exercice physique ; il joue dès qu'il le peut au tennis avec ses amis et effectue quotidiennement un jogging de 5 km ; en revanche, notre homme n'est guère porté sur la consommation de fruits et légumes, préférant très nettement le steak-frites cher à nos compatriotes. Monsieur X, malheureusement, ne profitera pas de sa retraite précoce et bien que non fumeur, meurt en quelques mois d'un cancer du poumon foudroyant métastasé au cerveau. Pourquoi ? Mon interprétation est qu'il a cumulé des petites doses de molécules oxydantes qui l'ont finalement placé en stress oxydant majeur, non compensé par son alimentation ou ses défenses naturelles. Sa profession l'expose lors de ses voyages en altitude aux radiations secondaires ionisantes provenant des rayons cosmiques ou du soleil. A l'altitude de 10 000 mètres, 7 voyages Paris/New York et retour de 8 heures sont équivalents à une dose de radiographie aux rayons X. D'autre part, en colmatant les fenêtres de sa maison bretonne, il s'est exposé ainsi que sa famille à des doses plus importantes de radioactivité provenant du radon généré par les pierres de granit. Enfin, son alimentation ne lui a pas apporté suffisamment d'anti-oxydants pour compenser le stress résultant de la conjonction de ses vols, de ses excès sportifs et du radon de la maison.

Une autre leçon de cette histoire est que parfois, comme le rappelle un vieux dicton, le mieux est l'ennemi du bien. Les fenêtres en PVC nous protègent des aléas du climat mais leur étanchéité peut entraîner des conséquences négatives sur notre santé en nous faisant respirer un air vicié, qu'il y ait ou non du radon dans nos pièces. Même lorsqu'il existe un recyclage d'air par un système d'aération ou de climatisation, nous ne sommes pas à l'abri des spores de bactéries ou de champignons ou des particules de charbon traversant les filtres.

L'irréductible Gingko d'Hiroshima

Depuis la Seconde Guerre mondiale et Hiroshima, l'homme a aussi produit des radiations contre nature. Sur cette période, le nombre d'explosions atomiques est estimé à plus de 2 500 – le chiffre fait frémir – dont une bonne moitié au niveau atmosphérique. Cela laisse des traces. Les éléments à courte vie ont disparu, certainement pas les éléments à longue vie. Des poussières radioactives circulent encore dans les nuages autour de la terre tandis que les particules plus lourdes se sont déposées un peu partout sur les sols où un recyclage continue à s'opérer. Il est difficile d'évaluer l'effet de ce surplus de radiations dans l'augmentation des cancers non liés au tabac observée depuis cinquante ans.

En revanche, nous avons vu avec Tchernobyl que le nuage radioactif consécutif à l'explosion de la centrale nucléaire a entraîné en Biélorussie et en Ukraine une progression considérable de l'incidence des cancers, particulièrement de la thyroïde. Et d'autres pathologies sont apparues chez les irradiés telles que des attaques cardiovasculaires, cérébrales, digestives, des cataractes, gastrites, ulcères, cécités, atrophies cérébrales, un vieillissement accéléré... Je ne serais pas surpris que toutes ces manifestations pathologiques soient liées au stress oxydant induit par les radiations, ou plus indirectement par l'immunodépression provoquée par celles-ci. Des médecins russes n'ont d'ailleurs pas hésité à parler de « Sida nucléaire » après avoir observé que les organismes touchés n'étaient plus en mesure de se défendre des agressions extérieures. « Tchernobyl » porte bien son nom : en biélorusse, le mot signifie « absinthe », une plante amère... Toujours est-il que les autorités sanitaires locales n'ont pas trouvé plus efficace pour traiter les enfants touchés que de leur administrer des extraits de pectine. Ce remède naturel et bon marché permet de réduire de 40 % la présence des radio-éléments lourds dans leur organisme ! Ils ont également utilisé l'E25, un extrait d'algues d'origine japonaise. Cela me laisse à penser qu'un traitement antioxydant à dose forte pourrait probablement éliminer au moins une partie des effets des radiations sur l'homme, mieux vaut le savoir en cas d'accident nucléaire. Pour la petite histoire, à Hiroshima, un seul et unique arbre a survécu à la bombe dans un rayon de 500 mètres du point zéro, c'était un gingko biloba. Cet « arbre aux quarante écus » comme on le surnomme semblait calciné mais il n'était pas mort et des tiges ont repoussé l'année suivante. Or l'extrait de gingko contient nombre d'antioxydants ; voilà une belle illustration du pouvoir protecteur de ses éléments.

Qu'en est-il, dans cet après-Tchernobyl, du reste de l'Europe et en particulier de la France ? Il est clair qu'au printemps 1986, le nuage ne s'est pas arrêté à nos frontières. Officiellement, l'exposition à la radioactivité n'a pas dépassé, en moyenne, les doses-limite acceptables. Mais parmi les aspects occultés, le fait que la distribution des retombées radioactives dépendant des pluies n'a pas été également répartie laisse à penser qu'il y a eu des poches où l'exposition a été beaucoup plus forte. C'est là un manquement des autorités dont on peut espérer qu'il ne se reproduirait pas aujourd'hui dans des conditions analogues. Il existe actuellement une controverse sur le nombre de cancers de la thyroïde lié à ces chutes radioactives. Au nom du principe de précaution, connaissant les régions contaminées, il eût été facile de prévenir ces cancers en donnant aux populations exposées d'importantes doses d'iode non radioactif empêchant la concentration de l'iode radioactif (125 ou 131) absorbé par les organismes.

Il y aura toujours des batailles d'experts sur les doses de radiations minimales[33] non dangereuses mais, répétons-le, ce qui me paraît le plus important, c'est l'effet additif d'agents de différentes natures à travers le stress oxydant. Et si les centrales nucléaires monopolisent le débat, n'oublions pas les doses radioactives que notre propre système de santé, parfois très intrusif, nous inflige paradoxalement ! Les radiographies de contrôle trop rapprochées, pour la surveillance du cancer du sein par exemple, méritent aussi débat ; tout comme l'environnement hospitalier dans son ensemble. Il faut savoir que lors des relevés de contamination effectués par caméra de gammamétrie sur les villes, les hôpitaux arrivent souvent en tête en raison des nombreux déchets et traceurs radioactifs qu'ils rejettent...

La santé au micro-ondes

Sommes-nous exposés avec nos appareils du quotidien à des ondes nocives ? Effectivement les écrans de télévision ou d'ordinateur à tube cathodique ne sont pas totalement inoffensifs. Le bombardement des écrans par des faisceaux d'électrons génère des rayons X. Bien sûr l'épaisseur des écrans en verre spécial a été conçue pour ne pas laisser filtrer ces rayons X mais il en passe toujours un peu. Si vous restez rivé à un mètre de votre écran comme certains enfants tous les jours pendant 5 ou 6 heures, vous recevez une petite dose de rayons X tout à fait mesurable. Heureusement la nouvelle génération d'écrans plats réduit considérablement ce risque bien que ces technologies provoquent encore des perturbations radioélectriques observables.

Que dire des téléphones mobiles, des radiations ayant des longueurs d'ondes plus longues que celles de la lumière (au-delà de l'infrarouge), de l'environnement électromagnétique qui nous transperce de plus en plus, en permanence ? Questions en suspens et dérangeantes.

A priori, les ondes radio dites hertziennes, porteuses de beaucoup moins d'énergie, devraient faire beaucoup moins de dégâts au niveau de nos atomes et molécules. Mais là aussi tout est question d'intensité et de durée d'exposition. On s'est d'abord posé la question pour les téléphones portables et leur rôle dans l'augmentation des tumeurs du cerveau ; au point que les compagnies d'assurances refusent de couvrir les risques sanitaires potentiels auprès des opérateurs de téléphonie mobile. Y aurait-il un effet « micro-ondes » lorsque ce téléphone est apposé pendant des heures à la boîte crânienne ? Les opérateurs proposent maintenant des forfaits permettant des durées d'utilisation illimitées des portables. De nombreuses études américaines et européennes ont montré clairement que l'exposition aux ondes des téléphones portables induisait des cassures dans l'ADN, et donc des mutations ou des dégâts cellulaires dans la barrière sanguine cérébrale. La santé de plus d'un milliard et demi d'utilisateurs est concernée, aucune prudence n'est préconisée ! Et le pire est à venir avec l'incroyable généralisation des nouvelles technologies de communication sans fil : le wi-fi Internet, par exemple, utilise des ondes extrêmement courtes, des hyperfréquences de 2,4 giga-hertz (2 400 méga-hertz) soit la même longueur d'ondes que celle qu'utilise le magnétron du four à micro-ondes[34]. Le « syndrome des micro-ondes » était déjà bien connu chez les militaires manipulant les radars à forte puissance. Il est lié à la production de chaleur induite par des ondes radioélectriques extrêmement courtes. Le rayonnement d'un téléphone mobile émet des ondes plus basses mais de même nature, leur fréquence oscillant entre 900 et 1 800 mega-hertz. On ne connaît absolument pas les effets biologiques à long terme de cette énorme imprégnation, sans précédent dans l'histoire de l'humanité, et que nous subissons tous. Il est impératif de lancer des études à ce sujet, notamment sur la capacité de ces ondes à induire des radicaux libres, sans se contenter de prendre en compte la puissance des appareils mais aussi, encore une fois, la durée d'exposition aux rayonnements. Il ne s'agit pas de supprimer tous ces progrès mais de nous en protéger. S'agissant des téléphones mobiles, il existe des peintures absorbant les ondes, on les utilise dans les salles de cinéma. Mieux, les chercheurs de la Catholic University of America (Washington, DC) ont même mis au point, en collaboration avec l'armée américaine, un « antidote », le « BAK », un système de protection miniature annihilant les effets des ondes et pouvant être intégré aux appareils. Qu'attendent les fabricants ?

Quid des éventuels dangers de l'exposition aux lignes électriques ? Il n'y a pas très longtemps, dans une école maternelle de Saint-Cyr-l'École près de Paris, plusieurs enfants ont été victimes de cancers du cerveau. On a incriminé une antenne-relais de téléphone mobile. Qu'en était-il ? Un ingénieur à la retraite est venu me voir peu après avec une autre explication : selon lui la cause ne résidait pas dans cette antenne mais dans les lignes électriques passant près de l'école. Nous sommes tous environnés de poteaux électriques et dans certaines rues, notamment en cul-de-sac, ces lignes s'arrêtent et s'enfoncent dans le sol. Selon ce spécialiste, ces fins de lignes entraînent une importante variation électromagnétique qui génèrerait des cancers. Il m'affirmait même pouvoir prédire selon la configuration des lignes dans quelle maison on verrait apparaître des cancers. Vrai ou pas ? Ce type d'observation mériterait au moins une étude approfondie. Il n'est d'ailleurs pas exclu que lignes électriques et antennes-relais produisent un effet conjugué. De plus, le monde entier utilise comme source d'énergie des courants électriques alternatifs de basse fréquence, 50 ou 60 Hz selon les pays. Outre l'effet micro-ondes possible lié à une utilisation intensive, les téléphones mobiles émettent aussi des ELF *(Extremly low frequencies)* comme nos installations domestiques dont la toxicité, aussi surprenant que cela puisse paraître, est encore officiellement inconnue. Les lignes électriques parcourant nos habitations génèrent donc des champs électriques et magnétiques, certes de très faible intensité mais auxquels nous sommes soumis en permanence. On ne peut exclure des effets biologiques nocifs. Ces champs sont de surcroît beaucoup plus forts dans un train à grande vitesse fonctionnant sous une ligne alimentée en courant alternatif à haute tension (25 000 volts), type TGV.

En 1996, l'OMS a lancé une mise en garde à propos des champs électromagnétiques (CEM[35]) en engageant un important programme de recherches sur le sujet. En 2001, les champs magnétiques ELF ont été classés comme « peut-être cancérogènes pour l'homme » par le CIRC (Centre international de recherche sur le cancer), d'après des études épidémiologiques portant sur la leucémie chez l'enfant, ce qui a entraîné une nouvelle communication de l'OMS. Je me répète mais il le faut : nous sommes exposés à des facteurs aux effets peut-être faibles mais qui, cumulés sur des êtres particulièrement fragiles du fait de leur âge ou de leur patrimoine génétique, peuvent être la cause de cancers ou d'autres pathologies chroniques.

Respirez, expirez !

La pollution chimique est l'autre grande source de radicaux libres. Mieux identifiée, elle vient à nous par les produits de combustion. En quelques dizaines d'années, nous avons brûlé des énergies fossiles qui avaient mis des dizaines de millions d'années à s'accumuler, ce qui a entraîné l'émission dans notre atmosphère de nombre de composés chimiques oxydants. Sans parler des aérosols de fluorocarbone qui, en agissant sur la couche d'ozone de haute altitude, l'ont en partie détruite au niveau des pôles, ouvrant une brèche à des rayons ultraviolets fortement cancérigènes. Je ne serais d'ailleurs pas étonné que l'importante augmentation des cancers de la peau dans les pays nordiques, que l'on impute à l'abus de séances de bronzage UV, soit aussi liée à cet effet.

Outre la génération de composés oxydants et de gaz carbonique, les produits de combustion peuvent contenir des agents cancérigènes. C'est le cas des dioxines dégagées par les incinérateurs de déchets, surtout lorsque leur température de combustion est trop faible. Les particules de carbone dégagées par les moteurs diesel sont pour leur part recouvertes de produits à la fois cancérogènes et oxydants. Elles s'attaquent à notre glutathion endogène en l'inhibant dans nos muqueuses respiratoires où elles provoquent un stress propice à divers cancers, à l'asthme, etc. Si la présence de cette pollution est parfaitement détectable, ses effets oxydants demeurent difficiles à mesurer.

J'ai participé en 2001 à un colloque organisé sur la côte Ouest par l'un des nombreux « clubs antioxydants » qui ont fleuri ces dernières années aux Etats-Unis. Les Californiens les ont baptisés *oxygen clubs*. J'ai d'ailleurs repris cette idée à la fin des années

1990 et créé avec mon collaborateur René Olivier un *oxygen club* à l'Institut Pasteur. Nous formions un petit groupe interdisciplinaire, ce fut une expérience très instructive qui nous permit de nous former mutuellement. A Santa Barbara, j'eus l'occasion d'écouter un spécialiste anglais qui venait de réaliser une étude plutôt étonnante sur les effets des particules de carbone sur l'homme. Il avait fait appel à des étudiants volontaires bien indemnisés car l'expérience consistait à les faire respirer dans un tuyau de gaz d'échappement d'un moteur diesel puis à leur infliger un lavage bronchoalvéolaire. Cet examen peu agréable nécessite l'introduction d'un tube dans les bronches pour en analyser les sécrétions. Le chercheur observa particulièrement l'état de leurs macrophages. Dans les défenses immunitaires, les globules blancs macrophages interviennent quasiment en première ligne. Quand on respire des particules de carbone, ils les avalent et noircissent. Or cette équipe anglaise a constaté d'énormes variations selon les individus : tantôt les macrophages éliminaient le carbone et survivaient très bien, tantôt ils mouraient d'apoptose. Certaines personnes peuvent donc respirer les particules de carbone sans conséquence, pour d'autres il en résulte un effet désastreux : cette pollution s'ajoute à d'autres facteurs irritants et crée un stress biochimique local pouvant déboucher à terme sur des cancers ou des maladies bronchiques.

Dans l'atmosphère, le carbone n'est pas seul en cause – c'est un produit d'ailleurs très peu réactif –, des éléments bien plus dangereux circulent comme le dioxyde d'azote. En fait la teneur de l'air en molécules oxydantes varie énormément selon les zones, l'altitude et la situation climatique. Pour rester en Californie, une sorte de nuage jaune orangé stagne souvent au-dessus de Los Angeles, à peu près à 1 000 mètres d'altitude.

Cette nappe provient des réactions photochimiques dues au fort ensoleillement local sur des composés dégagés par les gaz d'échappement des automobiles. Elles forment des dérivés nitrés très toxiques et une couche d'ozone de basse altitude. On sent nettement l'odeur de l'ozone au moment où l'avion traverse cette nappe avant d'atterrir. En haute altitude l'ozone est bienfaitrice, elle nous protège des radiations. Ce n'est pas le cas en bas : l'O3 que nous respirons est certes un anti-bactérien efficace mais surtout un gaz très corrosif pour nos poumons (comme pour les végétaux). Ses effets sur le cœur et sur les artères ont également été mis en évidence par plusieurs études. Des chercheurs français de l'Inserm et de l'Institut de veille sanitaire (InVS), participant à Toulouse à un projet international de recherche sur les maladies cardio-vasculaires, ont observé sur la ville que le taux d'infarctus s'élevait de 5 % sur les trente-cinq/soixante-quatre ans (400 000 personnes ont été surveillées !) chaque fois que le taux d'ozone respiré par les citadins augmentait de 5 microgrammes par mètre cube[36]. Le risque augmente y compris chez ceux qui n'ont jamais connu de troubles cardiaques. Il a été démontré par une autre étude américaine menée sur des volontaires que l'inhalation d'air pollué à l'ozone entraînait nettement une vasoconstriction artérielle. Or l'ozone de surface est passée en peu de temps d'une moyenne de 10-15 ppb (parties par milliard) par mètre cube à 30-40 ppb et cette densité, bien qu'inférieure au seuil européen, est très souvent dépassée lors des alertes à la pollution.

La maison de tous les dangers

Obnubilés par les grands enjeux de l'environnement, le nucléaire, les gaz à effet de serre ou les *Erika* s'échouant régulièrement sur nos côtes, nous en oublions les polluants les plus familiers, ceux du quotidien qui, à petites doses et jour après jour, nous empoisonnent. Nous en avons évoqué quelques-uns, restent les substances envahissant nos intérieurs via les peintures, la colle des moquettes, les désodorisants, les parfums d'ambiance et les biocides, ces pesticides de la vie courante (désinfectants, produits à récurer, anti-salissures, antiparasitaires, de protection du bois...). Du biberon à l'écran plasma, du pesticide au cosmétique, cette pollution est omniprésente. Dans le grand bazar chimique destiné à la consommation, l'industrie utilise quelque 100 000 molécules en Europe dont moins de 10 % ont fait l'objet d'étude de toxicité ! Notre ignorance, en l'espèce, est gigantesque. Nous avons tous noté des avancées dans la défense de l'environnement avec ces petits logos verts apparus sur nos bombes à usage domestique mais si celles-ci protègent la couche d'ozone, cela ne signifie pas qu'elles respectent notre santé.

En 2004, les lobbies environnementalistes ont engagé une vaste campagne contre les produits chimiques utilisés en Europe. Tout est parti de quelques prises de sang... A l'initiative du WWF, une cinquantaine de personnalités européennes, parlementaires, ministres... ont donné des échantillons de leur sang. On y a trouvé 55 produits chimiques et métaux lourds, chlore, mercure, dioxine, etc., dont certains interdits depuis plusieurs années. C'est ainsi qu'a été identifié un dérivé de DDT dans le sang du ministre de l'Environnement français Serge Lepeltier ou dans celui de

Margot Wallström, membre de la Commission environnementale européenne ! L'année suivante, la même organisation a examiné le sang des membres de 13 familles européennes et y a encore trouvé de tout : retardateurs de flammes bromés (utilisés pour ignifuger les meubles, des vêtements et des produits domestiques ou pour protéger les cartes-mères des ordinateurs), composants perfluorés (PFC), DDT, PCB (polychlorobiphényles, substances interdites depuis les années 1980), phtalates (utilisés dans les cosmétiques ou les jouets), etc. Beaucoup de ces substances sont persistantes et bio-accumulatives, c'est-à-dire que, même à doses infinitésimales, elles s'accumulent peu à peu dans l'organisme. Au total, on décèle de nos jours jusqu'à 300 produits chimiques dans le corps humain. Beaucoup endommagent notre ADN, affaiblissent notre système immunitaire, sont allergènes ou affectent notre système nerveux, parfois gravement. C'est le cas du diazinon, un insecticide utilisé jusqu'à très récemment en Europe (il a fallu attendre 2007 pour une interdiction totale) mais proscrit aux Etats-Unis depuis 2004 en raison de sa nature neurotoxique aux effets proches de ceux du gaz moutarde.

Beaucoup perturbent notre système endocrinien par leur comportement proche de celui des hormones ; participant ainsi à l'obésité, aux diabètes ou à la baisse de la fertilité (15 % des couples européens sont stériles !). On soupçonne ces substances de jouer un rôle non négligeable dans l'augmentation des cancers – notamment de la thyroïde (+ 150 % entre 1980 et 2000 en France), du sein (+ 60 %), du cerveau (+ 57 %), du testicule (+ 46 %) – mais aussi des lymphomes non hodgkiniens (+ 100 %) ou de celle, lente mais constante depuis trente ans, des cancers chez l'enfant (1 % par an[37]) et l'adolescent (1,5 %). Certains cancérologues continuent à nier ou à minorer ouvertement les risques que fait peser l'environnement sur notre santé. Je m'inscris en faux contre cette attitude, c'est pourquoi j'ai signé en 2004, comme près d'une centaine de confrères, à l'initiative de mon ami le cancérologue Dominique Belpomme, « L'Appel de Paris » exhortant les pouvoirs publics et la communauté internationale à combattre cette pollution chimique.

Ces campagnes de sensibilisation ont en partie porté leurs fruits. Sous leur pression, le parlement européen a voté une nouvelle réglementation, le projet Reach[38] ; une avancée tardive mais une victoire tout de même. Tous ces dangers au cœur de notre *home sweet home*, voilà de quoi tomber en paranoïa. A quoi bon se rendre un peu plus malade ? Entre vrais risques et fausses peurs, mieux vaut consommer sainement, fuir le confinement et aérer tous les jours sa maison.

Les nourritures artificielles

Dans le domaine alimentaire, nous sommes davantage maîtres de nos choix mais en partie seulement toutefois car la société de grande consommation nous livre principalement des produits agro-industriels dont nous ne contrôlons pas l'origine ni la fabrication, singulièrement lors d'expositions à des produits chimiques divers dont des pesticides. Les anciens aiment à le répéter : on vivait mieux autrefois parce que l'on mangeait mieux, dans un environnement plus sain. C'est un poncif. D'une façon générale, nous mangeons mieux que nos ancêtres, qu'ils aient été pauvres ou riches : au Moyen Age, les puissants qui se régalaient de gibiers épicés mouraient souvent prématurément de la goutte et le diabète était une maladie très répandue chez les moines. La forte augmentation de la durée de vie dans nos pays est due autant à une meilleure nutrition qu'aux progrès de l'hygiène et de la médecine. Sur ce point, nos sociétés ont connu une réelle amélioration au cours des siècles mais celle-ci semble avoir atteint un pic à la fin du XXe siècle. L'industrialisation outrancière de l'agriculture et de la nourriture marque une phase de régression. Notre alimentation contient de moins en moins d'antioxydants et davantage de produits toxiques d'origine incertaine. Cet appauvrissement résulte en grande partie de l'alimentation du bétail, composée majoritairement non plus d'herbes ou de végétaux mais de soja transformé ou de farines, y compris animales... L'homme étant au sommet de la chaîne alimentaire, notre espèce est forcément exposée à toutes ces dérives dont elle est elle-même responsable. Et c'est ainsi que la pollution chimique susmentionnée se retrouve dans nos assiettes. Sans parler des arômes artificiels, de plus en plus artificiels, ou des traces d'antibiotiques massivement donnés à nos volailles !

Pour éviter les carences, il est important de privilégier une alimentation riche en fruits et légumes frais. On nous le répète à l'envi ! Mais de quoi parle-t-on ? Hors des rayons bio, rares sont aujourd'hui les produits frais qui n'ont pas été traités de façon répétée par pesticides. Une étude publiée par l'Union européenne en 2006 révèle que près de la moitié des fruits et légumes consommés en Europe en contiendrait[39]. Ce n'est qu'une moyenne, sans doute la France se situe-t-elle un peu au-dessus, notre pays étant – triste record – le premier consommateur de pesticides au monde par tête d'habitant. Ces « primeurs » sont par ailleurs tellement manipulés qu'ils perdent une grande partie de leurs constituants anti-oxydants, notamment leurs vitamines, très fragiles. Une pomme qui a été stockée pendant six mois en contient évidemment moins que celle que l'on vient de cueillir sur l'arbre. Beaucoup de produits frais sont par ailleurs irradiés, « ionisés » pour reprendre le bel euphémisme des industriels, pour une meilleure conservation et ce, à très forte dose. Cette irradiation est obtenue soit par exposition à une source de rayons gamma, soit – ce qui est moins connu – par une nouvelle méthode « choc » : un faisceau d'électrons à haute énergie émis par un cyclotron, autrement dit un accélérateur de particules ! Pour tuer les bactéries, il faut taper très fort or cette irradiation induit des modifications dans les tissus du fruit et du légume, organes vivants, et elle produit... des radicaux libres. Ils seront peut-être neutralisés par les antioxydants du végétal mais *in fine* on absorbera toujours moins d'antioxydants voire pas du tout. De plus, une nouvelle forme de contrefaçon se fait jour, très inquiétante pour notre sécurité alimentaire. Récemment, de fausses étiquettes d'origine ont été découvertes sur des pommes dont on a appris après investigation qu'elles provenaient de Chine. Combien de produits alimentaires d'origine non traçable trouvera-t-on à l'avenir ?

Infections... médicaments et chimiothérapies

Les infections constituent un autre facteur de stress et de réactions inflammatoires. Toute infection déclenche une réaction de la part de certains globules blancs (les polynucléaires et les macrophages) qui produisent des molécules oxydantes pour tuer les bactéries. Dans le cas d'une infection bactérienne aiguë, ce mécanisme fonctionne parfaitement : les globules blancs détruisent, stérilisent les bactéries. Mais s'il s'agit d'une infection où les bactéries résistent, le système patine. L'infection devient chronique, les cellules ont beau générer des molécules oxydantes, les bactéries persistent, la maladie n'est pas loin... Le cancer de l'estomac dû à l'*Helicobacter pylori* est probablement lié au fait que cette bactérie a réussi à s'adapter à la muqueuse gastrique et vit dans le mucus qui tapisse ses cellules d'où elle sécrète des radicaux libres. Le pouvoir oxydant des bactéries est d'autant plus fort qu'une bonne partie d'entre elles manquent de certains enzymes antioxydants, notamment la catalase[40]. Donc, elles produisent de l'eau oxygénée. Les formes nanométriques de bactéries que j'ai mises en évidence en laboratoire peuvent devenir intracellulaires et agir plus sournoisement : en s'insérant dans les cellules comme des virus, elles échappent aux réponses immunitaires et à l'action des antibiotiques.

Les infections virales, aiguës et chroniques, génèrent le même désordre biochimique. Le virus du Sida possède des protéines induisant ce phénomène. Dans l'infection par le VIH on observe dès le début, et jusqu'à l'immuno-suppression finale, un fort stress oxydant* caractérisé par une hyper-oxydation lipidique et une dégradation rapide des protéines des lymphocytes contribuant à leur mort par apoptose. Pour les bactéries comme pour les virus, le stress oxydant est une aubaine parce qu'il induit la division cellulaire. Un virus n'est qu'un parasite : pour se développer, certains, dont les rétrovirus, ont besoin que les cellules (cibles) qui supportent sa réplication se divisent et ils « savent » justement utiliser l'oxygène pour déstabiliser l'organisation cellulaire. L'activation des lymphocytes induite par le stress oxydant augmente leur pouvoir de multiplication.

La réponse même que la médecine apporte à ces infections, comme à d'autres maux, constitue une autre source de risques. Tous les médicaments pouvant induire un effet sur les mitochondries représentent un danger potentiel puisque c'est là que se fabriquent les oxydants naturels. Je pense en particulier aux traitements antiviraux du Sida qui agissent aussi sur l'ADN-polymérase des mitochondries. En effet, cette polymérase 3 chargée de répliquer leur ADN est proche de la transcriptase inverse, donc de l'enzyme du virus du Sida. Si proche que les traitements agissant contre l'enzyme du VIH agissent aussi de manière parasitaire sur l'enzyme de la mitochondrie et altèrent son ADN. Plus les mitochondries sont ainsi abîmées, plus elles vont générer de molécules nocives oxydantes. C'est l'effet indésirable des traitements antirétroviraux et de la chimiothérapie en général, de tout traitement agissant sur l'ADN cellulaire ou mitochondrial. Cela vaut aussi souvent pour les médicaments oncostatiques. Les chimiothérapies lourdes, du cancer ou du Sida, induisent systématiquement un stress oxydant. Mais bien d'autres médicaments sont susceptibles de le provoquer, c'est un autre aspect totalement occulté par les médecins spécialistes sur lequel un très gros travail devrait être engagé au niveau de l'enseignement médical.

Jusqu'à la fin des années 1990, pour empêcher la transmission du Sida de la mère à l'enfant, on traitait la maman avant et pendant l'accouchement par l'AZT. Ce traitement était également appliqué à l'enfant juste après la naissance. On utilise maintenant d'autres produits. Mais à l'époque, en tant que membre du Conseil national du Sida, j'avais soulevé ce lièvre en mettant mes confrères en garde sur ce problème d'interférence de l'AZT sur l'ADN des mitochondries et sur d'éventuels effets à long terme chez ces enfants. Imaginons que plus tard ces enfants aient des filles (les mitochondries se transmettent par la mère), est-ce que le stock de mitochondries de ces filles sera normal ? Nous n'en savons rien. Les effets de ce type de traitement peuvent fort bien sauter une génération, un peu comme le Distilbène a engendré plus tard cancers de l'ovaire, infertilité et malformations chez les filles des mères traitées. Ces chimiothérapies par l'AZT n'étant pas anodines, j'ai demandé à ce que l'on suive ces enfants toute leur vie. Normalement il faudrait suivre aussi la génération suivante... Cette directive que j'ai réussi à faire adopter est-elle encore suivie ? Je crains que non.

Prévention en sourdine

J'ai évoqué les principales sources de stress oxydant mais bien d'autres pistes mériteraient d'être explorées compte tenu de l'état de pollution généralisée de notre monde. Prenons le bruit. Faute de l'avoir étudié, je n'affirmerais pas que la pollution sonore crée un stress oxydant mais cela ne me surprendrait pas. Notre cerveau est un organe consommant énormément de métabolites dont le glucose et pour brûler ce dernier, il lui faut énormément d'oxygène. Or paradoxalement, ses cellules ne sont pas en contact direct avec ces éléments. Les vaisseaux sanguins s'arrêtent aux enveloppes du cerveau, celles-ci pénètrent profondément à l'intérieur de l'organe, permettant ainsi une diffusion de proximité des métabolites et de l'oxygène au niveau des neurones. Du fait de leurs gros besoins, ils sont donc très sensibles à la moindre perturbation de leur irrigation (ischémie*). C'est ainsi qu'une brusque diminution de l'irrigation sanguine comme celle qui se produit dans les accidents vasculaires, ou encore lors des interventions de chirurgie cardiaque, induit un stress oxydant conduisant à la mort par apoptose d'un nombre variable de neurones. On peut donc se poser la question de savoir si tout traumatisme même léger – choc, vibration sonore de certaine intensité – ne pourrait pas également créer une ischémie des lésions cérébrales.

En matière de prévention, par contre, c'est plus souvent le silence qui nuit à notre santé.

Au cœur des maladies chroniques

« Et tous ceux qui ont 39°7 sont les mêmes – et ce ne sont plus des hommes, ce sont des malades. [...] Quand on est malade, on n'a plus son nom, on n'a plus son âge, on n'a plus sa fortune, on n'a plus ses relations – on a sa température ! »

Sacha Guitry *(La Maladie)*

Le pourquoi du cancer

Les radicaux libres ? Pas de quoi en faire une maladie ! C'est en substance la position de nos recteurs. Les études auxquelles j'ai participé ainsi que celles de bien d'autres groupes – et qui ont été publiées dans des revues scientifiques – indiquent que les principaux paramètres du stress oxydant affichent des valeurs élevées dans toutes les pathologies chroniques : Sida, cancers, maladies nerveuses dégénératives, maladies cardiovasculaires, polyarthrites... L'ignorer sera demain une faute professionnelle tant ce syndrome biochimique semble impliqué dans l'occurrence ou l'aggravation de ces affections. Quand bien même ce stress oxydant très fort apparaîtrait davantage comme une conséquence que comme une cause de ces maladies, il convient de l'analyser et de le traiter d'une manière symptomatique car il contribue à aggraver l'état des malades.

La recherche a découvert beaucoup de mécanismes moléculaires sur le cancer, nous disposons à ce sujet d'une masse impressionnante de connaissances. Elles ne sont pas inutiles, certaines ont conduit à la mise au point de médicaments relativement sélectifs contre les cellules cancéreuses mais en général, elles nous éclairent sur le « comment » et non par sur le « pourquoi » du cancer. De fait, là aussi, malgré plus de quarante ans de recherches, la maladie est toujours là. Dans cette pathologie par excellence multi-factorielle, on distingue classiquement plusieurs phases. Au sein d'une cellule normale, tout commence par une sorte d'initiation de la maladie s'exprimant par des mutations dans son génome. Certains gènes deviennent oncogènes*. Depuis vingt ans, la recherche sur le cancer se concentre sur l'identification de ces gènes. On en a trouvé des dizaines : soit des gènes normaux mais exprimés de façon anormale, produisant par exemple des protéines impliquées dans la division cellulaire en trop grande quantité ou à contretemps, soit des gènes ayant subi des mutations. Là aussi les protéines qu'ils produisent présentent des activités anormales qui faussent le jeu des régulations subtiles intégrant la cellule à l'organisme. Nous disposons aussi dans notre patrimoine génétique de gènes capables d'inhiber l'action de ces oncogènes : les anti-oncogènes. Si ces derniers sont inactivés par des mutations, c'est aussi une façon de favoriser l'apparition de cancers. Mais qu'est-ce qui modifie ces gènes ?

C'est à cette question du « pourquoi » que répondent les facteurs de risques, mais ceux-là sont nombreux et additifs. Les effets des carcinogènes chimiques ou des radiations ionisantes sont les plus connus. Les carcinogènes chimiques agissent essentiellement au niveau de l'ADN en réagissant avec les bases porteuses du code génétique et induisent ainsi des mutations. Les radiations ont aussi pour effet d'induire des cassures dans l'ADN des chromosomes, donc des mutations.

Dans la théorie classique du cancer, après cette étape « d'initiation » (soit essentiellement de mutation) intervient la « promotion » : la cellule modifiée va se diviser et proliférer pour donner naissance à une tumeur sous l'action de certains facteurs. A ces deux étapes, j'en ajouterai une autre qui les précède et que j'appellerai la « pré-initiation ». C'est une première phase de promotion qui n'est pas irréversible car il s'agit simplement d'une activation anormale causée par un stress oxydant déjà installé, induit lui-même par des facteurs d'environnement : radiations, exposition répétée à une pollution chimique ou tabagisme... autant de causes possibles qui vont permettre à un certain nombre de cellules normales de se multiplier d'une façon exagérée. On a montré que les molécules réactives de l'oxygène activent des facteurs de transcription qui sont de petites protéines normalement inactives ou très bien régulées. Lorsqu'elles sont activées de façon anormale, ces protéines favorisent l'expression de gènes impliqués dans la division cellulaire. Elles font ainsi se diviser des cellules qui ne devraient pas le faire, sans pour autant modifier leurs gènes. Elles sont simplement dans une situation de modification que je qualifierais – en étant un peu pédant – d'« épigénétique ». Cet état est réversible. Les cellules ainsi soumises au stress oxydant ont le choix entre deux solutions : soit mourir par apoptose ou encore par des mécanismes de répression de la division cellulaire enclenchés par des messagers chimiques comme l'interféron, soit, pour échapper à l'effet drastique du stress oxydant, se transformer pour pouvoir y résister. Mais cette transformation, obtenue par des mutations est, quant à elle, irréversible.

Ainsi, la cellule cancéreuse par définition n'est pas un monstre, contrairement aux idées reçues : c'est simplement une cellule qui a essayé de trouver une solution pour s'adapter à un facteur d'activation anormal dérivé du stress oxydant. Le rôle de ce syndrome biochimique est donc déterminant dans cette première étape vers la transformation cancéreuse. Tout en poussant la cellule vers la malignité, il déprime le système immunitaire, particulièrement l'immunité cellulaire dépendant des lymphocytes. Mais ce n'est pas tout car le stress oxydant lui-même est mutagène. Les quatre bases de l'ADN (adénine, guanine, thymine et cytosine*) peuvent être modifiées, transformées par oxydation, et induire des erreurs de réplication de la double hélice, donc des mutations. C'est souvent dans les corrections par les enzymes de réparation que se produit l'erreur.

Le stress oxydant intervient par conséquent de trois façons dans la genèse des cancers : il active les cellules, déprime le système immunitaire et induit des mutations à l'instar des carcinogènes ou des radiations. Il intervient à la première étape de pré-initiation puis à celle de l'initiation elle-même et sans aucun doute à l'étape de promotion.

Le champ oxydant, plus qu'un inventaire à la Prévert

Après avoir travaillé sur le cancer et les mécanismes physiopathologiques du Sida et y avoir observé les dégâts causés par le stress oxydant, une idée s'est brusquement imposée à moi. J'en suis arrivé à la notion de « champ oxydant », c'est-à-dire un état provoqué par l'addition de différents phénomènes créateurs de stress oxydant. Ainsi peuvent s'ajouter une faible dose de rayonnement (prolongé), une pollution chimique, une alimentation peu riche en antioxydants, un système immunitaire déprimé et des facteurs psychologiques... La somme de cet inventaire à la Prévert va constituer un champ oxydant permanent, un peu à l'image d'un champ magnétique dans lequel baigneraient les cellules, créant les conditions de départ d'un cancer ou d'autres maladies. Les cellules cancéreuses sont par définition celles qui ont réussi à résister à ce champ oxydant mais, ce faisant, elles ne répondent plus aux régulations « normalisantes » de l'organisme.

Cette observation implique des conséquences importantes en matière de traitement. Ces cellules étant par nature adaptées au stress, si vous diminuez celui-ci par des antioxydants, vous allez les empêcher de se multiplier. Il existe quelques cas, pour l'instant anecdotiques, de traitements bénéfiques par le glutathion – en particulier dans le cancer de l'ovaire – ou par l'extrait de papaye fermentée dans ce redoutable et quasi incurable cancer qu'est celui du pancréas. On sait d'ailleurs que dans le processus de modification des gènes conduisant à l'évolution vers le cancer, des enzymes antioxydantes peuvent être touchées. Dans les cancers de la prostate, par exemple, les cellules ont perdu une activité de superoxyde dismutase (SOD), son gène ayant subi une mutation une fois sur deux. La cellule cancéreuse a appris à se multiplier dans un champ oxydant – ce pourquoi elle a été sélectionnée. Si l'on réussit à détruire ce champ, elle peut donc mourir. Contrairement à ce que l'on croit généralement, les cellules cancéreuses sont très sensibles à de nombreux facteurs inhibant leur division. Elles peuvent mourir de l'apoptose induite par la chimiothérapie mais, dans ce cas, l'addition d'agents antioxydants pendant la chimiothérapie pourrait réduire l'effet inducteur de l'apoptose. Il se dessine donc aujourd'hui une thérapeutique d'avenir du cancer : elle passerait par le maintien d'une chimiothérapie anticancéreuse légère mais suffisante pour induire l'apoptose, précédée et suivie de traitements antioxydants et, pour contrecarrer les mauvais effets de la chimiothérapie, immunostimulants. C'est en tout cas le traitement que je suivrais si j'étais atteint de cette pathologie.

Certains cancers (lymphomes, col de l'utérus, foie) sont provoqués par des virus. Cette liste n'est sûrement pas limitative ; les modèles animaux nous suggèrent que les cancers du sein peuvent aussi être causés par des virus. Et il faut y ajouter des cancers provoqués par des bactéries, dont le prototype est le cancer de l'estomac lié à l'*Helicobacter pylori*. Ce type de cancer dont mourut Napoléon que la légende disait avoir été empoisonné (la science vient de démontrer qu'il n'en était rien) n'est sans doute pas le seul. Il est probable que dans le cas bactérien, l'infection agit de façon indirecte en induisant un stress oxydant. D'où une possibilité là aussi évidente de prévention.

Le cancer du pancréas de la chatte Betsy

J'ai eu trois enfants et à un moment donné, chaque membre de la famille avait son chat ; il y avait donc cinq chats dans la maison. Quatre sont morts de cancers. Pourquoi ? L'explication est typique du rôle de l'environnement : parce qu'on avait répandu un produit herbicide anti-mousse sur le gazon et les chats, comme on le sait, mangent de l'herbe pour se purger. Nos chats ont développé un cancer prématuré à l'âge de cinq ans environ, y compris la dernière, une chatte, qui a commencé à ne plus manger et à se cacher dans le jardin pour mourir. Nous l'avons emmenée chez le vétérinaire qui lui a fait une laparotomie (opération chirurgicale consistant à ouvrir l'abdomen) et a trouvé un cancer du pancréas. Eh bien, cette chatte a guéri. Pour deux raisons je pense : le fait de lui ouvrir l'abdomen, d'abord, a probablement stimulé les macrophages qui étaient paralysés ; ainsi « réveillés », ils ont pu tuer la tumeur. Ensuite, les soins psychologiques que mes filles lui ont prodigués en la dorlotant ont certainement joué un rôle. Une guérison bien exceptionnelle d'un cancer considéré comme incurable. A la même époque, un autre chat fut atteint d'un cancer du foie. Je recherchais alors avec des collègues chimistes de nouvelles substances chimiothérapiques. Un composé se montra très actif *in vitro* sur les cellules cancéreuses mais son usage ne réussit pas hélas à sauver le pauvre chat de son cancer en l'absence d'une stimulation de son système immunitaire.

Il y a peut-être des progrès importants à attendre des traitements antioxydants. Nous n'en sommes qu'au début. Je ne veux pas donner de faux espoirs aux malades en laissant croire que l'on peut guérir des cancers par les antioxydants. L'affirmer serait faux. Une fois le cancer décelé, ne nous leurrons pas, dans la plupart des cas la partie est difficile. Mais la seule chance réelle de s'en sortir complètement passe par un renforcement du système immunitaire.

Ce concept, malheureusement, n'est encore généralement pas accepté par nombre d'oncologues qui se contentent d'appliquer de façon routinière des protocoles stricts combinant les molécules que leur fournit l'industrie pharmaceutique, molécules actives mais fort toxiques. Il n'est pas rare que le malade meure « guéri » de ces protocoles, emporté par une septicémie ou un arrêt cardiaque. Car cette chimiothérapie induit un stress oxydant dont l'effet principal sera de déprimer le système immunitaire, système qui souvent fait également la surveillance de l'évolution cancéreuse et comporte ces fameuses cellules tueuses, les *natural killers* (NK), dotées d'une puissante capacité de destruction des cellules cancéreuses. Comme dans le cas du Sida, la logique voudrait donc que l'on ajoute à la chimiothérapie une stimulation immunitaire, aucune de ces deux approches séparément ne pouvant gagner à elle seule sur le cancer.

N'oublions pas non plus qu'à l'instar du virus du Sida, les cellules cancéreuses, du fait de leur capacité de multiplication illimitée, disposent d'un énorme potentiel de variation qui, tôt ou tard, va sélectionner des variants résistants aux traitements chimiques. La bataille, même avec des rémissions très longues, ne sera donc jamais totalement gagnée. Il sera toujours plus facile de prévenir que de guérir, donc d'éviter de s'exposer aux causes génératrices de cancers précédemment évoquées.

Bactéries et stress... du cancer aux maladies cardio-vasculaires

Les pathologies cardio-vasculaires sont souvent liées à la formation de plaques d'athérome dans les artères. Ces plaques ont une origine multi-factorielle. Un dépôt se forme à la suite d'une hyper-oxydation de lipides circulants induisant, comme dans une réaction en chaîne, une réaction inflammatoire attirant des macrophages. Finalement, une agrégation des protéines et un dépôt calcique entraînent la formation d'un volumineux caillot obstruant l'artère. Deux fils conducteurs apparaissent derrière ce processus : le stress oxydant, qui entraîne une hyperoxydation de lipides circulants ou membranaires – y compris du cholestérol – et l'origine infectieuse, certes non totalement prouvée mais fort probable. On a invoqué dans le passé des petites bactéries intra-cellulaires, des *chlamydia* qui pourraient se fixer sur les parois vasculaires, mais d'autres bactéries ou leurs nanoformes pourraient être impliquées. Récemment, une équipe de chercheurs de la Mayo Clinic aux Etats-Unis a décrit la présence, dans des valves cardiaques ainsi atteintes, de toutes petites bactéries. On suspecte ces nanobactéries d'être à l'origine de la calcification des valves. Le dernier mot n'est donc pas dit sur l'origine infectieuse des maladies cardiovasculaires. Si elle était démontrée, cette hypothèse ouvrirait la voie à des nouvelles approches à la fois préventives et thérapeutiques.

Il faut également savoir que certaines situations chirurgicales sont indirectement néfastes. Pendant les interventions à cœur ouvert par exemple, une circulation du sang artificielle, extra-corporelle, prend le relais puisque le cœur est arrêté. Il est mis au froid le temps de l'opération puis on le réchauffe pour le faire repartir. Ces manipulations provoquent des à-coups ischémiques, c'est-à-dire des changements brusques dans l'irrigation des organes et leur oxygénation. L'ischémie entraîne deux phénomènes : d'abord un énorme stress oxydant, d'autre part une souffrance de la muqueuse intestinale qui laisse passer des bactéries ou leurs produits dans la circulation sanguine. Ces phénomènes ne sont généralement pas pris en compte par les chirurgiens et sont en grande partie responsables des dépressions immunitaires et des infections nosocomiales qui, malheureusement, aggravent les suites de telles opérations quant elles ne sont pas mortelles. En l'espèce, un traitement par les antioxydants et antibiotiques s'imposerait. La tendance actuelle est d'ailleurs toutefois d'éviter au maximum les opérations lourdes de chirurgie extra-corporelles, notamment les pontages, et de pratiquer de plus en plus des angioplasties. Cette intervention consiste à insérer un petit ressort à l'intérieur de la coronaire à l'endroit où elle est bouchée. Plus besoin d'opérer dans les grandes largeurs ou de déplacer des veines pour un pontage : on installe des *stents*, des petits ressorts métalliques afin de maintenir écartées les parois de la coronaire à l'endroit où la plaque d'athérome la restreint. Le problème est que ces *stents*, en tant que corps étrangers, se révèlent être eux-mêmes inflammatoires d'où des complications (sténoses, occlusions) annulant l'effet bénéfique escompté. Pour pallier cet inconvénient, on enrobe maintenant les *stents* d'une substance destinée à inhiber les réactions inflammatoires locales, notamment lymphocytaires. Mais le risque toxique de cette solution n'est pas nul. En fait, il serait beaucoup moins risqué d'utiliser un traitement par un antioxydant d'origine naturelle, le glutathion, sous une forme oralement absorbable distribuée aux Etats-Unis mais encore rejetée en France. Les antioxydants, nous le savons, sont également anti-inflammatoires, empêchant notamment les réactions lymphocytaires. C'est à mon avis la solution idéale dans l'usage des *stents*.

La lutte contre les maladies cardio-vasculaires passe typiquement par une prévention à long terme. Par le respect – on le sait depuis longtemps – de l'équilibre des lipides, du ratio oméga 3/oméga 6 et par des traitements – ce que l'on sait moins – permettant d'éliminer le stress oxydant, et enfin, comme pour le cancer certainement, par la recherche d'agents infectieux bactériens et la lutte contre ces agents. C'est l'approche rationnelle que nous devrions appliquer à ces maladies au lieu de nous contenter de suivre quelques indicateurs comme le taux de cholestérol[41].

La neurodégénération et ses multiples facettes

Les maladies neurodégénératives et psychiatriques prennent une place grandissante dans nos sociétés vieillissantes. Selon une récente étude italienne, elles toucheraient 35 % des personnes âgées de plus de soixante-cinq ans en Europe. Elles atteignent aussi des plus jeunes ; ce qui remplit déjà et va surcharger davantage encore à l'avenir les maisons de retraite et les hôpitaux psychiatriques. Il est donc impératif que la recherche nous apporte des solutions médicales et tout fil conducteur est bon à prendre. En ce qui me concerne, j'ai été frappé, en particulier dans mes études effectuées avec mon confrère le Dr Michel Brack[42], par la présence constante et intense du stress oxydant, toujours lui, dans ces maladies.

Prenons l'exemple de la maladie de Parkinson[43]. Dans cette maladie très invalidante, les troubles des mouvements musculaires sont associés à une dégénérescence de certains neurones qui les contrôlent, présents dans ce qu'on appelle les noyaux gris centraux du cerveau. Comme ces neurones utilisent un neurotransmetteur particulier pour fonctionner, la L-dopamine*, le traitement de base est de donner de la L-dopamine pour compenser le déficit lié à la mort des neurones. Cela marche mais souvent, généralement au bout de dix ans, ce traitement devient complètement inefficace et aggrave même parfois la maladie. Michel Brack et moi-même avons constaté que tous ces malades, y compris au début de l'affection, présentaient un stress oxydant élevé, bien plus que les personnes de même âge en bonne santé. On note en particulier chez ces malades une réduction importante du glutathion réduit, une augmentation du glutathion oxydé et une chute allant jusqu'à la disparition totale de la vitamine C du sang. Tout ceci indique qu'il y a consommation importante des défenses antioxydantes pour contrer une source non moins importante de radicaux libres. Reste à identifier la nature de cette source. Des phénomènes inflammatoires ? Bien sûr, mais quel est leur facteur déclenchant ? Nous avons des raisons sérieuses de penser qu'il s'agit d'un agent infectieux parmi d'autres facteurs, entre autres psychologiques. En affaiblissant le terrain immunitaire, dépression et traumatisme favorisent l'occurrence de ces maladies neurodégénératives. Elles se déclarent souvent après un choc émotionnel lié à un événement familial ou professionnel. On sait maintenant grâce à une étude américaine[44] aux résultats saisissants que la solitude par exemple multiplie par deux le risque chez les personnes âgées de contracter l'Alzheimer.

Nous travaillons à l'identification du facteur infectieux, très probablement de nature bactérienne. En attendant, de même que l'on corrige la déficience en dopamine, il nous paraît tout aussi important de traiter le symptôme du stress oxydant, sachant que celui-ci va conduire à la mort par apoptose des neurones. Des résultats cliniques encourageants sur quelques cas ont été obtenus, ce qui nous invite à proposer un essai clinique contrôlé.

La maladie d'Alzheimer[45] est également associée à un fort stress oxydant. Caractérisée cliniquement par des pertes de mémoire évoluant jusqu'à une démence complète, elle se traduit au niveau du cerveau par une perte de la substance grise, celle qui contient les neurones corticaux. Au microscope, on y découvre des plaques constituées d'agrégats de morceaux de protéines et de dépôts de protéines fibreuses. On pense que ces dépôts sont plutôt une conséquence qu'une cause de la mort des neurones. Au niveau moléculaire, il s'agit en fait d'un changement de structure en trois dimensions de deux protéines. Alors que ces protéines possèdent normalement des structures en hélice, elles s'affaissent sur elles-mêmes comme les feuillets d'un millefeuille et deviennent insolubles. On trouve également des dépôts insolubles intracellulaires (les corps de Levy) dans les neurones des malades de Parkinson. J'ai moi-même observé en laboratoire un phénomène analogue avec les plaquettes sanguines : incubées en présence d'oxygène, elles se transforment petit à petit en des corps extrêmement durs formés de protéines oxydées insolubles. Cette analogie me laisse penser que l'oxydation des protéines, associée à d'autres facteurs, contribue aux dépôts présents dans ces maladies neurodégénératives.

A l'évidence, les dépôts insolubles observés dans la maladie d'Alzheimer constituent des lésions irréversibles et la neutralisation du stress oxydant par un traitement approprié ne les fera pas disparaître. En fait, cette attitude thérapeutique serait efficace au début de la maladie, d'une manière même préventive. Mais les signes précoces sont difficiles à diagnostiquer. Pour l'heure, nous n'avons pas de meilleur outil prédictif que les tests verbaux, dont le CVLT (California Verbal Learning Test). L'idéal serait de trouver la cause première de cette évolution et là aussi je pense à un agent infectieux bactérien.

L'étonnante histoire de l'île de Guam nous ouvre une piste intéressante. Cette petite île du Pacifique – principalement connue pour avoir servi de base aux bombardiers américains pendant la Seconde Guerre mondiale – abrite une population autochtone qui, il y a peu, chassait des chauves-souris. Les mignonnes constituaient un plat de fête. Cette population souffrait fréquemment d'un syndrome neurodégénératif atypique se traduisant par un mélange de signes des maladies de Parkinson, d'Alzheimer et de la sclérose latérale amyotrophique. Des scientifiques américains, sous la conduite de Paul Alan Cox, ont recherché les causes de cette étrange pathologie. Et ils ont découvert que les chauves-souris dont se régalait la population indigène Chamorro se nourrissaient des graines d'une sorte de fougère arborescente contenant une petite bactérie (cyanobactérie) vivant en symbiose avec la plante. Or, cette bactérie sécrète une substance analogue au glutamate, un acide aminé neurotransmetteur. Cette substance agissait en tuant les neurones. Ainsi se constituait une chaîne alimentaire complexe, la neuro-toxine de la bactérie passait chez la chauve-souris, elle-même insensible à ses effets toxiques, puis s'accumulait finalement chez l'homme où elle atteignait le cerveau. Le plus surprenant étant que ces chercheurs, en étudiant le cerveau de deux Canadiens morts de la maladie d'Alzheimer classique, y auraient trouvé la même neuro-toxine. Evidemment, ces Canadiens n'avaient jamais mangé de chauve-souris ni de fougères de l'île de Guam. Cette étude est toujours très controversée. Je retiens cependant de cette histoire que des toxines produites par des bactéries peuvent atteindre le cerveau et y causer des dommages.

D'où pourraient provenir ces bactéries ? Plutôt que d'une contamination extérieure, je ne serais pas étonné qu'elles viennent de l'énorme population vivant en commensal dans nos intestins, en particulier le colibacille *(Escherichia coli)* dont il existe des variants très pathogènes. Chez une personne en bonne santé, des défenses efficaces contraignent ces bactéries à rester où elles sont, à ne pas passer la barrière sanguine. Elles sont notamment assurées par des ganglions lymphatiques associés à la muqueuse intestinale. Mais ces défenses peuvent s'affaiblir au cours du vieillissement ou par la présence de facteurs d'origine alimentaire. Même si un passage de la bactérie complète reste très rare, des toxines provenant de celle-ci peuvent s'infiltrer dans la circulation sanguine. C'est ainsi qu'elles peuvent atteindre le cerveau en franchissant une deuxième barrière (la « barrière sang cerveau »), sans doute également rendue plus perméable, et toucher les neurones. Certains de mes tests de laboratoire indiquent de fait la présence de nanoformes bactériennes dans le sang des malades d'Alzheimer. Ces formes pourraient aussi être à l'origine du stress oxydant observé.

Les mêmes mécanismes peuvent intervenir, avec des variantes, dans les autres maladies neurodégénératives, notamment la sclérose latérale amyotrophique. Cette maladie décrite pour la première fois par Charcot se caractérise par des paralysies lentes et progressives. Irrémédiables : 90 % des patients décèdent dans les dix ans suivant le diagnostic. Ces malades ne présentent aucun signe de démence, restent lucides, voire brillants, je pense au physicien anglais Stephen Hawkins, auteur d'une *Brève histoire du temps*, qui, par on ne sait quelle force, vit et travaille avec la maladie depuis plus de quarante ans.

La sclérose en plaques, survenant souvent chez des femmes jeunes, est considérée actuellement plutôt comme une maladie auto-immune puisqu'elle provient d'une destruction progressive par des auto-anticorps de la myéline, sorte de gaine isolante enveloppant les nerfs. Là aussi, on peut penser qu'elle est déclenchée par un mimétisme moléculaire de protéines provenant d'un agent infectieux ; virus ou bactérie, ou les deux ?

Quant aux maladies psychiatriques, et sans jouer les provocateurs, je pense que l'on devrait sérieusement envisager pour certaines d'entre elles une origine organique et infectieuse. Un exemple : un jeune Français travaillant à Londres devient subitement fou. On retrouve à l'origine une méningite, probablement d'origine virale mais l'identification du virus n'a pu être faite. On connaît par ailleurs un virus provenant du cheval, le virus *Borna,* soupçonné d'être à l'origine de cas de démence chez l'homme.

Quant à l'autisme dont souffrent quelque 80 000 personnes en France, des observations – pour l'instant anecdotiques – faites par des médecins suggèrent d'une part qu'il peut être amélioré par un traitement antioxydant (glutathion) et d'autre part par un traitement antibiotique de longue durée[46]. Ceci suggère qu'il y ait des facteurs bactériens parmi d'autres facteurs à l'origine de cette maladie psychiatrique.

La rouille articulaire

Les maladies articulaires représentent un autre grand fléau de notre civilisation. On les associe souvent à la vieillesse et il est toujours pénible de voir une personne âgée se déplaçant lentement, une jambe après l'autre, hésitant à traverser un passage clouté devant des automobilistes impatients. Mais ces maladies surviennent aussi chez des gens jeunes utilisant jusqu'à l'extrême leurs articulations pour des raisons professionnelles. Des artistes ou sportifs (pianistes, percussionnistes, cyclistes, tennismen...) mais aussi et surtout des manutentionnaires, opérateurs de saisie, ouvriers (agricoles en particulier), plombiers, techniciens de laboratoires... Elles rentrent même dans les statistiques de cette nouvelle catégorie baptisée « pathologies de la productivité » ou « troubles musculo-squelettiques (TMS) liés au travail » où l'on regroupe ce que l'on appelait il n'y a pas si longtemps « pathologies gestuelles articulaires », « névralgies cervicobrachiales professionnelles », « syndromes de surutilisation », « traumatismes d'accumulations »... En 2002, plus de 21 000 cas de TMS étaient recensés ! Je pense qu'une neutralisation de leur stress oxydant lié à une utilisation intensive de leurs muscles aurait permis d'éviter des dommages encore réversibles.

Car que se passe-t-il la plupart du temps ? L'exercice musculaire intense très localisé génère un stress oxydant local et des réactions inflammatoires. Ces réactions peuvent rester confinées, localisées, sous forme d'un effet mécanique sur les cartilages – c'est l'arthrose – mais parfois elles atteignent aussi toute l'articulation – c'est l'arthrite. La même explication peut être donnée pour les atteintes articulaires liées au vieillissement : dans ce cas, le stress oxydant n'est pas lié à un exercice musculaire intensif mais part probablement d'une origine infectieuse. Il en va de même dans la pire de ces maladies articulaires, la polyarthrite rhumatoïde. Dans cette affection multi-factorielle en partie liée à des facteurs génétiques, le caractère inflammatoire extrême engendre de terribles déformations au niveau des articulations. L'inflammation résulte d'une production anormale de petites protéines inflammatoires dont le TNF Alpha* (Tumor Necrosis Factor Alpha) : d'où l'idée de neutraliser cette cytokine par des anticorps spécifiques. Les effets d'amélioration ainsi obtenus sont spectaculaires mais demandent des injections régulières du produit. Et c'est décidément une redondance dans la médecine actuelle, des effets secondaires importants apparaissent comme des cancers. Pourquoi ? L'inflammation constitue une réaction naturelle de l'organisme, une réponse normalement faite pour son bien-être. La supprimer équivaut à ouvrir une boîte de Pandore ! Contre toute apparence, cette solution n'est pas la bonne.

Une fois de plus la médecine se trompe d'approche : elle traite le symptôme, pas la cause profonde. C'est un peu l'histoire du messager apportant une mauvaise nouvelle et que l'on tue pour ne pas la connaître : on supprime l'inflammation pour en éliminer les conséquences et par là même, on continue à en ignorer l'origine. Comment pourrait-il en être autrement quand notre médecine écarte, par principe, toute voie de recherche sortant du cadre symptomatique ? Or, pour ce type d'affections, il existe des modèles animaux nous montrant que les arthrites, notamment chez la souris, sont clairement causées par des bactéries, précisément un mycoplasme, *mycoplasma arthritidis*. Chez l'homme, des mycoplasmes se localisent souvent au niveau osseux, près des articulations mais on ne les trouve qu'à l'autopsie. Il y a potentiellement d'autres candidats possibles au niveau bactérien : les nanobactéries décrites par l'équipe de la Mayo Clinic, qui induisent des dépôts de calcium. Ces infections sont probablement à l'origine du stress oxydant, lui-même aggravant les phénomènes de dégénérescence des articulations. A mon avis, l'élimination de ces maladies articulaires, terrassant le corps et empoisonnant nos vies, passe par un traitement visant à éliminer ces agents infectieux.

Quant aux arthroses, en revanche, il n'est pas évident qu'elles aient une origine infectieuse mais ce n'est pas exclu. Les solutions actuelles passent souvent par des opérations chirurgicales lourdes où l'on remplace l'articulation par une prothèse. Ainsi, pas moins de 80 000 poses de prothèses de la hanche sont pratiquées en France chaque année. Avec des risques quelque peu sous-évalués : il n'est pas rare que l'opération réveille une infection latente dans le voisinage, qui se transforme ensuite en infection nosocomiale. Le remède de cheval est parfois pire que le mal. Une solution plus simple et sans risque toxique serait d'utiliser à titre préventif, dès les premières douleurs, de l'extrait de papaye fermentée. Je l'ai moi-même expérimenté après des mois de douleurs à la hanche et de traitements anti-inflammatoires inefficaces et, je dois dire, en désespoir de cause. Bien m'en a pris !

Le prion, la protéine folle

Passons aux maladies neurodégénératives transmissibles. Je veux parler essentiellement de la maladie de Creutzfeldt-Jakob. L'agent en cause n'est pas un virus classique mais une protéine modifiée et modificatrice, le prion. Bien que dès le départ controversée, cette hypothèse émise par l'Américain Stanley Prusiner[47] est maintenant généralement acceptée. Il s'agit d'une protéine qui, dans sa configuration normale, est présente dans les neurones. Bien que sa fonction ne soit pas entièrement connue, certains travaux, tels ceux du biochimiste David Brown à l'université de Cambridge, suggèrent que cette protéine pourrait avoir un effet antioxydant en association avec des atomes de cuivre et de manganèse. Il se trouve que cette protéine peut adopter une autre configuration (aplatissement en feuillets bêta) qui à la fois supprime sa fonction mais surtout va lui permettre de s'agréger avec ses protéines sœurs, qui elles-mêmes vont prendre la même conformation. C'est un peu le système du jeu de dominos où la chute d'une pièce va entraîner celle des autres. L'agrégation de toutes ces protéines modifiées aboutit progressivement à la formation de plaques insolubles situées à l'extérieur des neurones qui finissent par mourir.

Quand j'entends « agrégation » et « plaques », je pense « Alzheimer » et « stress oxydant ». Il est donc possible que le changement de conformation du prion dérive d'un processus d'oxydation ou de nitrosation. Dans l'Alzheimer, on peut également supposer des changements de conformation transmis de protéine à protéine mais il ne s'agit pas des mêmes protéines que dans Creutzfeldt-Jakob ; le phénomène reste circonscrit à l'individu atteint et ne se transmet pas de cerveau à cerveau. C'est malheureusement le cas de la maladie de Creutzfeldt-Jakob, une affection transmissible qui a suscité dans les années 1990 une énorme panique médiatique du fait qu'elle provenait de l'alimentation. Alors qu'elle était auparavant extrêmement rare (un cas sur un million), une épidémie est née en Angleterre à partir d'ingestion de viande de vaches dites « folles ». L'histoire a commencé par l'introduction de farines animales dans la nourriture des bovins. Ce qui implique au départ que ces farines aient été élaborées à partir de broyats d'os d'animaux déjà contaminés.

Faisons un peu de rétro-science-fiction en remontant dans le temps, à l'époque des guerres napoléoniennes. Des lettres de Victor Hugo citées par le *Canard Enchaîné* et reprises par des revues anglaises rapportent des faits troublants. Cette boucherie militaire a laissé sur les champs de bataille des monceaux d'ossements. Rien ne se perdant, tout se transformant, des marchands avisés exploitèrent ce qui, à leurs yeux, n'était que phosphates de calcium (un engrais avant la lettre).

Ils récupéraient par tombereaux entiers ces os et les expédiaient vers la « perfide Albion » où ils finissaient comme produits d'épandage. Or l'agent du prion peut survivre des dizaines, voire des centaines d'années. Des grognards de l'armée impériale ont pu porter la maladie. En ingurgitant les agents disséminés par cet épandage, les vaches anglaises l'auraient réactivée. Ironie de l'histoire, ce serait la revanche napoléonienne... L'explication est plausible ! Si les bovins ont brouté ces prions, n'oublions pas non plus qu'au début de l'épidémie, on enterrait les vaches atteintes sans grande précaution, peu profondément ; les prions ont pu remonter à la surface dans l'herbe fraîche et revenir dans le cycle. Les farines animales élaborées à partir de ces paisibles bêtes ont amorcé l'épidémie. Le principe industriel a joué comme dans le cas du sang contaminé par la mécanique implacable du « poolage » : les os de milliers de vaches étant utilisés, il suffisait qu'une seule soit contaminée pour le lot devienne dangereux. Au départ, le processus employé pour la fabrication des farines impliquait un chauffage assez fort puis, pour des raisons économiques, les industriels ont modifié le procédé en supprimant des étapes et en réduisant le chauffage. C'est ce qui aurait permis aux prions de résister plus facilement à l'inactivation par la chaleur. Contrairement à ce que l'on dit, ces protéines ne sont pas totalement résistantes à la chaleur, même si elles résistent bien davantage que les virus et les bactéries classiques. Pardessus le marché, les protestations écologistes ont entraîné la suppression d'une étape d'extraction des lipides par des solvants considérés comme toxiques. C'est ainsi que les prions modifiés dans ces farines animales sont passés des vaches à l'homme dans la chaîne alimentaire. L'élimination des troupeaux contaminés a mis un terme à la progression de l'épidémie mais on en enregistre encore régulièrement quelques nouveaux cas.

Pour l'instant, il n'existe aucun remède à cette maladie progressivement débilitante jusqu'à la mort. Les tentatives thérapeutiques, notamment celles de Stanley Prusiner, ont été infructueuses. Je me souviendrai toujours d'une date mémorable de ma dernière rencontre avec Stanley... C'était le 11 septembre 2001. Nous étions réunis en congrès dans un hôtel de Baltimore. Chaque année, à l'occasion de son meeting sur le Sida, l'Institut de Robert Gallo a la bonne idée d'inviter des conférenciers à venir parler d'autre chose que du VIH. Cette année-là, c'était au tour du champion du prion. A 8 heures, nous l'écoutions évoquer ses projets de nouveaux traitements. A la fin de son exposé, j'ai entendu quelques murmures. Un collaborateur de Gallo – un médecin militaire en contact avec de hauts responsables de l'armée américaine – venait de recevoir un coup de fil de Washington lui annonçant une attaque sur New York. Prusiner terminait tout juste son intervention et attendait les traditionnelles questions. Personne n'en a posé. La rumeur a enflé et l'assistance s'est précipitée dans le couloir d'à côté pour voir en direct sur CNN les images tétanisantes de la chute des tours de Manhattan.

Epidémie d'allergies

Les allergies, ces réactions exagérées du système immunitaire vis-à-vis de certaines molécules étrangères, sont apportées par la respiration ou l'alimentation. Elles sont notamment liées à la libération d'une molécule hautement inflammatoire, l'histamine, et peuvent aller jusqu'au blocage des bronchioles pulmonaires, l'asthme, maladie qui se répand en particulier chez les enfants. Et qui n'a pas dans sa famille ou son entourage une ou plusieurs personnes allergiques ?

Trois hypothèses ont été avancées pour expliquer cette progression : la pollution atmosphérique s'ajoutant aux pollens, le changement des habitudes alimentaires et, paradoxalement, une plus grande hygiène, notamment dans les premières années de la vie – ces hypothèses ne s'excluent d'ailleurs pas mutuellement, chaque facteur pouvant éventuellement s'ajouter aux autres. Il est possible que la raison principale soit d'origine alimentaire, entraînant des modifications significatives de la flore intestinale. Pendant longtemps, il a été conseillé aux jeunes parents de donner très tôt aux enfants autre chose que du lait afin de les habituer à une alimentation variée. Etait-ce bien raisonnable ? Il semblerait que cette alimentation précoce favorise des réactions d'allergies souvent méconnues car le plus souvent faibles et par conséquent non détectables, ainsi que parfois des réactions asthmatiques. Par ailleurs les allergies alimentaires concernent aussi de plus en plus d'adultes. L'une de mes consœurs est allergique aux protéines de poulets, un collègue aux protéines de gluten (on imagine la contrainte), un autre aux crustacés, un type d'allergie plus fréquent. Globalement, on estime que l'épidémie d'allergies touche près d'un tiers des Français.

Malgré l'étendue de ce fléau de santé publique, deux notions importantes restent méconnues. La première, c'est qu'il existe, en dehors des tests cutanés, des moyens spécifiques permettant de repérer des réactions allergiques au niveau cellulaire. La méthode consiste à observer la réaction de certains globules blancs (les polynucléaires neutrophiles) face à l'ennemi allergène potentiel, c'est-à-dire en général une protéine alimentaire. Ces globules blancs renferment des granules qui éclatent en présence d'une réaction allergique. Grâce à un tout petit prélèvement sanguin, on peut donc mettre les globules blancs d'une personne en présence d'un spectre de protéines et ainsi identifier celles qui induisent des allergies même légères. Car ces réactions allergiques, même mineures, sans causer de crises brutales (celles-ci sont déjà détectées par la personne) peuvent à la longue se montrer dommageables au niveau de l'intestin et entraîner une plus grande perméabilité de cet organe à des toxines bactériennes.

La deuxième notion découle d'une observation empirique de cliniciens. Les traitements par des antioxydants comme le glutathion améliorent beaucoup l'état des personnes asthmatiques. On retrouve là aussi, mais par un mécanisme indéterminé, le rôle du stress oxydant. On ne peut qu'encourager les personnes susceptibles d'allergies de faire effectuer des tests de leur état oxydant et de leurs défenses antioxydantes.

Maladies auto-immunes ? Mais encore...

Les maladies auto-immunes paraissent également en forte progression puisqu'elles représentent aujourd'hui la troisième cause de mortalité après les maladies cardio-vasculaires et les cancers. Ces nombreuses pathologies – incluant notamment la sclérose en plaques, le diabète insulino-dépendant, la maladie de Cröhn, la polyarthrite rhumatoïde et le lupus érythémateux – se caractérisent par un dérèglement du système immunitaire qui ne reconnaît plus le « soi » et attaque nos protéines comme s'il s'agissait d'un agent extérieur, soit par des anticorps soit par des cellules tueuses.

L'origine infectieuse de ce dysfonctionnement ne fait selon moi aucun doute. La réaction auto-immunitaire est en effet déclenchée par le fait que l'agent infectieux, pour échapper aux défenses immunitaires de l'hôte, produit des protéines ou d'autres composants imitant nos composants cellulaires. Ce mimétisme moléculaire est l'une des stratégies favorites des agents infectieux. En endossant l'apparence des protéines du « soi », les protéines étrangères se dissimulent de façon efficace face aux réactions immunitaires ; mais lorsque celles-ci fonctionnent mal, elles vont alors non seulement réagir contre les protéines étrangères du germe infectieux mais aussi contre nos propres protéines. Cette réaction auto-immune peut également concerner d'autres constituants de nos tissus tels que l'ADN, les polysaccharides ou les lipides. Les stratégies thérapeutiques actuelles visent à diminuer ces réactions immunitaires mais elles occultent complètement leur origine infectieuse. On a vu plus haut que la polyarthrite rhumatoïde et la sclérose en plaques avaient probablement une origine bactérienne. C'est peut-être le cas du lupus – on a soupçonné un rétrovirus – et du diabète. Concernant ce dernier, il existe d'ailleurs un modèle animal (chez la souris) où un petit virus du type Coxakie peut induire expérimentalement un diabète. Une stratégie de recherche cohérente devrait donc également se préoccuper de l'identification des agents infectieux, probablement établis dans leur hôte de façon chronique de telle sorte qu'ils entretiennent la réaction auto-immunitaire. En attendant, le stress oxydant souvent associé à ces réponses auto-immunitaires devrait là-aussi attirer l'attention du corps médical.

Il arrive que l'on connaisse l'agent infectieux de départ, c'est le cas de la curieuse maladie de Lyme. Cette affection tire son nom d'un petit village du Connecticut où ont été identifiés les premiers cas. Elle est transmise par les tiques portées par des animaux sauvages, tels daims et chevreuils mais également par les animaux domestiques en contact avec ces animaux sauvages. Elle a progressé de manière fulgurante aux Etats-Unis et s'étend désormais en Europe et en Australie et la France n'est pas épargnée. Tout part d'un petit germe bactérien, *Borrelia burgdorferi*, qui, en passant de la tique à l'homme (par piqûre), induit un double méfait. Une maladie aiguë, d'une part, se manifestant par des arthrites, des troubles cardiaques et des fatigues intenses. D'autre part et malheureusement aussi, une infection chronique pouvant perdurer plusieurs années et laissant parfois des séquelles neurologiques (paralysies faciales dans certains cas) ou cutanées (atrophies). De plus, la *Borrelia* peut s'associer à un autre agent connu pour être à l'origine de la maladie dite des griffes de chat, une *Bartonella henselae*[48]. L'association de ces deux micro-bactéries entraîne une maladie chronique plus grave, assortie de réactions auto-immunes fortes. Un traitement composé de plusieurs antibiotiques et administré en longue durée est nécessaire pour s'en débarrasser.

Souvent la forme chronique est ignorée et le médecin non averti prescrit simplement une cure-flash d'antibiotiques de quinze jours, poussant ainsi sans le savoir le germe à s'installer durablement sous une forme masquée. Grave erreur ! Alors qu'il faudrait continuer le traitement antibiotique jusqu'à disparition de tous les signes de présence du germe.

A la cueillette des antioxydants

« Une pomme par jour éloigne le médecin,
pourvu que l'on vise bien. »
Sir Winston Churchill

Domo Aligato* !

C'est par une chaleur étouffante lors d'un congrès sur le Sida à Yokohama en août 1995 que j'entendis pour la première fois parler de l'extrait de papaye fermentée[49] (FPP). J'avais accepté un rendez-vous autour d'un petit déjeuner avec un jeune Japonais. Il avait insisté pour me rencontrer et me remettre quelques sachets d'une poudre aux vertus, disait-il, étonnantes. Yuki Hayashi était le gendre d'un producteur d'extrait de papaye fermentée qui avait observé que, dans des îles des Philippines, les gens qui consommaient ce fruit fermenté, un peu pourri pour tout dire, vivaient plus vieux. J'écoutais avec intérêt ce que Yuki me racontait mais sans plus. J'étais sur le moment assez sceptique ; à cette époque où la thérapie antirétrovirale ne marchait pas, beaucoup d'extraits de plantes étaient proposés sur le marché du Sida et aucun n'avait montré d'efficacité.

* « Merci beaucoup » en japonais.

Je décidai néanmoins d'aller examiner sur place le processus de fabrication et ce que je vis aiguisa un peu plus ma curiosité. Le beau-père de Yuki m'offrit de m'emmener à Manille pour me faire visiter ses installations. Une fois installés dans la capitale des Philippines, il me fit monter au dernier étage d'un grand hôtel d'où nous décollâmes avec son Eurocopter personnel qu'il pilotait lui-même. Très rapidement après avoir survolé la banlieue fort pauvre de la mégapole, nous atterrîmes dans son champ de papayers et il me montra l'usine qui le jouxtait où j'eus accès partiellement au processus de fabrication. Une fois broyés, les fruits étaient mis à fermenter à basse température durant plusieurs mois par des levures, la poudre blanche résiduelle était ensuite acheminée au Japon pour un affinement final et une distribution.

L'entreprise japonaise était à cette époque artisanale et très familiale, le produit connaissant d'ailleurs une diffusion confidentielle dans le pays. Un peu plus tard, le beau-fils reprit l'affaire, rationalisa et développa les méthodes de production. La firme s'approvisionna dorénavant dans les îles Hawaï où les papayers, garantis non OGM et non parasités, sont cultivés dans des champs spéciaux. J'avais alors en main un produit contrôlé parfaitement apte à être testé dans des essais cliniques. C'était la seule façon scientifique de vérifier son potentiel thérapeutique. Les années passant, la trithérapie était devenue enfin efficace et beaucoup de cliniciens se désintéressaient alors de tout ce qui n'était pas inhibiteurs directs du virus, d'autant qu'ils étaient soumis à une forte pression des grandes firmes pharmaceutiques les fabriquant. C'est pourquoi je me tournai vers l'Afrique où l'utilisation des antirétroviraux était encore fort restreinte et les médecins beaucoup plus ouverts.

J'ai ainsi engagé avec le directeur du Centre intégré de recherche bio-cliniques d'Abidjan (CIRBA)[50] le Dr Henri Chenal, un premier essai clinique ouvert sur une cohorte d'une vingtaine de patients atteints de Sida. Les résultats indiquèrent que le produit seul ne présentait aucun effet bénéfique spécifique sur cette maladie ; en revanche, chez les malades traités par la trithérapie mais dont le nombre de lymphocytes T CD4 ne remontait pas, l'addition d'extrait de papaye fermentée (FPP) les faisait repartir nettement ! Il arrive en effet souvent que le traitement antirétroviral balaye assez clairement le virus dans le sang (charge virale devenue indétectable) mais que le système immunitaire, fortement déprimé, ne parvienne pas à redécoller. Ce que prouve l'absence de remontée des T CD4.

Ce premier essai était donc encourageant mais devait conduire à un deuxième essai plus rigoureux, avec un plus grand nombre de patients et un groupe témoin recevant un placebo, l'appartenance à l'un des deux groupes n'étant connue ni du médecin ni du patient (en double aveugle). Cet essai a été retardé par les événements politiques en Côte d'Ivoire mais ses résultats devraient être connus très prochainement. En attendant, bien que j'en aie parlé à l'occasion de divers congrès scientifiques et médicaux (notamment aux fameux Entretiens de Bichat), les spécialistes du Sida restent dans le *wait and see* le plus total.

Entre-temps, beaucoup d'études de laboratoires ont été menées avec ce produit qui, bien que de composition complexe, est maintenant fabriqué selon des normes pharmaceutiques (ISO 2000, pouvoir antioxydant mesuré sur chaque lot). Il apparaît que cet extrait présente une activité antioxydante directe assez faible, puisque les vitamines contenues dans le fruit frais – comme d'ailleurs la papaïne qui a une action digestive – ont été détruites par le procédé de fabrication, mais qu'il génère surtout une action inductrice des réactions antioxydantes de l'organisme. Différentes études, menées en particulier par Lester Packer à Berkeley, ont montré qu'il activait des enzymes antioxydantes chez les globules blancs macrophages ainsi que la production d'interféron gamma. Par ailleurs, des essais cliniques réalisés en Israël par le Pr Rachmilewitz montrent qu'il augmente le taux de glutathion dans les globules rouges de jeunes patients thalassémiques, une anomalie génétique fréquente dans le pourtour méditerranéen causant des anémies graves nécessitant des transfusions fréquentes.

Cet extrait de papaye fermentée n'est pas un médicament mais un produit « de santé naturelle ». C'est sous cette juste appellation qui n'existe pas en France qu'on le trouve au Canada. Dans l'Hexagone, il est considéré comme un simple complément alimentaire. Outre son action antioxydante, il présente des effets immunostimulants locaux puisqu'il prévient – ce que j'ai pu constater – des infections respiratoires supérieures. Pris suffisamment tôt, il stoppe les maux de gorge ou les rhinites. Ses effets sont réels et tangibles mais ce produit n'étant pas enregistré comme un médicament, nous n'avons pas le droit de le dire, ni *a fortiori* de l'écrire. Il a suscité, outre de nombreuses copies non vérifiées, des réactions irritées des laboratoires pharmaceutiques, notamment ceux qui interviennent dans les médecines naturelles ; certains d'entre eux ont alerté à plusieurs reprises le service de répression des fraudes et finalement l'Afssa (Agence française de sécurité sanitaire des aliments) qui a produit un communiqué alambiqué mais suffisant pour faire peur aux pharmaciens distribuant les sachets de FPP. Voilà une attitude d'autant plus regrettable que ce produit semble utile dans les autres maladies où existe un stress oxydant, en particulier la maladie de Parkinson. C'est d'ailleurs en voulant aider le Parkinsonien le plus célèbre de la planète, le Pape Jean Paul II, que je me suis attiré les foudres de l'establishment médiatico-scientifique...

Tous les chemins mènent à Rome

Au printemps 2005, le monde a vécu en direct la longue agonie du souverain pontife. Elle mettait fin à des années de lutte courageuse contre la maladie. L'année où je l'ai rencontré, en 2002, on le donnait déjà mourant. Il faut bien reconnaître que quelque chose s'est passé dans les deux années qui ont suivi. Certains l'attribuent au conseil de traitement que je lui ai donné. Des journalistes m'ont affirmé que le Pape continuait à suivre ces conseils peu avant sa mort. Je l'ignore, le Vatican ne m'ayant jamais donné de nouvelles. Je voudrais simplement rapporter les faits tels que je les ai vécus. Quelle que soit notre opinion vis-à-vis de la religion catholique, il nous faut reconnaître que l'Eglise est une puissance importante dans le monde ; en particulier en Afrique où nous sommes souvent en relation avec des religieux dirigeant des hôpitaux et luttant contre le Sida.

Après avoir participé à une conférence sur le Sida au Vatican, j'avais demandé une audience privée au Pape avec mon collègue Robert Gallo. Il ne s'agissait pas de lui demander de revenir sur sa position tranchée sur le préservatif mais d'essayer de renforcer les liens de collaboration entre nos propres activités en Afrique et les communautés religieuses qui travaillent sur le terrain. L'audience nous fut accordée pour le 10 juin 2002 mais par suite d'une intervention chirurgicale au genou, Gallo ne put se déplacer. Je m'y suis donc rendu avec le Secrétaire général de notre Fondation, italien lui-même, Pier Luigi Vagliani. C'est alors que j'eus l'idée de faire un geste d'amitié envers Jean Paul II dont la souffrance transparaissait à chaque apparition télévisuelle. Etant classé comme agnostique, je ne le rencontrais pas en tant que catholique mais j'appréciais cependant l'honneur d'être reçu par ce personnage dont le rôle aura été déterminant dans l'histoire du XXe siècle. Si le Mur de Berlin est tombé, si l'Europe de l'Est a changé de régime, c'est bien en partie grâce aux efforts de Jean Paul II.

Bien plus, en tant qu'homme et médecin, ce personnage me fascinait par sa résistance physique. Je réalisais qu'il avait souffert de bien des maux qui s'étaient enchaînés les uns après les autres depuis l'attentat dont il avait été victime. On avait dû non seulement lui retirer un bout d'intestin mais il avait perdu beaucoup de sang et avait subi une série de transfusions. Les transfusions sanguines ne contiennent pas les virus considérés comme les plus dangereux et pour lesquels il existe des tests – les Hépatites B et C et le VIH – mais d'autres virus circulent dans le sang, tout aussi dangereux et non testés tel le cytomégalovirus (CMV). La transfusion est une source de contamination ou d'activation du CMV : ce virus de la famille des herpès, parfois déjà présent à l'état latent dans l'organisme de la personne, peut être réactivé par le stress oxydant induit par la transfusion et, dans le cas du Pape, aussi par le stress de l'attentat. Ainsi Jean Paul II semble avoir été touché par une infection à CMV sévère, longue, immunodéprimante. Le cytomégalovirus déprime les défenses lymphocytaires presque autant que le VIH. Cette immunodépression a favorisé d'autres infections ou affections. Le Pape a été victime d'un cancer du côlon, a souffert de problèmes articulaires et de fractures, et a fini par rencontrer la maladie de Parkinson. Cette cascade d'événements découle à mon avis du premier choc et de ses conséquences associées au vieillissement. Sans cet attentat, je pense qu'il aurait fait un centenaire bien portant. Jean Paul II avait en outre subi de nombreuses anesthésies générales. Chez un homme âgé, au même titre que les atteintes psychologiques, c'est toujours un facteur négatif pour le système nerveux et le cerveau, favorisant la maladie de Parkinson.

Pour toutes ces raisons, je souhaitais faire quelque chose pour lui. Or, il se trouve que j'arrivais directement des Etats-Unis d'où j'apportais dans ma valise deux antioxydants peu connus en Italie comme en France mais dont j'avais déjà une certaine pratique : l'extrait de papaye fermentée de fabrication japonaise et le glutathion fabriqué par un collègue américain, le Dr Harry Demopoulos, directeur d'une petite firme, Thyogen. Harry avait déjà obtenu une amélioration de plusieurs cas de Parkinson par ce glutathion, je partais donc de résultats. Il ne s'agissait pas d'expérimenter la chose sur un « Pape-cobaye » et dans tous les cas, j'étais certain que ces produits ne présentaient aucune toxicité. Par cette belle journée ensoleillée du 10 juin 2002, à Rome, j'attendais donc d'être reçu par le Saint-Père dans un petit vestibule où m'entouraient les statues des quatre apôtres dont saint Luc, le patron des médecins... Le croyant y aurait vu un signe ! Puis un cardinal nous introduisit dans une très grande salle où se trouvait, tout au fond, le Pape recroquevillé dans sa chaire. Après une salve de flashes de photographes, nous nous sommes retrouvés seuls avec lui. Jean Paul II comprenait et parlait le français et j'étais surpris que, bien que physiquement très atteint, il soutienne parfaitement la conversation. Nous avons donc parlé du Sida dans les pays pauvres et contrairement à ce qui a été dit parfois dans la presse, je n'ai pas parlé du préservatif ; je savais que je n'allais pas changer son opinion. Je lui ai simplement fait part de mon souhait qu'il donne une nouvelle impulsion à la lutte de l'Eglise contre la pandémie. A la fin de l'entretien, je lui ai remis un sac violet contenant les deux produits en question pour un mois de traitement avec des instructions précises et une lettre adressée à son médecin.

Un JT de trop

Je n'ai rien dit de cela à la presse mais une fuite qui ne pouvait venir que du Vatican allait mettre le feu aux poudres. Dès le lendemain, la *Repubblica* annonçait que Montagnier avait donné un « élixir de jouvence » au Pape. Les autorités pontificales démentirent. Je gardais le silence. Peu après, vers la fin juillet, Jean Paul II apparut au grand rassemblement de la jeunesse de Toronto dans une forme qu'on ne lui avait pas vue depuis longtemps. A la surprise générale, il parlait distinctement, ne tremblait plus ! Le bruit s'est mis à circuler chez les journalistes d'une relation possible avec ce que j'avais donné au Pape. Cette amélioration étaitelle le résultat direct de mon traitement ? J'ai toujours dit que c'était possible sans pouvoir l'affirmer avec certitude. Ce pouvait être les antioxydants, le Ciel, un miracle, un autre traitement...

Les questions de la presse m'embarrassaient ; soit je me taisais et lui opposais la confidentialité, soit je m'expliquais. Je choisis cette dernière option, estimant qu'il n'était pas éthique de me taire : dans la mesure où ce traitement pouvait améliorer l'état de santé du Pape, je me devais de faire partager ce bénéfice avec tous ceux qui en avaient besoin. Je n'avais du reste aucune raison de cacher ce que j'avais donné au Saint-Père. Je lui avais recommandé de prendre trois sachets d'extraits de papaye par jour et plusieurs gélules de glutathion. J'ai donc ainsi répondu aux journalistes, ce qui m'a valu d'être submergé de lettres de malades de Parkinson me demandant des précisions. J'ai répondu à tous, en prenant soin de souligner qu'il ne s'agissait pas de médicaments mais de compléments alimentaires pouvant améliorer leur condition, mais seulement en conjonction avec le traitement que leur médecin leur avait prescrit.

Quant aux médias... je ne m'attendais pas à tant de déformations et de mensonges de leur part. Des journaux télévisés, des hebdomadaires ont laissé entendre que j'avais des intérêts financiers dans cette affaire et que cette histoire du Pape était une opération de marketing pour faire vendre l'extrait de papaye fermentée de la firme japonaise Osato. En fait, je n'avais et n'ai toujours aucun intérêt financier personnel dans cette affaire. Tout ce qui me liait à Osato, en retour de notre implication bénévole dans l'essai clinique sur le Sida en Afrique, est un contrat de donation effectuée au profit de la Fondation mondiale recherche et prévention Sida que je préside – Osato reversant 1 euro sur chaque boîte vendue à la Fondation en Europe –, cet argent allant directement à la lutte contre le Sida en Afrique, en particulier au CIRBA d'Abidjan. Il s'agit donc d'une pure action de mécénat de la part de la compagnie japonaise. Mon attitude vis-à-vis de ce produit qui, un jour je l'espère, sera considéré comme un vrai médicament, est pragmatique. S'il peut améliorer la condition des malades, je continuerai à en parler, en scientifique.

Mais quoi que je fasse, j'étais stigmatisé, relégué au rang de charlatan faiseur d'argent. J'aurais utilisé ma réputation pour recommander un produit mal défini, un complément naturel comme il y en a tant dans les boutiques et pharmacies. Dans son rapport publié sur le sujet en 2005, l'Afssa souligne que la promotion de l'extrait de papaye, comme celle des médicaments, ne devrait pas s'appuyer sur des « soutiens scientifiques non légitimes ». Or, la présence d'un stress oxydant important a été clairement démontrée dans la maladie de Parkinson et il était donc logique de recourir à des produits dont le rôle antioxydant avait été démontré mais cela était malheureusement peu connu de certains grands spécialistes, les premiers interrogés par la presse. Je dérangeais aussi les laboratoires pharmaceutiques. Toutes mes propositions de collaboration autour de projets de développement d'antioxydants s'étaient soldées par des réponses négatives de leur part, du genre : « Quel beau projet, monsieur Montagnier, mais il s'agit d'un produit naturel non brevetable », ou bien « Dites à vos Japonais de nous donner le secret de fabrication de l'extrait de papaye, alors nous pourrons vous répondre ».

« Papaye papale », « papayamobile »... Le sujet prête à rire et la presse ne s'en est pas privée. Plus gravement, mon nom a été utilisé et continue à l'être à tort et à travers par des fabricants de poudres de papaye sans scrupules. Ce que l'on a oublié, c'est que mes propositions de traitement au Pape ne se réduisaient pas à l'extrait de papaye fermentée. Le deuxième produit que je lui avais donné, le glutathion, est tout aussi important mais les journalistes n'ont pas retenu ce mot par trop scientifique et n'ont pas cherché à comprendre. Or s'ils avaient fait leur travail, ils auraient appris que j'étais le conseiller scientifique – non rémunéré – de la petite compagnie américaine Thyogen à l'origine de cet antioxydant sous sa forme orale.

Good morning America !

Ma rencontre avec le glutathion remonte à 1997, l'année où je débarquai à New York avec la casquette de professeur. Mon coup de colère et ma décision de m'exiler après ma mise à la retraite d'office avaient suscité des articles dans plusieurs grands quotidiens, dont le *New York Times*. Dans mon petit bureau du Queen's College, beaucoup de visiteurs vinrent me voir. Harry Demopoulos fut l'un des premiers à me rendre visite. Harry m'apportait un cadeau de bienvenue, une machine Expresso qu'il m'offrit en lançant : « Un Français aux Etats-Unis ne peut survivre que s'il a vraiment de quoi échapper tous les jours au café américain ! » Je ne le savais pas encore mais j'avais devant moi un génie du glutathion.

Ce produit naturel était alors utilisé sous une forme injectable mais n'existait pas sous forme orale, étant considéré comme détruit par l'acidité de l'estomac. C'est un produit pur, un triacide aminé doté d'une remarquable capacité à capter les molécules oxydées. Toutes les cellules l'utilisent contre le stress oxydant mais leur besoin va en grandissant et notre organisme n'en produit pas en quantité suffisante, surtout avec l'âge ; d'où la nécessité de lui en apporter par une complémentation. Le produit sur lequel je travaille avec Thyogen depuis la fin des années 1990 est absorbable et actif sous forme de gélules. Le « plus » américain tient dans une méthode de fabrication très originale permettant d'associer glutathion et vitamine C. On fait s'agglomérer les cristaux de glutathion à ceux de la vitamine C, une astuce permettant de neutraliser la charge du glutathion et de le rendre absorbable au niveau intestinal. Il en résulte un produit de qualité pharmaceutique dont l'absence de toxicité a été confirmée par plusieurs études de toxicologie. Je l'ai choisi pour ces raisons. J'ai souligné l'importance du glutathion pour notre santé, c'est l'un des compléments les plus précieux qui soient. Qu'il s'agisse de maladies sévères comme le diabète qu'il aide à prévenir de façon visible (on voit ses effets sur la glycation) ou de petits maux. C'est par exemple un excellent produit contre les allergies cutanées : en particulier contre l'eczéma qu'il améliore de façon spectaculaire en 48 heures. D'une façon générale, tous ceux qui en ont pris, moi le premier, ont senti un renouveau de bien-être physique ; normal puisqu'il fait remonter un taux de glutathion dont la baisse est tendancielle avec l'âge.

Une aventure française

La superoxyde dismutase (SOD) est un autre antioxydant essentiel au bon fonctionnement de notre organisme, une enzyme que nous fabriquons. Dans les années 1970, c'était un mot magique. Quand je suis entré à l'Institut Pasteur, l'une des premières questions que m'a posées Jacques Monod a été : « Que pensez-vous de la superoxyde dismutase ? » À vrai dire, je n'en pensais pas grand-chose à l'époque. Pourquoi cet intérêt ? Un chercheur reconnu de l'Institut de Biologie Physico-Chimique, A-M. Michelson, avait passé à Jacques Monod l'idée que la SOD était une enzyme formidable susceptible d'améliorer nombre de maladies. La superoxyde dismutase, il est vrai, sait convertir l'un des radicaux libres les plus réactifs de l'oxygène, l'anion superoxyde*. Cette dernière molécule a une vie très courte car elle s'accroche à tout ce qui passe à sa proximité, oxydant dangereusement protéines, lipides, ADN. Or la SOD transforme cet anion superoxyde en peroxyde d'hydrogène, un produit encore oxydant mais moins réactif qui, lui-même, doit être transformé par une deuxième enzyme, une catalase, pour aboutir à de l'eau ordinaire non oxydante.

Il existe deux types de SOD, associés à des ions métalliques différents : la superoxyde dismutase dépendant du manganèse et la SOD dépendant du cuivre et du zinc. Leur localisation est différente : la première se situe dans les mitochondries tandis que la seconde est présente dans les cytoplasmes*. La SOD est une protéine que l'on sait fabriquer depuis longtemps. On en produisait même en France à partir de globules rouges de sang de bœuf. Cette SOD française offrait des applications intéressantes surtout pour ce qui est des fibroses, une propriété méconnue de beaucoup de médecins. Les fibroses peuvent faire suite à une infection – la cirrhose du foie en est une – mais elles sont parfois causées par la médecine elle-même, en particulier la radiothérapie anticancéreuse. Le traitement d'une tumeur profonde affecte toujours un peu l'épiderme et le patient court le risque de développer une radio-fibrose. L'affection provoque une rétraction de la peau *a priori* définitive, cela dure des années et il n'y a apparemment rien à faire. Sauf à recourir à cette SOD qui faisait disparaître ces séquelles même les plus anciennes !

Une autre application concerne un « travers » que les hommes atteints de la maladie de Lapeyronie vivent mal. Il s'agit d'une asymétrie des corps caverneux provoquant une déviation du pénis en érection. Or, la superoxyde dismutase annihilait ce syndrome assez rare mais fort gênant. Ce n'était certes pas un grand marché pour ce produit français mais son action sur les radiofibroses l'élargissait nettement. Elle a d'ailleurs été démontrée dans un modèle expérimental sur le porc. Ces bienfaits étaient connus jusqu'au Palais du Luxembourg où nous avons participé à plusieurs réunions pour développer ce produit en France sous l'impulsion du sénateur Huriet. La superoxyde dismutase semblait également intéressante dans le cas du Sida en réduisant le stress oxydant. C'était sans compter sur l'irruption de la variante bovine de la maladie de Creutzfeldt-Jakob et ses conséquences. Tous les produits dérivés de sang de bœuf furent proscrits au nom du principe de précaution. Il fallut donc se tourner vers d'autres sources de fabrication. Seule l'Espagne continue à fabriquer de la SOD élaborée à partir des globules rouges de bœufs ou peut-être de taureaux de corrida...

La SOD *made in France* n'a pas complètement disparu. Une de nos firmes[51] a trouvé le moyen d'en fabriquer une forme d'origine végétale à partir d'une espèce de melon sélectionnée par l'INRA. En fait, l'Institut national de recherche agronomique voulait obtenir des melons qui ne pourrissaient pas (un gros inconvénient pour le transport et la commercialisation de ce fruit). Ce melon expérimental était enrichi en SOD, il en contenait dix fois plus que l'ordinaire, malheureusement il était immangeable car trop dur. C'est ainsi qu'un résultat de recherches conduisant à une impasse alimentaire a ouvert la voie à une SOD végétale française. Ce produit est disponible dans le commerce bien que 90 % de sa production parte aux Etats-Unis.

Cette forme de SOD végétale, donc très éloignée de l'enzyme humaine ou bovine, n'agit – sans doute comme la papaye – qu'indirectement en induisant la production de SOD endogène. On a identifié des mutations de cette SOD endogène affaiblissant sa fonction chez des patients atteints de sclérose latérale amyotrophique. La SOD du melon a donc peut-être un avenir dans ce domaine bien que son efficacité n'y soit pas encore prouvée.

Ignorances et fausses croyances sur les antioxydants

« Il n'existe que deux choses infinies, l'univers et la bêtise humaine... mais pour l'univers, je n'ai pas de certitude absolue. »

Albert Einstein

Désinformation médicale

La situation actuelle est contradictoire, sinon paradoxale. D'un côté, les antioxydants et « anti-âge » deviennent fort à la mode dans le grand public ; de grands salons se tiennent tous les ans sur le sujet. L'industrie alimentaire ne s'y est pas trompée et on voit apparaître dans les supermarchés des produits anti-âge de toutes sortes, sans parler des beurres, huiles, graisses aux oméga 3. L'industrie des cosmétiques lui emboîte le pas et commence à produire force crèmes et lotions antioxydantes qu'elle diffuse à coup de publicité télévisée. Nous ne sommes plus très loin de la situation qui règne aux Etats-Unis ; toute rue de New York a son « Vitamin Shop » où, après avoir pris votre panier, vous faites votre marché de fortifiant et antioxydant, avec une prime si vous achetez plusieurs des gros pots de mélanges vitaminés trônant un peu partout sur les rayons. Ces produits ne sont pas garantis par la FDA, la *Food and Drug Administration* (une interprétation libre en serait le SGDG français, « Sans garantie du gouvernement »)... et sont en vente libre. La situation profite aux producteurs – voilà un marché lucratif – mais qu'apporte-t-elle aux consommateurs ? Pris n'importe comment, à n'importe quelle dose, les vitamines, les micro-éléments, sélénium et autres zinc, peuvent constituer un danger pour la santé, présenter un effet toxique ou même être pro-oxydants, c'est-à-dire avoir les effets contraires d'un antioxydant. Sans compter que ces effets dépendent aussi de l'état enzymatique du patient. L'excès que l'on rencontre le plus fréquemment dans un dosage sanguin est celui de la vitamine E, sous sa forme d'alpha tocophérol ou de son dérivé oxydé, toxique.

Or en face, dans le corps médical, que trouve-t-on ? Un mur ! Un mur d'indifférence au mieux, souvent de mépris et de sarcasmes. On se gausse de ce que l'on considère comme un avatar de plus du charlatanisme qui a accompagné la médecine tout au long des siècles. A tort, car la science est bien là ; seulement elle diffuse mal. La communauté scientifique a un problème : l'énorme accroissement des connaissances a conduit de plus en plus à une spécialisation créant des comportements et des compartiments étanches. Chaque chercheur se trouve placé au sein d'une chapelle de plus en plus cloisonnée, constituée par des collègues travaillant dans la même spécialité, publiant dans les mêmes revues, s'y expertisant mutuellement et communiquant dans des congrès scientifiques régulièrement sponsorisés par l'industrie, cette dernière gardant de cette façon un œil vigilant sur les applications possibles. Les virologues se réunissent entre virologues, les bactériologistes n'échangent qu'avec les bactériologistes.

J'ai traversé ces deux disciplines pour avoir travaillé sur les mycoplasmes et leur relation avec le virus du Sida. J'ai participé à leurs congrès respectifs où j'étais toujours surpris de remarquer l'absence des spécialistes de l'autre bord : aucun virologue ne s'intéressait aux mycoplasmes et en général les bactériologistes ne voulaient pas entendre parler de virus. Mais quand j'ai commencé à évoquer ma théorie des mycoplasmes comme cofacteurs du Sida, les mycoplasmalogistes m'ont accueilli à bras ouverts. L'étude de ces bactéries, bien qu'assurée par des chercheurs extrêmement brillants, continue d'être peu financée par les crédits publics et privés, ce domaine étant considéré comme non rentable au niveau médical et pharmaceutique. Ils voyaient donc dans l'application au Sida une possibilité de financement extraordinaire !

Ce cloisonnement est l'un des aspects négatifs de la science contemporaine. On ne peut nier que la plupart des grandes innovations sont le fruit d'un voyage interdisciplinaire. La polyvalence scientifique apporte une vision différente, une manière de regarder librement ce que les spécialistes voient par le petit bout de la lorgnette avec toutes les obsessions ou les fixations qu'une focalisation nourrit. Malheureusement chacun campe sur son terrain. Il faut beaucoup de temps pour acquérir cette capacité, connaître une discipline demande des années, et des années sont nécessaires pour en maîtriser une autre. C'est l'une des raisons pour lesquelles il est stupide et dommageable de pousser les anciens scientifiques à la retraite d'office. Qui d'autre qu'eux peut faire valoir une vision suffisamment large pour exploiter cette transversalité interdisciplinaire ? Pour un jeune chercheur, l'exercice est beaucoup plus difficile car il doit se polariser sur un sujet de thèse et l'approfondir plutôt que de voyager d'un univers à l'autre.

En ce qui concerne le stress oxydant, c'est un domaine biochimique très pointu où travaillent depuis des années d'excellents spécialistes. De grands congrès scientifiques sur les radicaux libres se tiennent tous les ans et chaque chercheur a en tête les traités de référence comme celui de Barry Halliwell. Des « clubs oxygène » plus restreints se sont formés un peu partout, notamment en Californie sous l'impulsion de Lester Packer. En France, comme je l'ai dit, nous avions créé un club similaire qui se réunissait régulièrement à l'Institut Pasteur. Il en est sorti des échanges fructueux avec tous les spécialistes français et même des projets de recherche. Ceux-ci faisaient appel à la collaboration de plusieurs équipes complémentaires mais leur financement a été refusé par le CNRS et le ministère de l'Environnement. D'une façon générale, il faut reconnaître que ce domaine de la recherche reste relativement fermé, ignoré des autres spécialistes car, bien que portant sur des atomes et des molécules, il fait appel à des notions de biochimie classique. Ce n'est pas à 100 % de la biologie moléculaire pure et dure.

Quand je m'adresse à la communauté scientifique penchée sur le Sida, quand je parle « stress oxydant » comme lorsque j'évoque les mycoplasmes, au mieux je ne rencontre aucun écho, au pire des critiques larvées courageusement anonymes. J'ai envoyé un jour à la demande du *Jama* (*Journal of the American Medical Association*) un article où je mettais en lumière le rôle du stress oxydant dans la mort des lymphocytes caractérisant cette maladie. Un expert non identifié du manuscrit l'a hargneusement fusillé d'un : « Montagnier prend à nouveau les effets pour la cause. » Il n'avait pas compris que cette altération biochimique, même si elle était *in fine* en partie causée par le virus, jouait elle-même un rôle aggravant dans la mort des lymphocytes par apoptose. Et même si on fait presque totalement disparaître le virus par la trithérapie, certains signes du stress oxydant persistent, indiquant la complexité de son origine.

Les mêmes raisonnements fallacieux sont appliqués au rôle du stress oxydant dans le vieillissement et les maladies chroniques qui y sont associées. Il est vrai que traiter le stress oxydant, c'est traiter un symptôme, mais c'est ce que fait tous les jours la médecine moderne ! On ne fait pas autre chose dans la polyarthrite rhumatoïde en neutralisant le syndrome inflammatoire par des anticorps anti-TNF.

Les cercles bien-pensants de la médecine mettent en avant des essais cliniques négatifs. Quelques études ont bien été réalisées, principalement avec la vitamine E, pour évaluer le bénéfice de sa prise régulière sur la fréquence des accidents cardiovasculaires ou l'apparition d'un cancer. Effectivement elles indiquaient un effet plutôt contraire, le groupe traité montrant davantage d'événements pathologiques que le groupe témoin non traité. Ces résultats ont été largement diffusés dans les revues médicales, jusque dans la grande presse, pour en conclure, en généralisant, que les antioxydants n'avaient aucun effet ; pis, qu'ils pouvaient engendrer des effets néfastes ! Ce sont ces mêmes études qui, avec une malhonnêteté intellectuelle éhontée, vous sont systématiquement opposées lorsque vous parlez de stress oxydant à la plupart des médecins. Or il est aisé de démontrer pourquoi de tels essais étaient négatifs. D'abord la vitamine E utilisée, l'alpha tocophérol, n'est pas la vitamine E physiologique, à savoir le gamma tocophérol. D'autre part, la vitamine E oxydée devient elle-même un produit oxydant si sa forme active n'est pas régénérée par la vitamine C.

Utiliser la vitamine E seule est donc une grossière erreur : pour garder un rapport vitamine C/vitamine E convenable – c'est une notion de base nous l'avons vu – il faut prendre des doses de vitamine C beaucoup plus fortes puisque cette dernière n'est pas stockée dans l'organisme.

Des produits en or non brevetables !

Dans la nature, les plantes contiennent toujours des mélanges d'antioxydants agissant en interaction et en harmonie les uns avec les autres. Un premier antioxydant va réduire une molécule oxydée et donc va lui-même s'oxyder ; cette molécule sera ensuite réduite (désoxydée) par un deuxième antioxydant qui va s'oxyder et ainsi de suite... Nous n'arriverons peut-être jamais à identifier les principes actifs de ces plantes, mieux vaut donc les employer tels que la nature nous les apporte, ce qui ne nous affranchit pas de les améliorer. En tout cas, y compris pour des produits synthétiques, gardons toujours à l'esprit d'utiliser des mélanges d'antioxydants et jamais un seul. Il n'existe pas de formule anti-âge miracle, un unique produit de jouvence ! Tout est dans les mélanges, l'équilibre et la mesure. Certes, le mythe de Faust et du rajeunissement est dans nos têtes mais restons plus que prudents face à des produits tels que l'hormone de croissance dont on ignore les conséquences à long terme. Prudence également vis-à-vis des surdosages de DHEA, de L-Carnitine, d'acide alpha-lipoïque ou de co-enzyme Q10...

Comme les différents paramètres du stress oxydant sont variables suivant la personne, il est indispensable avant tout traitement d'établir un bilan exact de ce stress, de l'état des défenses naturelles du patient et d'identifier ses carences. D'où l'importance d'effectuer des dosages sanguins par des laboratoires spécialisés. Là aussi je rencontre beaucoup d'ignorance. Certains composés antioxydants (glutathion, vitamine C) demandent une conservation au grand froid quasi immédiate après le prélèvement sanguin. Le transport de ce prélèvement nécessite donc une chaîne du froid impeccable, ce qui n'est pas toujours respecté. Des laboratoires proposent l'envoi d'échantillons sanguins par le service postal ordinaire, c'est une complète hérésie : les mesures ainsi obtenues sont sans aucune valeur.

Qui plus est, nous ne sommes pas égaux en ce qui concerne nos capacités de défenses antioxydantes. Il y existe ce qu'on appelle un polymorphisme génétique portant sur les gènes codants pour nos enzymes antioxydants. Certaines mutations transmises génétiquement atténuent fortement la capacité fonctionnelle de ces enzymes. L'idéal serait de détecter ces altérations par des techniques d'analyse moléculaire. Elles existent. Ainsi un médecin correctement formé dans ce domaine pourrait, avant de prescrire un traitement antioxydant, avoir sur son bureau les paramètres précis du stress oxydant de son patient et, dans un futur proche, également des informations sur son terrain génétique. Nous voilà sur le terrain de la pharmaco-génomique. Mais ce médecin existe-t-il ? Il ne court pas les rues. La biochimie du stress oxydant, son rôle dans nombre de maladies ne sont nullement enseignés dans les facultés de médecine, la recherche sur ses causes infectieuses encore moins. Et puis le fait que le médecin non spécialiste ait entendu parler des résultats négatifs des essais cliniques d'antioxydants ne l'incite pas à rechercher une formation post universitaire adéquate. Celle-ci d'ailleurs n'existe pas, il y a donc là une grosse lacune à combler. Elle pourrait l'être – devant l'indifférence des pouvoirs publics – par des initiatives venant de fondations privées.

Il est clair que le contrôle médical de l'utilisation des antioxydants paraît indispensable si l'on veut éviter une consommation à tort et à travers par l'automédication. Ce qui est le cas aujourd'hui : le domaine est pollué du fait que ces produits ne sont pas admis en général en tant que médicaments mais comme de simples « compléments alimentaires » : origines non contrôlées, surenchère des promesses-produits, multiplication de vrais faux antioxydants, consommation chaotique. Par ricochets, cette exploitation anarchique ou à tout le moins empirique brouille et discrédite le champ thérapeutique. Certaines personnes ne jurent que par les antioxydants, d'autres vous diront : « Je connais quelqu'un qui en a pris, cela ne lui a rien fait »...

En fait, il faudrait dans l'avenir effectuer des essais cliniques contrôlés pour affirmer ou infirmer l'effet de préparations antioxydantes. Pour le moment la grande industrie pharmaceutique, à l'exception de quelques vitamines commercialement très rentables, ne s'intéresse pas à ce domaine ; *a fortiori* si la préparation d'antioxydants est un mélange complexe où interviennent en concertation plusieurs éléments antioxydants. Pour en faire un médicament, la démarche traditionnelle de l'industrie est d'en tirer un principe actif et de le breveter. Un extrait naturel de plantes n'est pas brevetable et, dans la majorité des cas, il ne sera jamais possible d'en extraire une molécule purifiée brevetable puisque c'est l'association complexe de plusieurs molécules qui lui confère l'activité antioxydante. Or actuellement, seule la grande industrie pharmaceutique a les capacités financières pour lancer des essais cliniques portant sur des centaines sinon des milliers de patients. On aboutit ainsi à un cercle vicieux : ces produits sont en général fabriqués par de petites compagnies qui n'ont pas les moyens d'en faire des médicaments acceptables par les autorités de régulation. Elles parviennent à démontrer leurs effets au cas par cas : quand un stress oxydant mesuré lors d'un test de laboratoire disparaît au bout de six mois de traitement à l'extrait de papaye fermentée par exemple, l'action du produit sur le rétablissement de l'équilibre biochimique est indiscutable. Des études pointues peuvent aussi attester des effets antioxydants d'un produit : dans le cas de la FPP, cela se traduit par quelque 30 publications ! Il n'en est pas moins difficile et surtout dispendieux de démontrer l'effet clinique dans les règles classiques de la science. Du coup, une kyrielle de précieux composés restent noyés dans la masse des suppléments alimentaires, hors prescription médicale. Autrement dit médicalement bannis.

L'histoire de la pharmacie nous montre pourtant que beaucoup de grands médicaments utilisés actuellement proviennent au départ d'observations empiriques faites sur des extraits de plantes. On connaissait les effets anti-inflammatoires de l'extrait de saule ou de la reine des prés depuis des siècles jusqu'au jour où un chimiste allemand de la firme Bayer a greffé un radical acétyle sur l'acide salicylique : il en fit l'aspirine. Il a fallu ensuite attendre soixante ans pour connaître, et encore en partie seulement, les mécanismes moléculaires expliquant son activité. Je ne suis même pas sûr que ce médicament, s'il était inventé aujourd'hui, obtiendrait une autorisation de mise sur le marché...

« Dis-moi ce que tu manges je te dirai ce que tu es »

Le lecteur objectera : « Mais pourquoi prendre des pilules puisqu'une alimentation équilibrée riche en fruits et légumes frais nous apporte vitamines et minéraux antioxydants ? » On cite à l'envi l'exception française (ah, le *french paradoxe !*) où une alimentation riche en graisse additionnée de vin confère à nos compatriotes du Sud-Ouest une vie longue moins accidentée en infarctus. On vante aussi le régime crétois, cette alimentation à base d'huile d'olive, de poisson et de certaines plantes connues dans l'île conférant, semble-t-il, à ses habitants une grande longévité. Ou encore le régime des centenaires d'Okinawa, un modèle autant fondé sur la qualité alimentaire que sur la restriction calorique (ne jamais manger à satiété !). Il est vrai qu'il y a toute une éducation à faire dans ce domaine et elle a été bien engagée par les pouvoirs publics, associée à la lutte contre le trop-manger, la « diabésité » et la nourriture « à l'américaine » faite de hamburgers et de frites à l'huile altérée par des chauffages répétitifs. Même les restaurants McDonald, tout au moins en France, ont changé leur fusil d'épaule ; et Coca Cola se met à commercialiser son Coca Zéro...

Une étude française d'envergure lancée par nos collègues Alain Favier et Serge Hercberg, connue sous le nom de « Suvimax », a cherché à déterminer le rôle d'une complémentation en vitamines et minéraux antioxydants sur la réduction du risque de cancers et de maladies cardiovasculaires. Quelque 14 000 personnes ont été suivies pendant huit ans. La moitié de ces personnes a reçu, en pilules, des vitamines et antioxydants à dose nutritionnelle : vitamines C et E, bêtacarotène, zinc et sélénium ; l'autre moitié a reçu des placebos. Le dépouillement des résultats, qui n'est pas encore totalement publié, a montré cependant des différences intéressantes entre les deux groupes. En particulier une diminution de 31 % des cancers et de 37 % de leur mortalité chez les hommes du groupe vitaminé. En revanche, aucune différence n'a été observée chez les femmes de ce même groupe par rapport au groupe témoin dans l'incidence des cancers ou la baisse de la mortalité dont les pourcentages étaient d'ailleurs plus bas que chez les hommes. L'explication tiendrait au fait que les femmes du groupe placebo consommeraient spontanément davantage de fruits et légumes.

Très vite les pouvoirs publics ont transcrit ces résultats en traduisant : « Mangez davantage de fruits et légumes, au moins cinq par jour », alors que l'étude portait sur une comparaison faite avec des gélules d'antioxydants synthétiques ! En revanche, les compagnies productrices d'antioxydants en ont profité pour vanter la consommation de leurs produits. Il est clair qu'une alimentation équilibrée, associée à un exercice physique modéré et à un bon équilibre psychologique, ne nécessite pas chez un sujet jeune une supplémentation en antioxydants. Les études de mon collègue Michel Brack indiquent que beaucoup de personnes jeunes en bonne santé ne présentent aucun stress oxydant : tous leurs paramètres sont normaux, que ce soit les taux de vitamine C, de glutathion, de vitamine E, de lipides péroxydés... Cependant, quelques sujets jeunes montrent déjà des paramètres altérés qui à mon avis constituent des facteurs de risque de tomber ultérieurement en maladie. Ainsi, on détecte chez les jeunes femmes prenant la pilule contraceptive une augmentation significative de l'hyperoxydation de leurs lipides plasmatiques et souvent trop de cuivre par rapport au sélénium. Si la dame, en plus, est fumeuse et boit assez régulièrement de l'alcool, les paramètres sont davantage altérés et le facteur de risque cardiovasculaire sensiblement augmenté.

En ce qui concerne les fruits et légumes, un grand « bémol » doit être ajouté. Frais, ils sont effectivement riches en vitamines antioxydantes mais ils en perdent beaucoup du fait d'une conservation prolongée (en chambre réfrigérée), du fait aussi que tous les arbres fruitiers sont maintenant traités un nombre incalculable de fois par des pesticides. Sous l'effet de ce passage au « karcher », la plante synthétise moins d'antioxydants, que ce soit un arbre fruitier ou un légume. En outre, sa teneur en minéraux utiles peut fortement varier suivant le degré de fertilisation de la terre où elle a poussé. Et l'on a la preuve que les pesticides augmentent les risques dans bien des pathologies[52]. Il est donc difficile de donner à l'aveuglette des conseils d'alimentation. La seule solution rationnelle serait que chaque personne passe régulièrement, dans des centres spécialisés, des tests évaluant son stress oxydant, son *profil redox*, et qu'ensuite le médecin prescripteur puisse le corriger par des conseils de changement d'alimentation ou la prise de pilules.

Qu'en est-il des pays en développement, notamment d'Afrique, où l'alimentation, pour des raisons économiques, est très souvent déséquilibrée ? Malgré l'abondance de fruits tropicaux riches en antioxydants, les quelques études effectuées montrent que beaucoup de personnes jeunes sont en stress oxydant. En plus de l'alimentation, des facteurs infectieux ou parasitaires (paludisme, tuberculose, vers intestinaux) contribuent certainement à les maintenir dans cet état. Ceci participe bien sûr à l'affaiblissement de leur système immunitaire et les rend encore plus vulnérables à des infections de toutes sortes, y compris le Sida.

La solution ici – hélas à long terme – passerait par une lutte contre les infections s'appuyant sur un dépistage précoce et par des conseils et une éducation sur l'alimentation. Le but serait de la rendre plus riche en fruits et légumes et de favoriser l'utilisation d'antioxydants peu coûteux. En Afrique de l'Ouest, il serait sage de conseiller l'usage déjà assez répandue de l'huile de palme, dans sa version non raffinée, la plus riche en carotène ou de fournir des extraits d'une algue microscopique riche en nutriments de toutes sortes, la spiruline.

De l'usage inapproprié des antibiotiques

On a vu que les sources externes du stress oxydant provenaient souvent d'infections virales ou bactériennes. Il serait donc logique d'attaquer ces dernières par des traitements antibiotiques appropriés. En la matière, nous nous heurtons à deux dogmes que nos autorités de santé ont profondément ancrés dans l'esprit des médecins.

A partir d'un phénomène réel – la circulation de plus en plus forte, notamment à l'hôpital, de souches bactériennes résistantes aux antibiotiques – l'oukase maintenant est d'une part de réserver l'usage de ces derniers à des infections avérées bactériennes graves et, d'autre part, d'en restreindre la durée à la disparition de l'infection aiguë. Or de tels dogmes se heurtent au concept inverse d'un traitement de longue durée nécessité par des infections bactériennes persistantes dans les maladies chroniques au long cours. Et le premier dogme méconnaît les mécanismes mêmes de l'apparition de la résistance. Entre la bactérie qui se multiplie rapidement et l'antibiotique s'établit un rapport de force en fonction de leurs quantités respectives. Si effectivement une forte multiplication bactérienne se produit (par exemple une septicémie), des bactéries résistantes seront sélectionnées en présence d'une teneur antibiotique même forte. Si en revanche la quantité de bactéries persistantes est faible – et c'est le cas des infections chroniques où les bactéries persistent en se multipliant peu ou pas du tout – il sera nécessaire de maintenir une concentration antibiotique élevée constante et ceci n'entraînera pas de résistance.

En fait, la politique médicale officielle pour l'usage des antibiotiques est exactement à l'opposé de celle qui est conseillée pour le traitement d'une maladie virale, il est vrai reconnue comme persistante, le Sida ! Dans ce cas, on conseille de maintenir une trithérapie intensive même après avoir obtenu une forte diminution de la charge virale et les virus résistants n'apparaissent que si le patient, pour une raison ou pour une autre, interrompt le traitement.

Les oukases sur les antibiotiques vont jusqu'à interdire au médecin la prescription d'une antibiothérapie de longue durée pour des maladies chroniques et la Sécurité sociale dénie le remboursement de tels traitements. Ainsi mon collègue de province, le Dr Philippe Bottero, a le plus grand mal à continuer à traiter par antibiotiques des maladies neurodégénératives ou des enfants autistes alors qu'il a obtenu par cette approche des améliorations spectaculaires. Bien que pratiquant une médecine de pointe, il est considéré par les bureaucrates de la Sécurité sociale et certains de ses collègues comme le mouton noir de son département. Un comble !

« Absence of evidence is not evidence of absence ! »

Voilà plus de cinquante ans que le stress oxydant a été mis en évidence. La recherche des causes extérieures de ce symptôme biochimique, notamment infectieuses, me paraît absolument prioritaire. Ce symptôme présent dans beaucoup de pathologies contribue à leur gravité et, au même titre que les produits nocifs de l'inflammation, doit être traité. Ceci suppose des médecins formés à cette discipline, des produits antioxydants contrôlés comme de vrais médicaments et non utilisés en automédication. Cela implique que des laboratoires spécialisés soient en mesure de donner, à partir d'une simple prise de sang, des informations précieuses sur l'état biologique qu'ils ont à corriger.

En fait, c'est l'intérêt des malades qui doit primer. Par exemple, l'une des applications de l'extrait de papaye fermentée porte sur les effets négatifs de la chimiothérapie anticancéreuse. Il bloque son action indésirable sur les cellules souches de la moelle osseuse et évite une chute des globules blancs chez les patients. Au point que certains patients participant à nos études se sont vus suspectés par leur chimiothérapeute de ne pas avoir suivi leur traitement ! Il n'y a rien de magique dans cette observation, seulement un effet logique : la papaye est un immunostimulant. Elle l'est de manière complexe, je le reconnais, mais c'est justement cette complexité qui mérite qu'on s'y intéresse. Gardons en tête l'exemple de l'aspirine !

Des produits naturels comme ceux-là il y en a beaucoup. Souvenons-nous de l'affaire Beljanski. J'ai bien connu l'homme et j'ai gardé mon estime pour ce collègue de l'Institut Pasteur prématurément disparu. Il avait utilisé un produit d'origine amazonienne, le Pao pereira, un extrait de plante qu'il préconisait comme traitement anticancéreux. J'ai tendance à penser que ce produit agit de la même façon que l'extrait de papaye, essentiellement par un pouvoir immunostimulant et antioxydant. Sa famille vend aujourd'hui ce produit aux Etats-Unis mais rencontre de gros tracas juridiques en France. Le Pr. Beljanski a été poursuivi pour exercice illégal de la médecine et de la pharmacie.

Cette attitude de rejet, sinon de mépris, est assez générale en ce qui concerne aussi bien les extraits de plantes que l'utilisation de méthodes physiques. Dernièrement, un chercheur italien m'a adressé un dossier qui n'aurait aucune chance d'être étudié d'emblée par une quelconque autorité de santé. Il y explique comment supprimer les douleurs par une méthode purement physique et non invasive. Le principe consiste à brouiller les messages nerveux. Cet ingénieur aurait trouvé le moyen d'interférer sur leurs fréquences par des ondes électromagnétiques. L'idée s'écarte des sentiers battus et des dogmes actuels mais pensons aux cancéreux en phase terminale résistant à tout, même à la morphine ! Si des chercheurs de bonne volonté proposent d'autres solutions, pourquoi ne pas leur laisser une chance et les inciter à effectuer des essais contrôlés ?

Et l'homéopathie ? Des millions de Français – un sur cinq ! – sont adeptes de l'homéopathie, ne serait-ce que pour soigner leurs petits maux, et notre pays compte quelque 18 000 médecins homéopathes. Comment peut-on affirmer aussi catégoriquement que cette médecine ne présente aucune efficacité simplement parce que nous ne sommes pas en mesure de l'expliquer ? Une méta-analyse récente (compilation savante de plusieurs études différentes) publiée en 2006 par la revue The Lancet, conclut que les remèdes homéopathiques n'ont pas plus d'effet que des placebos. Effet neuro-immunologique ? Mais on guérit aussi des chevaux ! Peut-être l'homéopathie agit-elle par des mécanismes que la physique nous expliquera un jour, par exemple par l'action sur nos cellules de la « mémoire de l'eau » pour évoquer un autre chercheur jugé « hérétique », Jacques Benveniste, mort abandonné. Cessons de rejeter tout ce que l'on ne comprend pas, au mépris des patients. Pour l'anecdote, au début du XIXe siècle, en plein triomphe de cette médecine alors nouvelle particulièrement en vogue en Allemagne et aux Etats-Unis sous l'impulsion de son fondateur Samuel Hahnemann, l'Académie de Médecine avait présenté au ministre de la Santé Guizot une demande d'exclusion. Celui-ci avait répondu : « Hahnemann est un savant de grand mérite. Si l'homéopathie est une chimère ou un système sans valeur, elle tombera d'elle-même. Si au contraire elle est un progrès, elle se répandra malgré toutes vos mesures de proscriptions. L'Académie doit le souhaiter, elle qui a pour mission de faire avancer la science et d'encourager les découvertes. »

En dépit de cette sage préconisation, deux siècles après rien n'a changé, sinon que cette médecine holistique a continué à se répandre ! Au centre de la ville de Washington trône dans une grande place circulaire un buste imposant de Hahnemann. Imaginez cette statue au cœur de Paris, au pays des Droits de l'Homme et des Grandes Idées... elle serait déboulonnée illico ! Espérons que les tendances réductionnistes et conservatrices, encore trop fréquentes dans le corps médical, finiront par laisser place à un esprit d'ouverture et une volonté de progression. D'ailleurs, il n'est pas impossible que ces changements interviennent sous la pression des patients eux-mêmes. Leur curiosité croissante vis-à-vis de cette approche thérapeutique et de ses qualités préventives peut pousser les médecins à réagir. Citons

Carl Sagan : « *Absence of evidence is not evidence of absence.* »

Les Dix Commandements de la lutte contre le stress oxydant

1. Eviter toute auto-médication
2. Faire des tests mesurant son état antioxydant
3. Utiliser des antioxydants sur prescription médicale
4. Veiller à ne pas consommer des antioxydants... oxydés
5. Ne jamais utiliser de produits purs seuls mais prendre des associations
6. Préférer les mélanges complexes d'origine naturelle
7. Accepter un suivi médical (où le traitement sera ajusté à l'amélioration des résultats des tests)
8. Interrompre périodiquement le traitement
9. Rechercher une origine infectieuse et la traiter en conséquence
10. Dans le futur : rechercher dans le patrimoine génétique les mutations affectant les défenses antioxydantes

LA MÉDECINE DU FUTUR

Une vision préventive

Grandeur et déclin de l'empire pharmaceutique

« Toutes les tentatives pour donner un deuxième souffle à la révolution thérapeutique (de la pharmacologie rationnelle à la génétique) ont jusqu'à présent échoué. On n'a généralement pas réussi à définir, aussi précisément que dans les maladies infectieuses, ce que sont les causes ultimes des maladies... »

François Dagognet, Philippe Pignarre[53]

« Big Pharma » veille sur nous

L'humanité est entrée dans une ère nouvelle, celle de l'*homo economicus*. Jamais la pression du « marché » n'a été aussi forte sur nos activités. Notre santé n'y échappe pas. Patient rime parfaitement avec client ; un puissant business mondial surfe sur nos maux dans une course aux parts de marché, aux taux de profits à deux chiffres. Une petite dizaine de multinationales, pour l'essentiel américaines, dominent le marché pharmaceutique[54]. Plus de la moitié des médicaments que nous consommons sortent des lignes de production des « Big Pharma » qui toutes courent après le même objectif :

la mise sur le marché de la molécule « magique », ce *nec plus ultra* du médicament qui touchera des millions de patients. Lovenox, Plavix, Stilnox, Zoloft, Celebrex, Viagra, Serevent, Paxil...

Cette focalisation autour des *blockbusters* accapare aujourd'hui la matière grise des laboratoires pharmaceutiques, et aussi la plus grande partie de leurs investissements. Au début du XXe siècle, dans les pas de la médecine pasteurienne et de la lutte contre les agents pathogènes – principalement les bactéries – la fabrication des vaccins était artisanale, laissée aux mains d'instituts sans but lucratif au premier rang desquels le prestigieux Institut Pasteur en France mais aussi l'Institut Lister en Grande-Bretagne ou Behring en Allemagne. L'apparition des sulfamides, puissants agents antibactériens, fut un grand progrès ; en même temps, elle introduisait l'industrie dans le monde de la médecine. La révolution pharmaceutique se mettait en marche.

Les sulfamides, découverts à partir des colorants utilisés par la chimie lourde allemande, allaient conférer à cette dernière une place de choix. Bayer, Hoechst, Schering... domineront longtemps l'industrie pharmaceutique. La découverte des antibiotiques par Fleming[55], Florey, Waksman et d'autres, lui donna l'impulsion décisive. La Seconde Guerre mondiale aussi, durant laquelle les Etats-Unis se lancèrent dans la production en masse de la pénicilline.

Comment la France a laissé filer sa recherche pharmaceutique

Au sortir de la guerre, la France se fit à nouveau une place au soleil en fabriquant sous licence des antibiotiques. A côté de nombreuses sociétés à caractère familial se développait le groupe Rhône-Poulenc, d'où sortirent plus tard de vraies innovations et de grands médicaments comme la chlorpromazine[56]. Les pharmacies vendaient à cette époque beaucoup de petits médicaments à l'efficacité plus ou moins démontrée mais dépourvus de toxicité. On y trouvait par exemple le Lactéol du docteur Debat, ces fameux comprimés de bacille lactique facilitant le transit et éliminant les diarrhées. Ce produit a survécu car il est efficace. On pouvait y acheter également des remèdes plus antiques comme l'Elixir parégorique, un extrait alcoolique de plantes. Je me souviens que mon père et mon grand-père utilisaient cette teinture d'opium benzoïque (aujourd'hui détournée de son emploi par les toxicomanes) pour soulager la dysenterie incoercible dont ils souffraient pendant la guerre. Nous en étions réduits à manger un pain fait d'infâmes balayures de greniers à farine... le médecin prescrivait le Lactéol, puis l'Elixir.

Cette période est révolue. La concentration capitalistique de l'industrie y a mis un terme. La création de la Sécurité sociale en 1945 a également marqué un tournant. On pouvait enfin se soigner correctement, aux frais de la communauté. Mais paradoxalement cette avancée sociale, au fur et à mesure que les dépenses augmentaient, allait entraîner un recul industriel. Contrairement à ce qui se passe dans d'autres pays, le ministère de la Santé n'a pas en France les moyens de sa politique en terme d'aide à la recherche (les crédits correspondants ne dépendent pas de lui). Sa principale mission consiste à comprimer les dépenses de santé pour équilibrer le budget de la Sécurité sociale. Les pouvoirs publics ont utilisé le moyen le plus facile : tous les gouvernements successifs n'ont eu de cesse de baisser le prix des médicaments. Les compagnies pharmaceutiques se sont vu imposer des prix bas et c'est toujours le cas aujourd'hui alors que la dépense médicamenteuse – l'éternel alibi des pouvoirs publics – ne constitue qu'un poste mineur du déficit loin derrière les dépenses hospitalières : celles-ci pèsent à elles seules plus de 40 % des dépenses de santé[57]. L'industrie pharmaceutique a donc dû réduire ses coûts et cette politique du « bon marché » a entraîné un double effet pervers, à l'opposé du but recherché : les ordonnances des médecins ont eu tendance à s'allonger et à se renouveler puisque c'était gratuit pour le patient. Il en est résulté une plus grande consommation annihilant les économies escomptées. Mais surtout cette doctrine aberrante a tué la recherche pharmaceutique en empêchant les laboratoires français de financer, en augmentant le prix de vente de leurs médicaments, la recherche et le développement des médicaments du futur. Au fil des ans, ce secteur déjà fragile a vu décliner ses capacités innovantes. Ceci a été encore aggravé récemment par le déremboursement de médicaments anciens, considérés comme peu actifs, au profit de médicaments plus récents mais fort chers car mis au point à l'étranger.

Médicaments anti-Sida : fiasco français, succès américain

La carence de l'industrie française a été manifeste en ce qui concerne la mise au point des médicaments contre le virus du Sida. Avec la découverte française du virus en 1983, elle avait la chance de pouvoir être en pointe dans ce domaine. Finalement, nos laboratoires n'ont sorti aucun médicament. Le groupe Rhône-Poulenc s'était pourtant associé précocement à notre groupe de l'Institut Pasteur : nous avions passé un accord concernant le *screening*, c'est-à-dire le criblage systématique (par test de milliers de molécules) d'inhibiteurs potentiels du virus mais ces efforts furent vains. Rhône-Poulenc n'avait pas choisi les bonnes orientations. Il était évident que le VIH possédait des enzymes propres, au moins deux ou trois, sur lesquelles on pouvait tenter de faire agir des inhibiteurs spécifiques.

C'est ainsi que fut trouvé aux Etats-Unis un inhibiteur de la transcriptase inverse du virus, l'AZT. Ce dérivé d'un élément constitutif de l'ADN (nucléoside*) était connu depuis les années 1960 comme un inhibiteur possible de la croissance des cellules cancéreuses. Malheureusement, il s'était révélé trop toxique pour cet usage mais la firme britannique Burroughs-Welcome, où il avait été synthétisé, le gardait sur ses étagères parmi bien d'autres. En 1985, un screening effectué par un laboratoire du National Institute Health (NIH) permit par hasard de déceler son activité sur l'enzyme du virus du Sida. Ce fut le début d'une recherche systématique d'autres dérivés analogues d'où sortirent, avec la puissance de frappe américaine, le DDI, le DDC, le D4T... Partie de l'empirisme, cette recherche a été sérieusement rationalisée pour des inhibiteurs plus spécifiques, notamment ceux portant sur la deuxième enzyme du virus, la protéase. Elle a été conduite par des firmes pharmaceutiques américaines, essentiellement, ainsi que quelques compagnies européennes, belges et allemandes principalement. La France en a été totalement absente alors que nous avions tous les éléments en main ! Nous avions réalisé la séquence du virus, la séquence en acides aminés de la protéine (la protéase), il ne nous restait qu'à faire le design moléculaire. De quoi s'agit-il ? De la représentation en trois dimensions de l'enzyme et de la construction de modèles permettant de calculer les inhibiteurs capables de s'insérer spécifiquement dans la molécule. Cela, ce sont les Américains qui l'ont fait, non sans peine.

Heureusement, pour le test-diagnostic, la collaboration avec l'industrie, Sanofi en l'occurrence, a mieux fonctionné, malgré quelques retards. Le transfert de technologies entre notre laboratoire de recherches et les applications a été réussi mais de justesse et dans un climat de compétition intense. Sanofi Diagnostics Pasteur, émanation de Sanofi et de l'Institut Pasteur, a développé assez vite des tests – nous bénéficiions d'un an d'avance sur la découverte du virus – mais les Américains, avec Abott, nous ont malgré tout légèrement devancés au niveau de la diffusion commerciale. Pourquoi ce contretemps ? Principalement parce que l'Institut Pasteur et le ministère de la Recherche plaçaient peu d'intérêt dans les applications de la découverte du virus. En avril 1984, la Direction de Sanofi Diagnostics Pasteur montrait encore de l'indifférence : les tests, disait-elle, coûteraient trop cher, les centres de transfusion ne les achèteraient jamais, le risque était faible, il n'y avait donc pas de marché... Un mois plus tard, après que Robert Gallo eut publié ses découvertes, elle se réveillait. C'est dire le manque de flair scientifique et commercial ! Il est vrai qu'en France, peu de responsables réaliseront le caractère critique de la situation, autrement nous aurions évité l'histoire du sang contaminé. Toutes les autorités sanitaires avaient tendance à estimer qu'il n'était pas primordial d'engager des tests, pensant que le sang français était bien plus pur, bien plus sûr que le sang américain. Elles ne se rendaient pas compte que des problèmes apparaissaient déjà. Nous l'avions vu très vite, dès 1984, avec les résultats des hémophiles : 60 % de ceux qui avaient reçu des produits industriels, y compris venant de France, du Centre national de transfusion, étaient séropositifs. Le virus était donc pas mal brassé dans la population française des donneurs de sang dès 1982 ou 1983...

Nous étions mal partis sur le front du diagnostic et cela fut encore pire pour la thérapeutique. Dans ce domaine, les grands médicaments actifs sont venus des Etats-Unis et dans une moindre mesure d'Angleterre, d'Allemagne, de Belgique et du Canada. Dans l'industrie pharmaceutique, entre le moment où l'on obtient un médicament de laboratoire et sa commercialisation, il faut compter cinq à dix ans de mise au point. Dans le cas des produits anti-Sida, le processus a été accéléré sous la pression des communautés activistes américaines mais cela n'a pu être possible que par une énorme mobilisation industrielle. Si mille produits agissent sur le virus dans un test en laboratoire, seuls quelques-uns seront testés avec des résultats pas trop toxiques chez l'animal et un seul peut-être pourra être appliqué à l'homme. Pour revenir aux anti-protéases, leur mise au point a été laborieuse. Elle passait d'abord par une approche rationnelle de synthèse de centaines de produits pouvant bloquer l'enzyme dont on connaissait la structure en trois dimensions. Beaucoup de ces produits, actifs *in vitro*, se révélaient décevants *in vivo* : ils ne passaient pas dans le sang ou ne pénétraient pas dans les cellules et tissus de l'organisme. Finalement ont émergé des laboratoires américains quelques produits actifs en clinique. Mais le succès final n'a été possible que grâce à une mise en commun des résultats venant de laboratoires pharmaceutiques différents, ce que l'on voit rarement dans un milieu où tout le monde est compétiteur. Un consortium fut ainsi créé où tous les grands groupes producteurs se retrouvaient : Roche, Merck, Abott, Pfizer, Smith-Kline, Welcome... puis des firmes européennes comme Bohringer et une société italienne, Sigma-Tau, dont j'étais le consultant et grâce à laquelle j'ai pu assister à cette union sacrée en tant qu'expert invité. Pour quelque temps... car j'allais être très vite écarté à cause de ma casquette « Pasteur », trop dérangeante. C'est cette extraordinaire combinaison de moyens, inusitée dans le monde pharmaceutique, qui a fait le succès de la trithérapie dans le Sida.

Mammouths pharmaceutiques

Du côté de l'Hexagone, malgré ces déboires, les « feux de l'été » apportent encore de beaux fleurons. Mais pour combien de temps ? Le secteur pharmaceutique représente au niveau national un beau chiffre d'affaires mais qui reflète principalement une activité de sous-traitance des inventions américaines. La plupart des produits les plus utilisés, les plus vendus, résultent de recherches menées aux Etats-Unis, les filiales françaises se contentant de les fabriquer. Ces firmes vendent *de facto* en France leurs médicaments moins chers qu'ailleurs mais se rattrapent sur la quantité et sur l'exportation à l'étranger. Bien sûr, l'industrie franco-française a voulu, tardivement, les imiter. C'est ainsi qu'est survenue une spirale de fusions successives des moyens vers les plus grands. Rhône-Poulenc a fusionné avec Hoechst, son partenaire allemand et actionnaire majoritaire qui avait absorbé Roussel un peu plus tôt. Ce complexe a donné naissance à Aventis, lui-même tombé en 2005 dans l'escarcelle de la deuxième compagnie française, Sanofi.

La France compte désormais une seule grande compagnie et deux ou trois moyennes. Voilà une bonne chose, vous diront certains : réunis sous un même étendard, nos potentiels de recherche devraient s'épanouir grâce aux économies d'échelle, à la complémentarité des activités, à l'élargissement des marchés, et *tutti quanti*... Belle langue de bois de managers. Dans la réalité, une fusion entraîne généralement une constriction, rarement un rayonnement. Quand bien même : ce géant, au troisième rang mondial, devra de toute façon affronter la concurrence d'autres poids lourds ayant eux-mêmes absorbé d'autres compagnies. C'est l'histoire-du-petit-poisson-gobé-par-le-gros-avalé-par-le-requin, et ainsi de suite jusqu'au cachalot. En l'espèce, voilà plutôt des mammouths pharmaceutiques qui ont le défaut de leur gigantisme.

J'ai visité leurs laboratoires aux Etats-Unis, ce sont de véritables villes souvent implantées près de grands campus universitaires. Ces usines emploient d'énormes effectifs pour un rendement relativement faible, disposent de labos de taille impressionnante dédiés surtout à la synthèse et au *screening* de milliers et de milliers de composants chimiques. Ils s'appuient sur un département *molecular design* où tout est automatisé, robotisé, informatisé et finalement leurs dirigeants gardent autant un œil sur l'amont des actionnaires que sur l'aval des patients. Il est difficile de manœuvrer ces mammouths au niveau de la recherche tant ils suivent un tracé et des objectifs bien établis à l'avance (les « pipelines » de médicaments sont remplis trois ans à l'avance minimum), tant ils se bornent à produire des *me-too* plutôt qu'à innover : lorsqu'un médicament arrive en fin de brevet, on vous en sort un deuxième très légèrement modifié afin de bénéficier à nouveau de vingt ans de propriété industrielle, la recette est là. Car dans cette fuite en avant, ils doivent désormais affronter la concurrence des médicaments génériques et de nouvelles sociétés agressives, venant de pays émergents du tiers-monde comme l'Inde et le Brésil.

Quant à l'inspiration de la recherche, elle continue à s'appuyer sur une vision mécaniste de la biologie et de la maladie : on cible un point précis dans une cascade métabolique altérée et on essaye de mettre au point un inhibiteur spécifique pour l'atteindre. Le résultat est parfois efficace et il arrive que l'on tombe sur d'heureux hasards : c'est ainsi que Pfizer a découvert par sérenpidité le Viagra, le premier traitement oral des troubles érectiles, en cherchant un inhibiteur d'une enzyme (la phosphodiestérase 5) impliquée dans l'angine de poitrine. Ses vertus n'ont été décelées que sous la forme d'un effet secondaire lors des tests : les patients expérimentaient de fortes érections continues ! Mais ce genre d'aubaine se produit de moins en moins tandis que les échecs et les risques se multiplient.

Un seul revers, des problèmes de toxicité imprévus pour l'un de ses médicaments peuvent faire vaciller une firme. Nous l'avons vu récemment avec les anti-inflammatoires Vioxx de Merck[58] et dans une moindre mesure Celebrex de Pfizer, ou du fameux Prozac, d'Eli Lilly, lorsque cet antidépresseur a été soupçonné de favoriser dans certains cas des actes suicidaires. Un seuil a été atteint dans la recherche de médicaments uniques (chacun visant à guérir un problème de santé particulier) et face à la complexité des maladies chroniques, multi-factorielles, le système patine. Les chercheurs s'entêtent à croire qu'ils peuvent agir spécifiquement, grâce à leurs molécules, à une étape du métabolisme sans que celles-ci, *a priori*, n'agissent autrement. Or tout phénomène biologique est un réseau d'interactions : quand on touche à un point, on en atteint simultanément beaucoup d'autres que l'on ne connaît pas précisément. Plus le médicament est actif, plus il est toxique à forte dose et plus il faut compter d'effets secondaires ennuyeux à long terme. Et au final, en cas d'accident, arrive l'avocat du patient et de sa famille pour des poursuites longues et coûteuses.

En fait, le risque iatrogène, c'est-à-dire qu'un médicament cause une maladie au patient, augmente malgré la rigueur des essais cliniques qui ont précédé sa commercialisation. Ceci est dû au fait que les nouveaux médicaments sont extrêmement actifs et ne tiennent pas compte des variabilités génétiques de sensibilité existant chez les patients. Dans ce système, le patient n'est plus qu'une unité statistique, un vulgaire sac de molécules. En outre, il faut aussi parler des erreurs de traitement faites à l'hôpital. Aux États-Unis, le risque de recevoir un traitement qui ne vous est pas destiné et d'en mourir est plus élevé que le risque d'être tué dans un accident de voiture !

La mise sur le marché d'un médicament ne peut être faite qu'après une longue série d'essais cliniques. Classiquement, ils se déroulent en trois étapes. Après les essais préliminaires de toxicologie chez l'animal, la phase 1 teste sur quelques volontaires l'absence de toxicité du médicament chez l'homme. La phase 2 recherche les effets négatifs et positifs du produit sur des patients ayant donné leur consentement. Mais c'est la phase 3 qui sera décisive, celle qui vise à démontrer l'efficacité du traitement. Le problème est que si l'effet du médicament est faible – et c'est souvent le cas pour les maladies chroniques – la démonstration de son action va nécessiter un essai sur des milliers de patients en comparaison avec un groupe témoin de même taille qui recevra un placebo. On ne sera donc pas surpris que de tels essais coûtent extrêmement cher et que seuls les poids lourds de la pharmacie puissent les mener à bien. La mise au point d'un nouveau médicament demande en moyenne de dix à quinze ans et le coût de recherche et développement approche, selon les industriels, le milliard de dollars. Je pense que dans ce chiffre s'inscrivent également les dépenses impressionnantes de marketing qui peuvent atteindre jusqu'au double des investissements en recherche et développement. Le monde à l'envers !

Avec la pub, les médicaments se portent mieux* !

Soucieux de préserver coûte que coûte leur part de marché et de maintenir le cours des actions, les laboratoires usent et abusent de la publicité et du marketing. Autrement dit, on vend maintenant un produit pharmaceutique comme on le ferait d'une savonnette.

Il n'est pas rare que les résultats des essais cliniques soient présentés aux médecins et au public d'une façon très avantageuse par la firme qui les sponsorise sans créer, ou si peu, de remous dans le monde médical. Comme le déclarait mon confrère Bernard Debré au moment de l'affaire du Vioxx en 2004, « beaucoup d'essais sont mal conçus, biaisés, voire falsifiés et souvent trop dispersés sur la planète, dans le seul but d'élargir les marchés[59] ».

En France, les entreprises du médicament rendent les médecins captifs à la fois par l'information médicale, les visiteurs médicaux et par les congrès. Le pouvoir des laboratoires et des marques s'exerce jusque dans les facultés, sans parler de la formation permanente qui, faute d'argent public, est presque entièrement assurée par l'industrie : elle finance cours, brochures et colloques. La promotion des nouveautés est devenue d'autant plus déterminante pour se démarquer de la concurrence que « seule une petite minorité de médi-

* Titre d'un article de *Libération* consacré au sujet en 2005.

caments récemment mis sur le marché apporte des progrès thérapeutiques tangibles[60] ». On compte en France près de 24 000 visiteurs médicaux, dont 17 000 travaillent directement pour les laboratoires (un pour dix médecins !), soit globalement près du quart des emplois de l'industrie pharmaceutique, c'est dire ! On estime que les laboratoires dépensent ainsi chaque année, en moyenne, 20 000 euros en promotion par médecin ! La plupart des cliniciens participant aux congrès sur le Sida sont invités tous frais payés. Cet hameçon des congrès ou des séminaires, organisés de préférence sous les cocotiers, est utilisé dans toutes les disciplines de la médecine, et cela marche : certains médecins ont fortement tendance à prescrire tous au même moment la dernière nouveauté à la mode, en « promotion », non sans vanter son efficacité devant le patient... en attendant la campagne suivante.

Aux Etats-Unis, on va plus loin : la publicité télévisée est autorisée pour les médicaments vendus sur ordonnance. Elle joue le rôle des visiteurs médicaux avec l'efficacité bien plus redoutable du marketing de masse : si le médecin ne suit pas, les patients (parlons en l'espèce de consommateurs !) montrent une fâcheuse tendance à se faire prescrire tel ou tel médicament « vu à la télé ». Ces médicaments ont beau compter parmi les plus vendus, ce ne sont pas forcément les meilleurs.

La fin des « ultras »

Dans cette compétition impitoyable, les firmes américaines ont l'avantage de tenir le marché mondial et de pouvoir amortir leurs médicaments à l'échelle de la planète. Les marges bénéficiaires de leur industrie sont parmi les plus fortes au monde. Le gouvernement fédéral prend grand soin de ce secteur auquel il accorde quelques avantages fiscaux. Les fonds de pension également : la santé des médicaments fait la force des cours de Bourse et attire les actionnaires par sa rentabilité. Outre-Atlantique sont apparus par ailleurs des *deals* d'un genre nouveau, des accords de prix entre les firmes pharmaceutiques et les compagnies d'assurances : en contrepartie d'un reversement, ces dernières peuvent offrir d'importantes ristournes à leurs clients sur tel ou tel produit. Les laboratoires ont ainsi trouvé le moyen de fidéliser les patients par le truchement de leurs assureurs qui ont tout intérêt à imposer les médicaments en question. Le système de sécurité sociale ne couvre pas l'ensemble de la population, la médecine gratuite étant réservée aux plus indigents qui n'ont pas toujours accès aux médicaments les plus coûteux.

Face aux maladies complexes, cette vision de la médecine et de la pharmacie n'est plus adaptée. On s'acharne en vain, par exemple, à traiter le diabète par un seul médicament. Or cette maladie résulte d'un ensemble de facteurs, du mode de nutrition, du surpoids et ce n'est pas une pilule unique qui guérira les diabétiques. De même qu'un bon spot publicitaire ne fait pas d'un produit médiocre un produit-miracle. A maladie complexe, traitement complexe. Et pourtant certains veulent à tout prix isoler « le » gène du diabète, d'autres « le » gène de la schizophrénie, en vue d'un ciblage sur les protéines codées sur ces gènes.

En réalité, nous assistons vraisemblablement à la fin de l'ère des ultra-médicaments – ultras par leurs activités, leur toxicité, leur coût de mise au point et les bénéfices qu'ils génèrent. Ces dix dernières années, les dépenses de médicaments ont augmenté quatre fois plus vite que le PIB alors que les innovations et le nombre de médicaments réellement nouveaux diminuent : seize nouvelles substances étaient mises sur le marché en 2002 contre une cinquantaine en 1996.

Une nouvelle médecine se dégage, moins « bulldozer », davantage tournée vers des traitements préventifs, à la carte, et tenant compte de la génétique du patient. La voie de la pharmacogénétique (ou pharmaco-génomique) est déjà ouverte, ses méthodes de diagnostic moléculaire, demain, seront communément utilisées, voilà un nouveau domaine de développement, une activité créatrice d'emplois et de richesse. Il s'agit pour l'instant de techniques très sophistiquées qui sont l'apanage des laboratoires spécialisés mais un jour viendra où ces tests se diffuseront dans les cabinets médicaux. Et le médecin vous dira : « Attention, je vais vérifier si votre profil génétique permet l'utilisation de ce médicament et à quelle dose. »

Face aux maladies multifactorielles, nous ne pourrons pas faire l'économie de traitements complexes et fondamentalement préventifs. D'une certaine manière, c'est une chance à saisir pour l'industrie française. Encore faudrait-il en prendre conscience et aller au-devant de ce futur.

Au tournant des biotechnologies

Comme dans bien des domaines, nous nous contentons de suivre les modes, en décalage de cinq ou dix ans sur les Etats-Unis. Il faudrait au contraire aller au-delà, prévoir. Aurons-nous la volonté et la capacité de le faire ? La France n'est pas si mal placée face à ces enjeux. Notre pays est sur ce plan davantage protégé de certaines dérives de par son histoire, sa culture, avec une éthique qui prévaut encore sur le marché. Mais dans la nouvelle approche des médicaments de prévention et la grande innovation, nous avons encore une faiblesse.

En dépit des difficultés que rencontrent les mastodontes américains sur le terrain des grandes innovations, ceux-ci gardent un avantage : ils s'appuient sur un vivier d'inventivité à travers les nombreuses compagnies de biotechnologies qui ont essaimé dans le pays et les grandes universités. Ces relais sont beaucoup moins développés en France bien que des initiatives récentes, comme la création de pôles d'excellence, visent à rattraper notre retard. Néanmoins, aucune compagnie de biotechnologies tricolore n'a vraiment marché. Nous avons connu les avatars de la société Geneset. Cette start-up, qui a connu une certaine médiatisation, n'a pas réussi à sortir de grands produits et a finalement été rachetée par les Suisses de Serono, société elle-même tombée depuis dans l'escarcelle de Merck. Rien à voir avec Genentech, la première grande compagnie fondée par des chercheurs américains et développée avec l'appui du groupe Roche. La Californie a été pionnière une fois encore. Après Genentech est apparue Amgene, à qui l'on doit une technologie de production en masse, à partir de bactéries recombinantes génétiques, de médicaments biologiques tels l'insuline ou l'érythropoïétine (EPO). Plus qu'une grande innovation, c'est une prouesse technologique. Dans cette aventure, des compagnies ont échoué, ont fermé mais quelques-unes ont émergé avec succès, y compris dans le domaine du Sida où les inhibiteurs les plus avancés (de fusion, de récepteurs), avant d'être rachetés, ont été conçus dans ces pépinières biotechnologiques. Il y a ce « plus » aux Etats-Unis, un atout considérable pour les laboratoires, une source d'idées à monnayer, une relève.

En France, les termes « biotechnologie » et « start-up » s'accordent mal, « start-down » conviendrait davantage, jusqu'à présent en tout cas. Il y a encore des chercheurs créatifs, seulement les grands acteurs industriels et financiers ne leur offrent pas les moyens de s'épanouir. Manque de capitaux, partenariats mesquins, étroitesse d'esprit... Nous jouons petits bras, à courte vue. On peut toujours nous parler de l'Europe mais là aussi nous sommes en retard, nos voisins anglais et allemands nous devancent. En matière de technologies du vivant, la France a su ériger des barrières éthiques, très bien, et après ? Les biotechnologies françaises, combien de divisions ?

Défaillances et espoirs de la recherche biomédicale

« Si la matière grise était plus rose,
le monde aurait moins les idées noires. »

Pierre Dac

Au nom de la loi

L'histoire même de la médecine montre que les grandes innovations thérapeutiques proviennent de deux sources principales : l'empirisme né de l'observation multi-millénaire des hommes, et plus récemment une recherche faite sans but précis, simplement pour satisfaire la curiosité de scientifiques souvent aidés par le hasard. Qu'on se souvienne de la découverte de la pénicilline par Fleming... Notre homme, intrigué, avait remarqué qu'un champignon contaminant avait fait des trous dans une boîte de Petri laissée à l'abandon, une moisissure s'était développée sur une culture de staphylocoques. Et tout autour de celle-ci, les colonies de bactéries avaient été détruites ! Si la recherche pharmaceutique française connaît des problèmes, c'est aussi parce que cette recherche scientifique en amont ne va pas bien.

A l'aune du nombre de Prix Nobel en physiologie et médecine, la France n'en a pas reçu depuis 1980... soit plus d'un quart de siècle. A l'aune des prises de brevets, la part relative revenant aux équipes françaises ne cesse de diminuer. On a beaucoup accusé la rigidité des structures et l'insuffisance des financements. C'est particulièrement vrai pour la recherche menée par les institutions publiques. Ces insuffisances ne datent pas d'aujourd'hui.

Au travers de plus de 50 années de recherche en biologie, j'ai connu en France le mandarinat des années 1950, la pseudo-révolution universitaire de 1968, l'ascension prodigieuse de la biologie moléculaire, la contraction et le déclin de la recherche pharmaceutique, le décalage entre les grandes déclarations et la réalité des laboratoires. Outre la rigidité des structures, il y a aussi, reconnaissons-le, un manque d'esprit d'innovation chez les chercheurs.

Au niveau des structures de recherche publiques, la situation s'est aggravée en 1984 avec la fonctionnarisation sans nuance des personnels de recherche du CNRS (Centre national de la recherche scientifique) et de l'INSERM (Institut national de la santé et de la recherche médicale) que l'on rattacha au statut classique, sans dérogation, avec un départ en retraite à soixante-cinq ans. Cette mesure va jusqu'à obliger de recruter par un concours national une femme de ménage dans un laboratoire ! Commise sous la pression des syndicats, cette décision du gouvernement socialiste mettait un terme au statut de contractuel qui prévalait jusqu'alors, au motif qu'on allait tranquilliser l'esprit des chercheurs : assurés de leur carrière, ils se sentiraient plus libres pour travailler, chercher et surtout trouver. L'expérience des vingt années qui ont suivi montre que le progrès est loin d'être évident ! En 1996, une autre mesure, celle-là prise par un gouvernement de droite, n'arrangea pas la situation. Décret fut pris de mettre à la retraite d'office les directeurs de laboratoires qui avaient atteint les soixante-cinq ans réglementaires du statut des fonctionnaires. Cette mesure technocratique entraîna le départ d'une centaine de directeurs de laboratoires reconnus internationalement, scientifiquement bien évalués, des chercheurs de talent.

Ces deux décisions illustrent le poids de la gestion bureaucratique dans la recherche française, menée au détriment d'une approche humaine des réalités alors que dans un pays comme les Etats-Unis, le pragmatisme l'emporte, les chercheurs étant jugés sur leurs seules capacités et indépendamment de leur date de naissance. Conjugués au faible nombre de postes ouverts ces dernières années, l'octroi du statut de fonctionnaire aux chercheurs et la mise en retraite forcée de nos grosses têtes ont provoqué une vague d'expatriations. Alors que certains candidats, sortis dans les premiers à des concours très sélectifs, obtenaient la garantie de l'emploi, d'autres, bien souvent non moins méritants, étaient acculés à la précarité. Le système a clairement favorisé la fuite des cerveaux à laquelle nous assistons depuis plusieurs années : plusieurs dizaines de milliers de chercheurs, dit-on, auraient en dernier recours quitté la France.

En ce qui me concerne, j'eus affaire à deux initiatives contradictoires. Peu avant le vote de ce fameux décret de mise à la retraite à soixante-cinq ans des directeurs de recherche en 1996, le ministre de la Fonction publique, Dominique Perben, soucieux d'honorer les grands fonctionnaires de la France, les grands commis ayant œuvré pour le progrès, avait fait imprimer une affiche où je figurais, quel honneur ! aux côtés de Stendhal, Loti, Pasteur et d'autres. Trois mois plus tard, on me signifiait mon départ à la retraite du CNRS. Un sursis de deux ans m'était accordé à l'Institut Pasteur mais on me fit rapidement comprendre que mes jours rue du Dr Roux étaient comptés. Je fus ainsi amené à accepter un poste de professeur à vie à l'université de la ville de New York, avec la promesse de diriger un nouvel Institut. Je n'étais pas un « professeur Turbo » comme on désigne ces professeurs vivant à Paris et obligés de prendre le train pour enseigner en Province, j'étais un « professeur Concorde ». Bien que ce projet n'ait pas abouti totalement, il m'a permis de m'implanter outre-Atlantique, de m'installer sur la 5e avenue, de nouer un réseau de collaborations précieuses et d'avoir accès à des projets très novateurs. Merci Monsieur Juppé !

Notre pays a fait des jeunes le moteur de la recherche. L'idée n'est pas mauvaise en soi, nous avons de jeunes chercheurs brillants ; elle le devient quand un jeunisme outrancier écarte les anciens dans un pays en panne de grandes innovations. Il est vrai qu'en mathématiques, les chercheurs les plus inventifs ont moins de quarante ans. En biologie, ce n'est pas toujours le cas. C'est un domaine où l'on progresse avec l'âge, où la création se fait souvent par interaction de connaissances et celles-ci sont immenses. Les anciens bénéficient donc d'un savoir que les jeunes n'ont pas et ne peuvent acquérir ; l'objectif de ces derniers consiste avant tout à décrocher de bons postes et pour cela, inévitablement, il leur faut travailler dans des domaines connus chez des patrons reconnus. Un jeune chercheur bâtit son plan de carrière et grimpe non pas en cherchant la grande innovation, aventure risquée autant en termes économique que professionnel, mais en publiant d'arrache-pied des travaux attendus, le plus vite possible. Du point de vue de l'innovation, les anciens gardent eux toute liberté, ce qui leur permet de cultiver l'enthousiasme de la découverte, des voyages interdisciplinaires, l'art du recul. Pourquoi leur couper la tête ? Il est temps de bannir ces solutions rigides pour davantage de flexibilité, en autorisant la poursuite d'activité dès lors que la valeur scientifique de l'intéressé est reconnue par les instances compétentes. La recherche française, si prestigieuse autrefois, va-t-elle se contenter encore longtemps d'être la cinquième roue du carrosse de la recherche mondiale ?

Que faire ?

Ce n'est pas à l'Etat de se substituer aux cerveaux des chercheurs mais l'on est en droit d'en attendre un service minimum : qu'il crée seulement les conditions favorables pour que nos cerveaux innovent.

Les mesures à prendre – qui en aura le courage ? – sont simples et point n'est besoin pour les mettre en place de bouleverser totalement les structures existantes. Elles se comptent sur les doigts d'une main, cinq mesures qui suffiraient à nous donner un grand coup de pouce vers l'avenir.

Je propose à l'Etat :

1. de ne plus créer de postes permanents, à vie, de chercheurs et de revenir à des postes contractuels de cinq ans, renouvelables, dont les bénéficiaires recevraient des salaires supérieurs de 50 % à ceux de la grille des fonctionnaires pour compenser la perte de la garantie d'emploi.
2. d'appliquer le même principe à des postes nouveaux d'enseignant-chercheur.
3. d'ouvrir largement ces postes aux étrangers de

valeur dans une vision européenne et internationale digne de ce nom.

4. de flexibiliser l'âge de la retraite.
5. *last, but not least*, de créer un Fonds de financement dont la mission serait d'allouer des contrats importants aux unités de recherche, y compris pour des projets ayant 50 % de chances de réussir, et donc d'échouer.

Concernant ce dernier point, il me semble en effet tout aussi essentiel de soutenir des projets à risques, ceux d'où partent souvent les grandes innovations, même si nous savons qu'inévitablement une bonne partie d'entre eux connaîtront un échec. Les avancées passent souvent par des échecs. Ce Fonds de financement devrait être rattaché au ministère de la Santé. En toute logique et dans l'intérêt de notre santé, c'est à ce dernier qu'incombe prioritairement la responsabilité de soutenir la recherche médicale. Curieusement, comme je l'ai déjà fait remarquer, il ne bénéficie d'aucun crédit de recherche – encore une exception française – et consacre son énergie à essayer de réduire les dépenses de santé. Ainsi la France a-t-elle vu décliner au fil des années les capacités innovantes de son industrie pharmaceutique, un salut improbable étant recherché dans les absorptions et les fusions successives d'entreprises.

De plus, il nous manque un relais entre la recherche académique et l'industrie, celui des biotechnologies. Un exemple : les chercheurs français ont été les premiers à mettre au point un vaccin contre l'hépatite B or, contre toute attente, leurs découvertes n'ont pas été relayées par une production industrielle significative. Les vaccins disponibles sur le marché sont fabriqués en Belgique et aux Etats-Unis. Une grande partie des innovations relatives aux médicaments récents provient des grands groupes pharmaceutiques, la plupart américains. Ils possèdent des filiales dans les pays européens comme l'Allemagne, la Belgique ou la Grande-Bretagne et peuvent s'appuyer sur les inventions de centaines de petites sociétés de biotechnologies. Notre infériorité en matière de biotechnologies a des racines culturelles mais aussi économiques : une tendance des chercheurs à mépriser les applications provenant de leurs recherches et aussi, ce fut longtemps le cas, une absence totale d'incitation.

La possibilité d'exploiter ses brevets en créant une compagnie de biotechnologies, par exemple au sein d'incubateurs installés dans les universités ou les organismes de recherche, a été instaurée récemment, beaucoup trop tardivement ! Que dire de l'intéressement financier, souvent restreint ? Les dispositions introduites par la loi sur la recherche et l'innovation permettent de redistribuer aux inventeurs jusqu'à 50 % des revenus de l'exploitation des brevets mais cette règle ne s'applique pas partout. L'Institut Pasteur, par exemple, continue de plafonner à 50 000 euros par an les sommes pouvant revenir à ses chercheurs.

De telles mesures sont-elles suffisantes ? Elles ne pourront porter leurs fruits que dans cinq ou dix ans. Il nous faut viser plus loin. La compétitivité de la recherche française suppose une volonté politique constante de relever la part du produit intérieur brut que lui consacre le pays, part qui devrait atteindre 3 % pour se situer à un niveau comparable à celui du Japon ou des Etats-Unis. Les pays de l'Union européenne se sont d'ailleurs engagés à atteindre ce but en 2010. Il est à craindre que cet objectif ne soit pas rempli en France, même en ajoutant à l'investissement public l'effort privé. Quant à ce dernier, parlons-en : il est aussi ridiculement faible. Fonder une compagnie de biotechnologie implique un financement par des capital-risqueurs. Investir dans ce domaine, c'est parier à dix ou quinze ans un retour sur investissement. C'est accepter de s'engager sur des impasses, des voies de recherche ne menant à rien. Mais là aussi, la frilosité et la myopie de nos capital-risqueurs sont des freins puissants. Capital-risqueurs, ils n'en ont que le nom quand ils misent sur une rentabilité de leurs investissements au bout de deux ans... C'est aussi un obstacle majeur à la reprise en France des grandes innovations biotechnologiques. Un chercheur qui ferait actuellement une grande découverte en biologie, un *breakthrough* (une percée) comme on dit, n'aurait comme solution que de rencontrer un très riche donateur, occasion hautement improbable. La recherche américaine a cet autre avantage sur nous, l'argent privé y abonde à travers de nombreuses fondations et de grands donateurs qui compensent la rigidité des organismes officiels.

Chercheurs ou trouveurs ?

Mais à côté des mesures de soutien nécessaires, il y urgence d'un plus grand effort de créativité des scientifiques eux-mêmes. Les problèmes actuels et futurs de santé publique sont immenses. Les chercheurs français ont montré de par le passé un très grand esprit d'innovation avec relativement peu de moyens. Aujourd'hui, cet esprit semble émoussé, un certain immobilisme s'est installé. Au CNRS, notre grande institution nationale, « un modèle aujourd'hui à bout de souffle[61] », 11 000 chercheurs cherchent ! « Des chercheurs on en trouve, mais des trouveurs, on en cherche », tonnait déjà de Gaulle en son temps devant son ministre de la Recherche, Roger Peyrefitte. On peut même parler dans certains domaines de castration intellectuelle ou tout du moins d'esprit de suivisme. On est très fier de reproduire un résultat venant d'une équipe d'outre-Atlantique, on l'est moins de faire l'inverse, il faut attendre la validation des « grands frères ».

La recherche en biologie vit sur des concepts encore très féconds mais qui datent de quelques décennies, très exactement des années 1950 et 1960 lorsque fut établi le fait que l'information génétique était portée par un polymère en double hélice[62], l'ADN. La biologie moléculaire a ainsi bouleversé et fécondé toutes les disciplines de la biologie, de l'évolution à l'embryologie. Ce faisant, elle a entraîné un nouveau dogmatisme : depuis, on n'a eu de cesse de vouloir résoudre les grands problèmes de la biologie et de comprendre les pathologies en découlant (cancers et maladies neurodégénératives notamment) par une approche analytique et réductionniste. On a vendu au public et aux politiciens l'idée que le séquençage de l'ADN constituant le génome humain – prouesse technique impensable il y a vingt ans – allait permettre la mise au point de nouveaux médicaments et la guérison des grandes maladies humaines. Comme on se rend compte qu'il n'en a rien été, on se rabat maintenant sur les produits des gènes, les protéines, en essayant de déduire leurs fonctions de leurs structures en trois dimensions. On passe de la génomique à la protéomique. Aux batteries de séquenceurs succèdent les batteries de spectromètres de masse. Puis on construit des réseaux fonctionnels avec des flèches en couleurs et en tous sens partant de petites boules censées représenter les protéines. Un beau travail informatique, du grand art ! Je ne dis pas que cette voie ne doit pas être explorée mais elle ne doit pas l'être seule. Vue par un physicien de la matière, il s'agit là d'une représentation bien primaire des molécules : on ne les voit interagir entre elles que par contact physique, excluant la possibilité d'actions à distance.

Ce concept écrase tout autre type de recherche et des disciplines entières comme la physiologie, la biochimie classique, la microbiologie, s'éteignent faute de chercheurs. Nous avons oublié que la biologie moléculaire n'était qu'une approche parmi d'autres : comme tout développement scientifique, elle trouve ses limites et sera remplacée un jour par un concept plus large qui l'englobera. Cela implique dès maintenant des remises en question et un esprit d'ouverture permettant aux idées les plus révolutionnaires de fuser. Que les chercheurs français s'y préparent et vite, et soient aussi innovateurs que leurs prédécesseurs !

Le métier se perd

La formidable expansion de la recherche nous a également conduits à une situation préoccupante. Le temps du chercheur isolé enfermé dans son petit laboratoire est bien révolu. La recherche est maintenant conduite dans des laboratoires de niveau PME avec un directeur et une petite armée de chercheurs et techniciens. Le patron du laboratoire – qui a fait ses preuves dans sa jeunesse – a maintenant comme tâche essentielle la chasse aux crédits et la représentation dans les congrès scientifiques, en gardant constamment un œil sur le nombre de publications du laboratoire, de préférence dans les grandes revues prestigieuses. Cela peut bien fonctionner mais on observe souvent des ratés inquiétants. Travailler à la paillasse demande un apprentissage de techniques et les méthodes classiques de travail en asepsie nées de l'époque pasteurienne ont tendance à se perdre. Le jeune chercheur à la paillasse a tendance à oublier les recettes de cuisine originales et à faire appel aux « plats tout préparés » proposés (chèrement) par un bataillon grossissant de compagnies commerciales. On rencontre ainsi des chercheurs ayant passé leur thèse, incapables de manipuler un autoclave, autrement dit de réaliser une stérilisation à la vapeur d'une solution infectée. Ou d'autres incapables d'évaluer l'état d'une culture cellulaire, ne sachant pas distinguer si les cellules sont en multiplication active ou en train de mourir. Certains scientifiques semblent même avoir perdu de vue la notion de l'observation, ce devoir de scruter le vivant. Il existe des laboratoires de biologie cellulaire où vous ne trouverez pas un seul microscope ! Comme s'il était devenu vulgaire de travailler sur le vivant, les choses naturelles. Non ! On préfère les molécules – Ah, la biologie moléculaire ! – les gènes, la technologie... même si l'on ne sait parfois plus manipuler une pipette, faire un milieu de culture ou compter les cellules.

A l'instar des médecins qui se transforment peu à peu en techniciens de santé, les chercheurs, quand ils ne sont pas de simples managers, deviennent des servants des machines. Le milieu de culture ? On vous le livre, tant pis si vous ne savez pas vraiment ce qu'il contient, tant pis si des mycoplasmes, par exemple, ont contaminé le sérum qu'il contient. La situation est la même aux Etats-Unis depuis les années 1980. Certains scientifiques sous-traitent ainsi entièrement leurs études, compilent, synthétisent les résultats pour en publier ensuite le fruit en leur nom. Sans leurs techniciens, masses anonymes sous-payées, ils seraient perdus. Les gens ne savent plus faire la cuisine, c'est pareil en science : les techniques ne sont plus transmises de génération en génération, le « tout cuit » triomphe. La technologie progresse, certes, avec par exemple aujourd'hui ces formidables microscopes que sont les fluoro cytomètres[63] et les nouvelles techniques de marquage fluorescent mais, faute de « métier », le chercheur n'utilise souvent pas le centième de leurs capacités.

Il n'y a pas si longtemps, la culture des cellules donnait les mêmes bonheurs à son cultivateur que la culture des plantes au jardinier mais cela demandait des heures quotidiennes d'étude au microscope. J'ai moi-même connu ce bonheur de suivre pas à pas la croissance de mes cultures de cellules et de pouvoir discerner très précisément leur évolution. Lorsqu'une cellule souffre, je le sens. Ce bonheur de chercheur est désormais un luxe. L'ensemble du laboratoire peut être ainsi entraîné dans un tourbillon qui l'éloignera de la vraie recherche : le directeur, pour maintenir sa réputation internationale, donc ses crédits, va établir une pression sur les cadres scientifiques du laboratoire de façon à ce qu'ils livrent le plus rapidement possible des résultats publiables. Ceux-ci seront obtenus par des chercheurs post-doctorants à partir d'une technologie mal assurée. Souvent ces post-doctorants sont originaires de pays en voie de développement, asiatiques en particulier (Pakistan, Chine, Inde...) parce qu'ils coûtent moins cher et sont corvéables et malléables à merci. Ils sont soumis à une énorme pression : publier ou partir ! On assiste donc à des publications de résultats, même dans des grandes revues, qui se révèlent parfois faux. Voire falsifiés. L'informatique permettant la numérisation des données, il est maintenant extrêmement facile de truquer une photographie. Il s'agit là d'un grave problème qui ne peut être résolu que par la communauté scientifique elle-même.

Petits comités entre amis

Un autre travers favorise le conservatisme des idées et freine l'émergence des grandes découvertes, il réside dans le système de financement des laboratoires. En général, les crédits fixes du laboratoire sont faibles ; dans les laboratoires universitaires américains, ils sont même inexistants. Le chef du labo doit donc obtenir ses crédits de fonctionnement, y compris parfois sa masse salariale, sur des *grants* attribués pour trois ou cinq ans sur projets. Ceux-ci, dont l'écriture va lui prendre la moitié de son temps, sont soumis à des comités constitués de scientifiques travaillant dans les mêmes disciplines. C'est la formule de l'évaluation par les pairs anonymes qui a été jugée sinon la meilleure en tout cas la moins mauvaise pour estimer la valeur scientifique d'un projet. Comme la demande (nombre de projets) est très supérieure à l'offre (les crédits alloués par l'institution publique ou privée), la sélection se fait sur le plus petit dénominateur commun. Résultat : un projet qui va dans le sens du courant à la mode de la recherche a toutes les chances d'être accepté, un projet trop original sera rejeté.

C'est le cas des dossiers présentés à la Commission européenne et encore plus des projets soumis aux Etats-Unis à la plus grande institution de financement américaine, le NIH déjà cité. Ainsi les *study sections* ne sélectionnent que des projets ayant 90 % de chances de réussir et jamais ceux qui ont une chance sur deux d'échouer. Quel frein pour la recherche innovatrice, quelle belle prime au conformisme ! C'est le triomphe du dogmatisme : pour obtenir des subsides, aussi bien que pour décrocher une bourse d'études, une invitation à une conférence ou une mission de conseil auprès d'une compagnie, mieux vaut partager les dogmes en vigueur !

Louis Pasteur, avec son projet de vaccin contre la rage, n'aurait jamais pu être financé par un tel système. Et même si cela avait été le cas, il se serait heurté au « niet » d'un comité d'éthique ! Il y a donc un important ménage à faire dans les laboratoires, il ne pourra être fait que par les scientifiques eux-mêmes. Rappelons-le : l'établissement d'une vérité scientifique demande toujours une vérification par plusieurs laboratoires indépendants les uns des autres. Mais vraiment indépendants !

Quand une découverte devient une affaire d'Etat...

Défaillances et espoirs de la recherche française... Ma propre expérience offre en la matière un cas d'école. Il ne fait pas bon faire une grande découverte au pays de Descartes !

On a raconté beaucoup de choses sur celle du VIH. Rivalités en tous genres et batailles d'ego ont perverti l'histoire. Rétablissons simplement quelques vérités. Je ne suis pas le gentil chercheur qui est resté enfermé dans son bureau passant son temps à donner des coups de fil comme le film américain *Les Soldats de l'espérance* a cherché à le faire croire. J'ai l'âme pasteurienne or la vieille tradition de l'Institut Pasteur, c'est de travailler sur du vivant. Les premières manipulations pour l'isolement du virus, je les ai faites moi-même. Nous ne connaissions pas le risque de départ et ce virus pouvant être très dangereux, je n'ai pas voulu demander à mes collaborateurs de s'y atteler. J'avais l'expérience de nombreuses manipulations et dissociations de tissus pour d'autres recherches et je disposais de toute une batterie d'appareils en verre pour dissocier les cellules sans les tuer. Tout cela me fut fort utile car le petit morceau de ganglion que j'avais reçu de Willy Rozenbaum était très dur, quasiment incassable. L'air de rien, ces petits détails techniques comptent beaucoup. Si je n'avais pas été là, cette manipulation n'aurait jamais été faite. La suite est le fruit d'une équipe naturellement, personne n'ayant de compétences universelles. Mais je ne déteste pas « mettre la main à la pâte » et contrairement à ce que certains ont dit, je ne suis pas le grand patron exploitant des « esclaves » et supervisant de loin leurs recherches. Même après la mise en évidence du virus, nous étions peu nombreux à le manipuler. Dans le laboratoire tout le monde avait une peur bleue du Sida, seuls quelques techniciens acceptèrent de travailler dessus.

Avec les Américains, l'histoire est plus compliquée. Il y eut d'abord ce problème de reconnaissance scientifique. Robert Gallo avait pour lui un entregent et un charisme flamboyants, alors que moi j'étais considéré comme plutôt réservé. J'avais rencontré ce brillant Américain issu d'une famille d'immigrés italiens au début des années 1970. Nous travaillions alors sur les mécanismes de cancérisation par les virus, traquant les rétrovirus impliqués dans les leucémies et les cancers. Nous échangions donc nos résultats et nos réactifs. En 1984, Gallo annonça *urbi et orbi* qu'il avait découvert le virus du Sida. Il fut vite démontré que son virus HTLV III était le même que celui que nous avions isolé un an avant, le 3 janvier 1983, ce qui fut reconnu en 1987 par un accord officiel. La contribution de son laboratoire à la démonstration que le virus était la cause du Sida lui permet de lui conférer comme à moi le statut de co-découvreur. Puis en 1991, grâce aux techniques moléculaires plus performantes, nous avons apporté la preuve formelle que la souche de virus la plus utilisée dans les tests américains était celle de Pasteur. L'Institut a pu alors imposer aux Américains un règlement assorti de conditions plus favorables. Pasteur avait dépensé beaucoup d'argent avec les avocats américains chargés de le défendre mais l'Institut en a ensuite tiré d'importantes ressources. Le Sida a longtemps constitué avec l'hépatite B sa principale source de revenus en terme de brevets.

Le contentieux s'était réglé entre instituts, entre le NIH américain et l'Institut Pasteur mais c'était aussi une affaire d'Etat : une fois les choses arrangées, les politiques s'en emparèrent. Jacques Chirac, alors Premier ministre, fit le voyage à Washington pour entériner l'accord. Il en reste une image, celle d'une grande poignée de main Reagan-Chirac. Je ne crois pas que les Etats-Unis y attachaient plus d'importance que cela mais l'aspect politique comptait beaucoup pour la France qui pouvait s'enorgueillir de cette découverte française reconnue aux Etats-Unis.

Tout n'était pas partagé dans le premier accord de 1987. Les Américains gardaient la main haute sur les royalties des tests qu'ils vendaient aux grandes compagnies. Il a fallu attendre le règlement de 1991 pour obtenir une répartition plus équitable.

De l'assurance-maladie à « l'Assurance-Santé »

« Gnauthi seauton »
(Connais-toi toi-même)

Socrate

Un trou sans fin et sans fond

Le principe de la Sécurité sociale semble excellent. Il a permis à tous les citoyens, dans la plupart des pays développés, d'avoir accès aux soins et aux médicaments les plus performants quels que soient leurs revenus. La France l'a mis en œuvre dès 1945. Réservée au début aux salariés cotisants, notre Sécurité sociale a progressivement été étendue à toute la population. Mais au fil des années, avec l'envolée continue de la consommation de médicaments, les progrès spectaculaires de la chirurgie, de l'imagerie et le coût de plus en plus élevé des journées d'hôpital, les dépenses de santé ont crû beaucoup plus vite que les recettes provenant des seuls cotisants ayant des revenus salariaux.

Ainsi est apparu le fameux « trou » de la Sécu[64] que chaque gouvernement, chaque ministre de la Santé s'efforcent de boucher, en vain, par des mesures aussi efficaces que des cautères sur une jambe de bois. Voilà une situation générale dans tous les pays développés, les dépenses de santé atteignant jusqu'à 15 % du PIB ; or cette évolution est loin d'être terminée. Dans ces pays, nous assistons à un vieillissement régulier de la population dû à la fois à la baisse de la natalité et à l'augmentation de la durée moyenne de vie. Celle-ci a fait un bond spectaculaire de quelque trente ans entre le début et la fin du XXe siècle et l'espérance de vie à la naissance culmine maintenant à quatre-vingt-cinq ans pour les femmes et à près de quatre-vingts ans pour les hommes, tout au moins au Japon. Notons qu'au hit-parade de la longévité, l'Hexagone talonne brillamment[65] l'Empire du Soleil levant. Une petite Française qui naît de nos jours a statistiquement une chance sur deux de devenir centenaire ; un petit Français a maintenant toutes les chances de dépasser les quatre-vingt-cinq ans alors qu'on ne lui aurait pas donné trente ans de vie en 1750 (l'espérance de vie pour un homme était alors de vingt-sept ans) ! Ces avancées impressionnantes, obtenues en dépit des hécatombes des deux guerres mondiales, sont en grande partie liées aux progrès de l'hygiène et de la médecine. L'augmentation du niveau de vie y a également contribué en nous offrant une meilleure alimentation. On ne peut cependant exclure d'autres causes encore indéterminées.

L'explosion des dépenses de santé n'est pas un mal en soi ; après tout, la santé est le bien le plus précieux pour l'homme et il convient de continuer à la préserver et à l'améliorer quel qu'en soit le coût. Mais la réalité tempère malheureusement cette vue optimiste. Le vieillissement constant de la population s'accompagne d'une augmentation inquiétante des pathologies chroniques lourdes : cancers, maladies cardio-vasculaires, neuro-dégénératives, articulaires... Souvent ces affections dépendent de lésions irréversibles que la médecine ne pourra effacer, même si une amélioration temporaire pourra être apportée dans certains cas par la maîtrise des cellules souches. Le poids de ces maladies, combiné avec l'allongement continuel de la durée de vie, va donc devenir insupportable pour les systèmes de sécurité sociale et ceux qui la financent. En France, les dépenses de santé représentent déjà plus de 2 500 euros par habitant et par an !

Si l'on considère la réalité chiffrée de ces calamités humaines, il est clair que la débâcle économique n'est pas loin. Les maladies cardiovasculaires, première cause de mortalité en France, entraînent 180 000 décès par an et 120 000 Français font un infarctus sur la même période. Les cancers, deuxième grand fléau, tuent environ 150 000 personnes par an. Selon une étude récente, 35 % de la population européenne de plus de soixante-cinq ans souffre d'une maladie neurodégénérative ou psychiatrique. En France seule, on compte plus de 800 000 malades d'Alzheimer avec 300 nouveaux cas par jour, 100 000 Parkinsoniens, 70 000 personnes atteintes de sclérose en plaques, 5 000 à 10 000 souffrant de sclérose latérale amyotrophique... Les maladies auto-immunes constitueraient la troisième cause de mortalité. Plus de 5 millions de Français souffrent de rhumatismes et d'arthritisme. Il ne fait pas bon vieillir dans ces conditions et on ne s'étonnera guère que notre dernière année de vie soit statistiquement la plus coûteuse compte tenu de l'acharnement thérapeutique en vigueur. Additionné aux progrès de la chirurgie (opérations à cœur ouvert, transplantations d'organe...) et au traitement des maladies lourdes, cela donne déjà le résultat suivant : 20 % des patients représentent 80 % des dépenses !

Il n'y a donc qu'une solution viable à long terme, autant pour la société que pour l'individu : agir sur les causes de ces maladies par une politique de prévention conséquente. Bien loin des 2 % des dépenses qu'elle représente aujourd'hui – médecine du travail incluse !

Certes, il existe déjà des actions publiques de prévention importante : lutte contre le tabagisme, l'alcoolisme ou la suralimentation qui mène à l'obésité. Effectivement, les campagnes anti-tabac ont fait chuter la mortalité par cancers broncho-pulmonaires chez les hommes. Mais il faut noter que cette politique de prévention a toutefois encore peu de prise sur les femmes pour des raisons socioculturelles et il est à craindre que la courbe de mortalité par ce type de cancers s'élève dans les prochaines années. D'autres facteurs de risques, par ailleurs, ne sont pas pris en considération dans l'apparition des maladies cardiovasculaires telle la prise de la pilule contraceptive associée au tabac et à la consommation d'alcool.

Vers un contrôle technique des corps

En ce qui concerne les cancers, des méthodes de dépistage permettent maintenant, pour certains d'entre eux, leur dépistage précoce. C'est particulièrement le cas pour les cancers du sein, de la prostate, du col de l'utérus et du cancer du côlon. Les chances de guérison de ces cancers s'ils sont pris à leur stade de début en sont bien sûr considérablement augmentées. Mais je suis persuadé que l'on peut aller beaucoup plus loin dans la prévention en agissant sur les facteurs de risques et les causes de ces maladies. Certaines sont liées à notre environnement et ne peuvent être annihilées que par des actions collectives au niveau mondial. Cela commence parfois par une prise de conscience individuelle et des gestes simples. Un exemple tout bête : celui des tonnes de cendres déversées chaque jour dans l'atmosphère des grandes villes par les automobilistes fumant au volant et tapotant leur cigarette par la portière au lieu d'utiliser le cendrier existant en toute voiture, les Français sont assez forts en la matière[66]. Voilà des nuages de particules nocives qui seraient faciles à éviter avec un minimum d'esprit de responsabilité... Cependant, nous l'avons vu, d'autres causes sont liées à des infections chroniques par des agents infectieux persistants, virus et bactéries. Seuls des tests de diagnostic permettant la détection de ces agents pourraient y remédier. De tels tests existent dans les laboratoires et pourraient être commercialisés prochainement.

En matière de stress oxydant, nous ne pouvons nous appuyer pour l'instant que sur des tests sanguins ou urinaires donnant des indications sur l'état général de la personne. Il existe aussi un test, mis au point par Christian Sarbach et Eric Postaire, permettant de voir ce qui se passe au niveau pulmonaire et des voies respiratoires, mais ce test n'existe encore qu'à l'état de prototype. C'est une technologie qui a été inventée par une petite société française de biotech, AR2I. Ce procédé qui tient dans une valise consiste à faire respirer la personne à tester dans un tube où l'on mesure par chromatographie en phase gazeuse les composants volatils provenant de l'oxydation des lipides des bronches. Ce test n'est pas validé scientifiquement mais il a donné des résultats intéressants chez des sportifs. On a ainsi mesuré nettement et très rapidement l'apparition d'un stress oxydant après des phases d'exercice intense. Ce test permet aussi de sonder de façon tangible le stress oxydant généré par un écran de télévision ou d'ordinateur – une petite dose de rayons X suffit à l'activer – ou par une cigarette. Les sociétés Probiox et Equinox développent, elles, des tests plus classiques avec des marqueurs spécifiques. Ceux-ci commencent à être utilisés par le corps médical mais rares sont les médecins qui peuvent s'en servir en toute connaissance de cause, c'est-à-dire rechercher l'origine de l'anomalie détectée dans tel ou tel marqueur et la compenser par un traitement adéquat. Toute une science qui vise à ralentir l'évolution d'une maladie grave ou d'empêcher sa survenue... Ainsi pourrait se dessiner une politique de santé publique conséquente où la médecine, plutôt que de chercher à surmonter les situations de crise pré-mortelles ou handicapantes pour les patients et ruineuses pour la société, aurait un rôle de prévention.

Je propose ainsi la création de « Centres de médecine préventive » où chaque citoyen pourrait avoir accès périodiquement à des check-up approfondis. On y évaluerait ses facteurs de risques pour telle ou telle maladie et on pourrait y détecter des lésions naissantes.

Le développement de cette nouvelle médecine implique une triple révolution.

Premièrement, bien sûr, au niveau médical. Elle appelle une formation particulière, le médecin devant combiner à la fois une maîtrise de ces nouvelles technologies de diagnostic tout en gardant un esprit de dialogue approfondi avec la personne consultante ; le patient devant être considéré non pas comme une association d'organes mais comme un être humain dans toute sa complexité organique et psychologique. En quelques mots, il s'agit de pratiquer une médecine personnalisée, intégrative et prédictive. Cette nouvelle médecine entraînera *de facto* un moindre recours à une chirurgie trop souvent mutilante.

Deuxièmement – et cela concerne l'ensemble de la population – une révolution des mentalités puisque nous aurons à consulter le médecin alors que nous sommes en bonne santé. On soignera sa santé plutôt que sa maladie ! Ce qui permettrait d'en finir avec les représentations mythiques des maladies incurables comme les cancers. Ceci implique une volonté d'être actif pour diminuer le risque par des changements de comportement mais également l'acceptation d'un suivi médical régulier. Il faut reconnaître que les rapports médecin/patient ont beaucoup changé depuis le Sida et l'avènement d'Internet. Le patient se contente de moins en moins de recevoir benoîtement la parole du grand prêtre mais recherche au contraire un véritable échange de connaissances et revendique souvent une certaine liberté de choix thérapeutique. Blogs et forums le montrent clairement sur le Web, particulièrement sur le terrain des maladies auto-immunes ou des maladies génétiques orphelines pour lesquelles les proches de malades manquent cruellement d'informations. Et ne serait-ce que pour le Sida, 1 300 associations uniquement en France défendent et représentent les patients. Dans ce nouveau contexte, cette responsabilisation devient essentielle.

Cette nouvelle médecine implique également une révolution d'ordre politique. Elle ne verra le jour que si nous parvenons à faire comprendre à nos décideurs que ce devoir de prévention – qui au départ apparaît comme plus coûteux que le système actuel – représente en fait la seule solution d'avenir ; celle qui, à long terme, nous permettra de maintenir une sécurité sociale cohérente, avec un budget équilibré. Cette politique préventive permettra de réduire le coût énorme des traitements des maladies chroniques avec les séjours de longue durée à l'hôpital ou en maisons spécialisées qu'elles nécessitent, tout en permettant que restent en activité nombre de personnes actuellement poussées à la retraite.

Il est vrai qu'en politique plus qu'ailleurs, la politique de l'autruche fait force de loi. De combien de scandales de santé publique n'a-t-on pas ainsi été témoins ? Combien y en aura-t-il demain et quel en sera le prix à payer ? L'amiante a déjà fait des centaines de morts et la liste n'est pas close ; et demain peut-être qui sait, les pesticides, les ondes électromagnétiques des téléphones portables, des lignes électriques interrompues... À l'échelle collective, si le risque zéro n'existe pas, le principe de précaution s'impose. On ne sait pas ? Eh bien dans l'expectative, on étudie la question, on ouvre le débat, on s'en remet à des scientifiques indépendants, il en existe. N'attendons plus d'avoir à payer le prix de notre négligence et de nos réactions tardives. S'il le faut, on impose des précautions, on interdit. Cela implique un vrai courage politique. « Après moi le déluge »... peut-être, mais cette attitude est de moins en moins supportable, la multiplication des procès le montre et la société accordera de moins en moins d'impunité à ses dirigeants.

En matière de médecine de prévention, ce principe de précaution s'applique à tous les citoyens, sans exception aucune. Il en va autant de l'intérêt de la collectivité que de l'intérêt de chacun. Bien entendu, l'incitation de la population à la consultation dans ces centres devrait se faire sur une base volontaire et non obligatoire. Cependant, les pouvoirs publics pourraient grandement la favoriser par des mesures financières : gratuité des consultations, réductions d'impôts... Ce que l'on demande à chaque citoyen, c'est ni plus ni moins de faire pour son corps ce qu'il fait pour sa voiture : un contrôle technique régulier pour éviter les défaillances conduisant à un accident mortel. L'idée sera un jour aussi évidente et banale que de faire réviser son véhicule tous les 10 000 km. Évidemment, ceci implique un dernier bouleversement, culturel cette fois, au niveau de la recherche pharmaceutique qui ne devrait plus se focaliser uniquement sur la mise au point de médicaments de crise mais aurait à élaborer, à partir de produits naturels, de véritables médicaments pour des traitements préventifs.

Cette médecine de prévention pourrait s'appliquer aux maladies graves aussi bien qu'aux affections banales comme le rhume, qui coûte bien des journées d'absence ou de faiblesse physique au monde du travail. Prévenir un rhume, ce n'est pas si difficile et je propose quelques moyens qui permettront à chacun, déjà, de l'expérimenter.

Objectif « Rhume Zéro »

Comme chacun sait, le rhume est une infection des voies respiratoires supérieures, du nez et de la gorge, où interviennent deux sortes d'agents infectieux : des bactéries et des virus. Parmi ces derniers, la famille des rhinovirus est le plus souvent impliquée. Elle compte plus d'une centaine de variants, induisant tous une réponse immunitaire différente. On peut être immunisé contre l'un de ces virus et malgré tout attraper un rhume dans les mois qui suivent au contact de l'un de ses cousins. Si l'affection est purement d'origine virale, les antibiotiques n'agiront pas. Même les enfants l'ont appris à coups de slogan : « Les antibiotiques, c'est pas automatique ! » Le consensus médical actuel nous dit alors de ne pas les utiliser en pareil cas. Mais est-ce toujours judicieux ? En réalité, l'infection virale s'accompagne souvent d'une surinfection bactérienne due à la perte d'intégrité des muqueuses. Si cette infection dure, devient sérieuse, des antibiotiques peuvent alors s'imposer.

Comment arrive le rhume ? Le premier facteur déclenchant est une baisse de température liée à un courant d'air froid sur ces muqueuses. Dans « muqueuse », il y a « mucus ». Le mucus sécrété par nos muqueuses est effectivement un excellent protecteur : il agglomère les poussières que l'on inhale, celles-ci transportant souvent des virus et des bactéries qui seront éliminés sous forme de mucosités. Le froid (pas seulement extérieur mais aussi celui de la climatisation) provoque une congestion inflammatoire des muqueuses qui favorise la pénétration des microbes en enclenchant une réaction de défense. Là intervient un deuxième agent protecteur, la salive. Celle-ci contient de la mucine, une substance également muqueuse et par ailleurs antiseptique. En recouvrant les muqueuses, la salive les protège de la pénétration bactérienne ou virale. Dès la première congestion des muqueuses liée au refroidissement (le mal de gorge), un premier réflexe de prévention s'impose : saliver ! Ce n'est pas très compliqué en état d'éveil, il suffit d'y penser, c'est moins évident la nuit. Certains d'entre nous bénéficient d'une déglutition automatique, ils salivent et avalent durant leur sommeil, c'est l'idéal. Chez d'autres tout s'assèche, ces dormeurs ronflent et gardent la bouche ouverte : les agents extérieurs profitent de l'occasion. Le rhume s'installe souvent de cette manière sans qu'il soit nécessaire d'être au contact d'une personne contaminée. Le phénomène peut se produire notamment dans l'atmosphère asséchée liée au chauffage domestique ou au conditionnement d'air dans les avions. Lors d'un voyage aérien, il est important de saliver fréquemment et d'humidifier l'air que l'on respire en appliquant de temps à autre un mouchoir humide sous le nez.

L'autre précaution préventive est évidemment d'éviter la contagion par les aérosols de l'inspiration ou par les mains que l'on serre lorsque l'on sait que « le rhume est dans l'air ».

Les principales mesures de prévention sont à la portée de tous : se protéger des refroidissements (les cache-cols ou cache-nez sont très efficaces), humidifier l'air de façon à ce que les muqueuses ne s'assèchent pas (et se gargariser éventuellement la gorge avec de l'eau chaude pour l'humidifier), saliver autant que l'on peut, respirer par le nez (et surtout pas par la bouche), éviter de serrer les mains en cas d'épidémie, faire en sorte qu'une personne ne vous tousse pas à la figure et se laver les mains avec un savon antiseptique.

Mais si malgré tout vous vous sentez contaminés – une congestion nasale, des éternuements fréquents, un petit point à la gorge – je vous donne ma recette personnelle. Elle n'est validée par aucun essai clinique contrôlé avec placebo en double aveugle et n'appartient pas à la sacro-sainte *evidence based medecine*... Non, elle résulte d'une observation empirique et d'un raisonnement logique : l'utilisation d'extrait contrôlé de papaye fermentée qui présente à la fois des propriétés antioxydantes et immunostimulantes. Dès que je sens poindre une congestion nasale ou de la gorge, je prends un ou deux sachets de cet extrait par jour. Je laisse se dissoudre longuement la poudre sous la langue avec ma salive avant de l'avaler. Même lorsque les signes de congestion ont disparu, ce qui arrive dans les heures qui suivent, je continue ce traitement pendant plusieurs jours jusqu'à ce que l'immunisation locale permette de neutraliser l'agent infectieux, notamment par l'intermédiaire d'anticorps (IgA) sécrétés par les muqueuses.

Si l'infection ne disparaît pas totalement, si les sécrétions deviennent colorées, signe d'une installation bactérienne, alors il vaut mieux ajouter un traitement antibiotique. En étant respectueux des diktats officiels, on ira voir son médecin. La prise d'un second antioxydant, le glutathion par voie orale complexé à la vitamine C, peut également être très bénéfique.

Voilà de quoi éviter bien des journées de désagrément respiratoire et de fatigue, coûteuses en énergie et en médicaments plus ou moins efficaces.

2050

« Je voudrais... que l'on fît comme en un certain pays, là où si les malades meurent, on fait payer les médecines à leurs médecins. »

Guillaume, sieur de Broncourt Bouchet *(Les Sérées, 1584)*

Bonjour Docteur !

Projetons-nous dans le temps : une consultation médicale en 2050 :

« Bonjour Docteur ! J'ai quatre-vingts ans, je viens de prendre ma retraite de mon second métier, j'ai effectué régulièrement tous mes check-up au Centre de médecine préventive de mon domicile et le dernier, je l'ai fait sur vos conseils dans un centre de remise en forme sur les hauteurs du lac de Garde, en Italie. Très agréable ! On m'a fait de nombreux examens. Honnêtement, j'avais peur que l'on me fasse beaucoup de prises de sang. Cela n'a pas été le cas, quelques gouttes de mon sang ont suffi, ainsi que de salive et bien sûr j'ai eu une imagerie complète de mon corps en trois dimensions. »

Le praticien de 2050 me reçoit avec le sourire. Il ne regarde pas sa montre, a tout son temps pour examiner d'abord les résultats de laboratoire sur son ordinateur via le réseau Intranet reliant les différents

Centres de médecine préventive. Des logiciels perfectionnés lui donnent une synthèse générale de mon état ; il complète ces données grâce à un nouvel appareil de mesure des infections latentes qu'il vient juste de recevoir, comme beaucoup de ses confrères. Ce dernier test ne demande aucun prélèvement mais nécessite simplement de poser la main sur l'appareil. Aujourd'hui le bilan est bon, pas d'hypertension à signaler, aucune trace de tumeur cancéreuse, pas de douleurs articulaires mais le stress oxydant n'est pas totalement compensé et il existe quelques indices de passages bactériens minimes dans ma circulation sanguine.

J'engage donc un dialogue soutenu avec mon médecin. Comme les médecins holistiques de la fin du siècle dernier, il prend soin de m'interroger sur mes activités de tous les jours, mes habitudes alimentaires, mon exercice physique, ma situation familiale, mon degré d'occupation professionnelle. La mort récente de l'un de mes proches a entraîné une dépression psychologique modérée qui a retenti sur mon système immunitaire. Rien de très grave mais il faut réagir car les quelques nanobactéries circulantes dans mon sang s'avèrent être les mêmes que celles que l'on a identifiées comme étant à l'origine de la maladie d'Alzheimer. Ces bactéries sont d'origine intestinale, il y a donc lieu de modifier mon alimentation afin de changer la flore bactérienne.

Je vais donc limiter maintenant mon jogging à une demi-heure tous les matins, diminuer aussi mon exercice physique en salle et renforcer ma prise de petits médicaments antioxydants. Au jus de grenade du Caucase que j'ai coutume de prendre tous les matins pour régulariser ma tension, je vais ajouter de la poudre d'extrait de papaye fermentée qui est maintenant reconnue et validée. Le médecin me conseille également de ne pas arrêter mes activités du jour au lendemain du fait de ma retraite. Effectivement, je lui ai dit que j'envisageais de suivre des cours de médecine par Internet et visioconférence afin d'acquérir une culture médicale à laquelle je pense depuis longtemps.

A la fin de la conversation et de la prescription, il appose son tampon sur mon livret médical. Je serai ainsi remboursé de tous mes tests et bénéficierai cette année encore d'une réduction d'impôt de 20 %. En route pour le centenariat que j'espère vivre avec ma femme, de quelques années mon aînée...

En 2050, on ne parle plus beaucoup d'infarctus, d'accident vasculaire cérébral, de dégénérescence maculaire de la rétine et le risque de maladie d'Alzheimer a été réduit de 50 %.

Mais les hommes n'en sont pas plus heureux pour autant, ils veulent toujours plus, on rêve maintenant de vivre jusqu'à cent cinquante ans et pourquoi pas, de devenir immortels. La science médicale pourra-t-elle encore les satisfaire ?

Plus fort que Jeanne Calment ?

L'étape que la médecine de 2050 peut raisonnablement atteindre, c'est de diminuer, voire supprimer, les maladies qui nous font mourir prématurément. J'espère que l'on ne verra plus de ces silhouettes courbées en deux, à la démarche hésitante, au système immunitaire affaibli, disparaître par suite d'une banale maladie infectieuse, souvent une pneumonie, un peu comme un sidéen immunodéprimé. J'espère que l'on saura faire mentir cet humoriste qui a dit : « Après soixante ans, si on se réveille le matin sans avoir mal quelque part, c'est que l'on est mort ! »

Mais au-delà de cette première étape susceptible de nous faire gagner vingt ans en moyenne et de permettre aux plus chanceux d'atteindre les cent vingt ans comme la doyenne des doyennes (décédée à plus de cent vingt-deux ans), nous allons rencontrer des limites biologiques dues à nos programmes génétiques de mort. Notre organisme est programmé pour vivre jusqu'à cent vingt ans environ, guère plus et ce n'est déjà pas si mal ! Nous avons déjà parlé du thymus qui régresse progressivement avec l'âge et réduit ainsi les capacités de défense immunitaire d'origine cellulaire.

Il existe une autre barrière au niveau cellulaire et moléculaire : la diminution des télomères*, ces morceaux d'ADN faits de séquences répétitives de nucléotides qui flanquent chaque bout de chromosome. Une des séquences de ces télomères est perdue à chaque division de chromosomes, donc à chaque division cellulaire. Lorsque toutes les séquences de télomères sont consommées, la cellule arrête de se diviser. Usée, l'enzyme télomérase à l'origine de la synthèse de ces télomères ne fonctionne plus. Nous sommes donc tributaires, que nous le voulions ou non, d'une horloge moléculaire attribuant aux cellules différenciées de l'organisme un nombre fixe de divisions [67]. Il en résulte que les réparations cellulaires de lésions ont une extension limitée avec l'âge. Enfin, le vieillissement prématuré de nos mitochondries constitue le troisième facteur entraînant ou tout au moins favorisant un stress oxydant et tous les dégâts associés, en particulier la déficience immunitaire.

Tout se passe comme si l'organisme, dès sa naissance, était programmé pour une autodestruction certaine. Ce programme se retrouve chez tous les êtres vivants organisés mais n'est pas inéluctable et on peut imaginer des scénarios différents. La sélection naturelle l'a retenu très tôt dans l'évolution biologique comme étant la meilleure manière pour un ensemble d'individus constituant une espèce, de survivre et de s'adapter. On ne peut le dissocier de la reproduction des individus. La reproduction sexuée elle-même s'est sélectionnée pour assurer à l'espèce une stabilisation des acquis génétiques. Le système est parfait : la comparaison de deux génomes et leur association physique annihilent à la fois l'effet d'une mutation néfaste d'un génome tout en favorisant l'émergence de mutations dominantes avantageuses. Mais il a un coût pour l'individu puisqu'en contrepartie, celui-ci doit laisser la place à la génération suivante, chaque espèce ayant un espace de nourriture et d'action limité.

Ainsi reproduction et mort de l'individu sont indissolublement liées dans la formule biologique de la vie sur terre. Les programmes génétiques évoqués plus haut ont pu, même encore chez l'homme, jouer un rôle positif dans la préhistoire en permettant aux chasseurs de se débarrasser des sujets âgés peu mobiles, considérés comme des charges inutiles ! Mais bien sûr tout a changé avec la sédentarisation liée à l'agriculture et à la transmission du savoir où, là, les anciens pouvaient jouer un rôle positif déterminant. Malgré ce bouleversement, nous héritons toujours de ce passé biologique et sa modification impliquerait des interventions sur le patrimoine génétique accumulé depuis plusieurs milliards d'années. Techniquement, ce n'est pas impossible dans le futur. On commence à identifier chez les organismes inférieurs des gènes qui contrôlent leur longévité. On peut ainsi facilement, en modifiant ceux-ci, doubler la longévité d'un ver microscopique *(Caenorhabditis Elegans)* ou d'un insecte (la mouche du vinaigre, drosophile).

En ce qui concerne l'involution du thymus chez les vertébrés supérieurs, il est probable qu'elle soit commandée par des rétrovirus présents dans nos gènes qui agiraient dans les conditions naturelles comme le fait accidentellement le virus du Sida. N'oublions pas que près de la moitié de l'ADN de notre génome est constitué par des séquences proches des rétrovirus qui ont été acquises au cours de l'évolution. Certaines de ces séquences ont des rôles bénéfiques, comme la génération de la diversité des anticorps. C'est grâce à elle que nous sommes capables de répondre à n'importe quel antigène ou que l'embryon juste formé n'est pas rejeté par la muqueuse utérine de la mère. Mais d'autres pourraient avoir précisément ce rôle de programmer la destruction du thymus. Si tel était le cas, on pourrait donc contrecarrer cette destruction en supprimant l'action du rétrovirus impliqué. Arrivé à ce point du raisonnement, il faut reconnaître que nous ne sommes pas techniquement en état de le faire et qu'une profonde réflexion éthique est indispensable avant de jouer les apprentis-sorciers.

Touche pas à mon génome !

Si l'on peut admettre le bien-fondé des corrections d'anomalies génétiques portant sur un individu sans qu'elles soient transmises à sa descendance, toute action sur les cellules reproductrices qui entraînerait des modifications transmises dans toute la descendance d'un individu doit, en l'état actuel de notre savoir, être prohibée. Il reste encore trop d'inconnues dans la connaissance du fonctionnement de notre génome. Par exemple, on ne connaît même pas le rôle des séquences de notre génome qui, apparemment, ne portent pas d'informations génétiques pour programmer des protéines, or celles-ci constituent 98 % de notre ADN !

Toucher à ce qui a mis 3,5 milliards d'années à se constituer par ce qui ne serait qu'un « jeu de Lego » génétique est extrêmement prématuré. En outre, en supposant que nous ayons surmonté tous les obstacles techniques, une question éthique fondamentale se poserait : quels seraient les individus qui bénéficieraient de cet accroissement de longévité et que feraient les laissés-pour-compte ? Qui déciderait ? Un gouvernement mondial ? L'ONU ? L'argent ?...

Les solutions génétiques au retard du vieillissement me paraissent donc très aléatoires. Disons un mot de la fausse solution du clonage. On connaît tout le battage médiatique sur le clonage d'animaux obtenus à partir de l'insertion de l'ADN d'une cellule différenciée d'un organisme dans un ovule privé de son ADN. Cela revient à insérer le programme d'une clé USB dans un ordinateur qui va automatiquement l'exécuter ! Outre sa difficulté technique, une telle entreprise de clonage a été interdite pour des raisons éthiques. Mais même autorisé, le clonage n'apporterait à l'individu aucun avantage de survie puisque son clone aurait un cerveau neuf privé de toute l'expérience et des connaissances qu'il aurait acquises au cours de sa vie.

Dans tous les cas de figure, remarquons que de tels clones seraient très fragiles, susceptibles de disparaître rapidement, à la merci de n'importe quelle infection virale ou bactérienne : souvenons-nous de la pauvre brebis Dolly, morte prématurément à six ans et demi après avoir manifesté un an auparavant des maladies associées d'ordinaire au vieillissement. Clonée, l'humanité tout entière pourrait disparaître. La survie de notre espèce a jusqu'à présent dépendu de notre diversité génétique, aucune épidémie n'ayant pu éliminer une population humaine en totalité. Ce pourrait être le cas d'une population clonale faite d'individus identiques, tous aussi vulnérables. Voilà des raisons majeures et rédhibitoires pour ne pas s'aventurer plus avant. Gare donc aux sirènes du clonage et à ses bricoleurs du dimanche ; il faut savoir raison garder. Nous pouvons aussi nous inspirer des insectes. Leur existence dépend de cellules souches, l'imago qui, une fois que tous les tissus de la larve disparaissent, sont encore capables de redonner la vie en formant un insecte adulte. Ainsi pourrions-nous un jour concevoir des cellules souches reproduisant notre corps usé voué à disparaître.

Mais rêvons encore un peu plus. Je suis convaincu que la physique prendra un jour le relais de la biologie. Certains férus d'informatique imaginent déjà que pour pallier le problème du clonage, on arrivera un jour à « télécharger » des informations d'un cerveau à un autre. Pour anticiper un peu plus, je pense qu'il est plus probable que les physiciens de la matière nous apportent une autre solution : celle de la reproduction physique à l'identique d'un corps vivant, fondée sur la téléportation des atomes. Les physiciens d'aujourd'hui ne parviennent qu'à la téléportation de particules élémentaires intrinsèquement liées mais en extrapolant, il est possible que l'homme acquière un jour la capacité de se téléporter, de se reproduire à l'identique par des moyens non biologiques. Cela pourrait nous arriver dans quelques dizaines de siècles. D'ici là, l'espèce s'engagera probablement dans une nouvelle colonisation planétaire. La logique de la vie est impérialiste. La société humaine marche obstinément vers l'expansion, dans une quête effrénée de croissance continue obligatoire.

L'homme essaimera donc, dans le système solaire d'abord : Mars, la Lune, Titan peut-être, forment un premier vase d'expansion. Et après ? Notre système solaire ne suffira plus et les moyens de la physique deviendront alors indispensables. Nous transporterons-nous à la vitesse de la lumière ? Je nage en pleine science-fiction, mais l'histoire récente nous enseigne que l'on n'est jamais assez audacieux et que la réalité dépasse toujours la fiction.

En admettant que ce type de solutions voient le jour, là aussi se poseraient des problèmes éthiques inextricables. Qui en bénéficierait ? Et qui aurait encore recours à la reproduction biologique devenue obsolète ? Mieux vaut imaginer que cette nouvelle humanité s'installe effectivement sur une base planétaire extraterrestre !

Vivre plus longtemps, pourquoi ?

Revenons sur terre. Un simple gain sur les maladies chroniques qui nous font mourir prématurément permettrait d'augmenter la durée de la vie humaine active de vingt ans, nous l'avons vu. Ce serait déjà un bouleversement considérable au niveau de la société, une retraite à soixante ou soixante-cinq ans n'ayant plus de sens. Le maintien d'une profession (et d'une famille) unique dans une vie traversant un siècle sera de plus en plus difficile. C'est tout le système actuel de retraite qu'il nous faut repenser avec l'émergence du « 4e âge ».

D'un point de vue économique, on ne le sait que trop, mais une réforme s'impose aussi pour une meilleure qualité de vie. La retraite, on le voit souvent, marque un très mauvais passage, ses bénéficiaires ayant tendance à disparaître assez vite après avoir quitté la vie active. Je n'ai pas de recette miracle à proposer, un gigantesque effort de réflexion sera nécessaire pour résoudre les problèmes économiques, médicaux et sociaux que cet allongement de la vie impliquera nécessairement. J'ai participé un jour à une réunion où des économistes préconisaient cyniquement de laisser les gens fumer. « Ils mourront de cancers bronchiques, ai-je entendu, cela réduira le problème des retraites. » J'ose espérer que ce n'était qu'une boutade !

Mais alors, beaucoup pourront encore se poser la question : vivre longtemps, pour quoi faire ? La réponse à cette question – que nous avons posée au début de ce livre et à laquelle nous avons donné un début de réponse – varie également selon que l'on tient pour vraies ou non les promesses des grandes religions monothéistes. Selon que l'on croit ou non à une vie après la mort dans un endroit fort agréable, loin des soucis de la terre...

Les poupées gigognes du monde vivant

Etant agnostique, je n'écarte aucune possibilité sur nos origines et notre devenir. Au regard de l'évolution biologique, le monde du vivant se compose d'éléments gigognes. Il s'est construit par l'emboîtement de systèmes d'intégration successifs, à l'image de ces poupées incorporées les unes dans les autres. Nous en connaissons quelques-uns, d'autres ont sans doute disparu. Les plus petits, selon la théorie de Monod et Jacob, seraient les « opérons », c'est-à-dire des systèmes moléculaires de taille inférieure aux bactéries et capables de s'autoréguler. Ce sont en fait des ensembles de gènes voisins dans leur fonction qui ont fini par former un système de régulation concourant à un métabolisme ou une synthèse commune. Les bactéries, justement, « emboîtent » un ensemble d'opérons.

Ces éléments flottaient peut-être, à l'origine, dans de l'eau ou un liquide quelconque sans être associés au sein d'un système fermé, jusqu'à ce que surgisse une nouvelle « invention », la membrane. La cellule ainsi délimitée par la membrane « avala » de plus en plus d'ADN d'opérons pour profiter de leurs fonctions différenciées : élaborer un squelette à base de calcium, digérer des protéines, disposer d'enzymes efficaces pour dupliquer leur ADN. Ces regroupements ont formé par complémentarité une entité unique, une bactérie dotée d'une paroi et gardant toute la mémoire génétique des inventions successives qui l'avaient précédée : un énorme avantage qui lui a permis de prospérer et d'envahir terres et mers. Certaines de ces bactéries, toujours sous l'effet d'un avantage sélectif, se sont regroupées en cellules plus grandes et ainsi de suite jusqu'aux organismes pluricellulaires... et finalement au niveau supérieur de la société humaine.

Tentons de comprendre comment ces différents niveaux ont conscience de leur situation. Une cellule de notre organisme « a conscience » qu'elle appartient à un système, je veux dire par là qu'elle reçoit des signaux du deuxième niveau successif, « l'intégron », pour reprendre le mot de Jacob. Donc la cellule « sait » d'une certaine manière qu'elle participe d'un être mais à l'exception de certaines d'entre elles (les neurones de notre cerveau), elle n'a aucun moyen direct d'en savoir plus.

Sur l'échelle du vivant se superposent ainsi des intégrons et des niveaux de conscience successifs. L'intégron-cellule reçoit des signaux lui indiquant qu'il fait partie de l'intégron-organisme mais ignore qu'il participe à l'intégron-société. On peut extrapoler suivant cette logique : l'homme a conscience de l'intégron-société mais méconnaît si une autre organisation, un autre intégron existe au-dessus. « Que sait un poisson de l'eau dans laquelle il nage toute sa vie ? », demandait Einstein. Je compléterai la métaphore : que sait-il de la vie en dehors de l'eau ? Il serait extrêmement orgueilleux de notre part de croire que nous sommes au sommet de la pyramide de la vie. Si nous sommes manipulés par des formes supérieures, nous l'ignorons. « De mémoire de rose, on n'a jamais vu mourir un jardinier », a écrit il y a longtemps le poète-philosophe Fontenelle (mort à la veille de ses cent ans). De mémoire d'homme, on n'a jamais vu disparaître les forces qui régissent, avec une certaine harmonie, l'Univers !

ÉPILOGUE

L'illusion de l'immortalité

« Il n'y a pas d'immortalité autre que celle qu'on laisse dans l'esprit des hommes. »

Napoléon

Intervention extra-terrestre ?

Dans les premières années du Sida, j'ai reçu nombre de lettres accusant un virus envoyé du ciel, m'interrogeant sur l'hypothèse d'un microbe venu de l'espace, d'un germe martien. Certains pensaient qu'il s'agissait d'une punition divine infligée aux homosexuels !

Nos connaissances indiquaient déjà qu'il s'agissait d'un virus bien de chez nous, la Terre. Cependant, nous ne pouvons exclure que des agents présents sur Terre, des particules vivantes, proviennent effectivement de l'espace. L'homme devrait d'ailleurs prendre davantage de précautions quand il envoie une sonde sur Mars pour prélever de la glace ou de l'eau... S'il existe un code universel de la vie – de plus en plus de scientifiques tendent à le penser – il a pu s'exprimer de la même façon sur la planète rouge puisqu'elle présente des conditions assez proches de la nôtre. Mars serait un monde mort, quoi qu'il en soit, elle porte les traces d'une atmosphère humide et a existé avant la Terre. Si nous y trouvions de l'ADN, les experts l'expliqueraient sans doute par une contamination terrienne. Les échanges interplanétaires se multiplient, c'est une nouvelle source de risques.

On pensait jusqu'à présent que les êtres vivant sur terre ne pouvaient pas survivre longtemps dans les conditions spatiales, or cette idée vient d'être remise en question : certaines spores bactériennes sont capables de résister dans ces conditions de vide et de froid intenses. L'hypothèse d'une contamination de la Terre par l'espace n'est donc pas si folle qu'il y paraît. Peut-être notre planète reçoit-elle en permanence, ne serait-ce que par l'intermédiaire des météorites, des informations vivantes du cosmos. Ou des germes, même si ceux-ci ont peu de chances de se développer car ne possédant pas l'expérience de la sélection opérée sur Terre.

Nos connaissances actuelles restent bien trop limitées pour écarter l'hypothèse d'un apport vivant de l'extérieur dont nous ne pourrions être conscients, voire, comme je l'ai évoqué, de l'existence d'êtres vivants plus avancés que nous. Pourquoi serions-nous les êtres supérieurs de l'univers ? Nous le sommes sur Terre, certainement, mais une réalité indicible, impossible à appréhender à notre niveau coexiste peut-être dans l'Univers. Des structures invisibles à nos yeux, indétectables par nos instruments.

Sans nécessairement croire en un Dieu, nous pouvons adhérer à l'idée philosophique selon laquelle la vie n'est pas un accident aléatoire, contrairement à la théorie que Jacques Monod a développée dans *Le hasard et la nécessité*. Ce point de vue du grand biologiste postule que l'apparition et l'expansion de la vie sur Terre ne seraient le fait que d'une série de hasards et de coïncidences tout à fait exceptionnels ; il y aurait donc peu de chances que la vie ait pu apparaître ailleurs. Certes, il est très improbable qu'il existe actuellement des formes de vies similaires à celle que nous connaissons dans le système solaire, mais nous pouvons imaginer que la vie est une sorte d'avatar obligatoire de la matière. Les atomes présentent tous certaines constantes, pourquoi celles-ci ne donneraient-elles naissance, dans certaines conditions, à la vie ? C'est l'idée sous-jacente d'une sorte de code universel qui se transcrirait, dans une configuration favorable, en code particulier comme le code génétique sur la terre – la grammaire de l'ADN est probablement spécifique à notre planète. Cette idée rejoint finalement la vieille théorie de la panspermie[68]. On l'a particulièrement utilisée pour expliquer comment la vie avait pris naissance sur terre assez tôt après le refroidissement de la planète. Cette idée très poétique de la panspermie est aujourd'hui désuète, elle n'en reste pas moins plausible.

Suivons les pas de Richter et, sans préjugé, partons de l'idée selon laquelle l'évolution de la vie sur Terre aurait été fécondée par cette information universelle flottant un peu partout... Au cours de l'évolution humaine, il semble que le processus d'humanisation ait fait très récemment un bond qualitatif ; déterminé du fait de changements climatiques ou bien grâce à un sacré coup de pouce ? Pendant des dizaines de milliers d'années, des petites hordes humaines nomades (avec les mêmes capacités mentales que les nôtres) ont erré, se réfugiant lors des hivers rigoureux dans les cavernes en y figurant, souvent avec art, les animaux qu'ils chassaient. Et puis brusquement, il y a moins de dix mille ans, tout a changé ; la sédentarisation par l'agriculture, les cités de pierre, l'écriture, et ceci dans plusieurs régions du globe situées à grande distance les unes des autres. L'ère des prophètes et de leurs révélations arrivait : Moïse, Bouddha, Jésus, Mahomet...

La deuxième valise de notre voyageur aux deux bagages se remplissait. Est-ce ou non le fait du hasard, du changement de climat ? Question sans réponse...

Le besoin de Dieu

Les hommes sont les seuls êtres vivants qui lèvent les yeux vers le ciel. Ce ciel dont ils ont fait le « Ciel ». Après les menhirs préhistoriques, les pyramides égyptiennes et aztèques, se sont dressés les dômes des temples, les flèches des cathédrales, les tours des minarets des religions monothéistes, témoignages d'une foi soulevant des montagnes. Mais que de guerres féroces à la clé, de massacres perpétrés au nom de Dieu, par le mépris de l'Autre, ce mécréant, cet infidèle !

Alors, l'homme peut-il vivre sans Dieu ? Est-il resté ce petit enfant qui, dans le noir, a peur de tout, de l'ombre qui bouge, du parquet qui craque, qui appelle son Père ?

En ce XXIe siècle, nous avons la chance sans précédent de bénéficier de connaissances scientifiques, d'un savoir, que nos ancêtres ont bâtis pas à pas et qui nous donnent maintenant une vision à la fois générale et assez précise de nos origines et de notre place dans l'espace-temps de l'Univers. Il n'y a pas si longtemps, les hommes croyaient que la terre était plate et qu'elle constituait le centre de l'Univers autour de laquelle tournaient le Soleil et les étoiles. Gare aux hérétiques qui prétendaient le contraire ! Le feu ou l'abjuration... Nous savons désormais que notre planète est un petit point dans l'Univers et une oasis isolée hébergeant une vie très ancienne – plusieurs milliards d'années – dont nous ne sommes que très récemment issus.

Encore une fois, cette évolution ne s'est pas faite au hasard, mais apparemment dans une direction partant du simple vers le complexe : de la cellule bactérienne à la cellule nucléée des Eucaryotes, de la cellule nucléée à l'organisme, de l'organisme à la société humaine. Quoi qu'il en soit, les faits sont là : la vie sur terre a pris naissance il y a 3,5 milliards d'années et elle a évolué à partir d'un langage génétique commun, de la bactérie à l'homme. Cette conscience d'une origine aussi lointaine s'ajoutant à la découverte d'un univers aux dimensions vertigineuses nous confère une responsabilité et un respect des valeurs communes à tous les hommes, quelles que soient nos croyances. Elle nous confère également à la fois un certain orgueil – nous sommes au sommet d'un arbre de la vie extrêmement ancien – et surtout un esprit de responsabilité – nous sommes conscients que nous ne devons pas détruire nos conditions de vie et celles des autres espèces vivantes. Elle nous invite de surcroît à une grande modestie.

Tout est relatif. Nous avons tous les pouvoirs que dans l'Antiquité les Grecs et les Romains attribuaient aux dieux, tous sauf un, l'immortalité. Concernant cette dernière, qui sait ? La connaissance des mécanismes génétiques de la mort pourrait un jour nous permettre de les effacer ! On touche là à l'un des supports essentiels du regard vers Dieu, le refus d'accepter l'inacceptable, de disparaître avec la mort de « l'enveloppe organique ». Comment reconnaître qu'après avoir eu accès à cet Univers immense, cette écorce terrestre si belle, ces relations humaines si enrichissantes, si pleines d'expériences et d'émotions, tout ceci vécu par une personnalité unique... comment accepter de disparaître à jamais en quelques minutes ?

Et pourtant, plus nous connaissons notre physiologie... plus nous savons que toute cette expérience humaine et unique est liée à l'alimentation en glucose et en oxygène de quelques milliards de cellules d'un organe fort fragile, le cerveau. Il suffit d'une baisse de pression sanguine de quelques secondes pour qu'un voile noir apparaisse devant nos yeux. Très vite, la chose devient irréversible, c'est la mort. Je peux témoigner, ayant moi-même expérimenté plusieurs syncopes et un coma prolongé après avoir été renversé par une voiture un beau jour d'été de mes cinq ans, que je n'y ai vu ni tunnel, ni lumière blanche quelconque : rien, le néant, le noir absolu ! Par conséquent, les idées de survivance de l'âme après la mort – en tant qu'essence de notre individu – et d'accès à un paradis merveilleux me paraissent être aussi improbables que la réalité du Père Noël inculquée aux enfants. J'aimerais me tromper, ce serait pour moi une heureuse surprise.

Certes de toute façon, quelque chose survit en nous : notre information génétique, reçue de nos parents et que nous transmettons à nos enfants. Le code génétique apparu très tôt dans l'origine de la vie est resté le même chez tous les êtres vivants de notre planète. Il s'agit donc là d'une mémoire extraordinairement ancienne et unique dont nous bénéficions. Très récemment, ainsi que je l'ai déjà évoqué, nous autres humains y avons ajouté une autre mémoire, culturelle celle-là. En quelques générations, elle nous a offert le privilège d'accéder à un nouveau système d'organisation et de conscience que nous transmettons lui aussi de génération en génération, humbles maillons mortels d'une chaîne, espérons-le, fort longue.

Telle est notre vision rationnelle du moment. Et pourtant, des millions, voire des milliards d'humains ne la partagent pas et s'accrochent à l'espoir de survivre dans le royaume de Dieu après la mort. Dans ce troisième millénaire, on se bat encore tous les jours au nom de la religion, on s'entretue, on embrigade, on exploite ! Une telle croyance, si elle n'était qu'intérieure et individuelle, pourrait être respectée comme toute croyance. Malheureusement, elle encourage certains à relativiser la valeur de la vie humaine et peut mener à tous les fanatismes de masse mortifères et suicidaires. « Qu'importe de mourir, ce n'est qu'un passage vers une autre vie. Qu'importe de tuer, Dieu reconnaîtra les siens... »

Les grandes religions monothéistes ont bien sûr eu un rôle positif, en se constituant sur des piliers moraux révélés par des écrits sacrés. Elles ont ainsi servi de guides en organisant de façon adéquate la vie des jeunes sociétés humaines jusqu'alors nomades et nouvellement sédentarisées : « Tu ne tueras point. » Mais ces valeurs ne s'étendaient pas au-delà de la sphère des croyants... On m'objectera que les croyances scientifiques, les idéologies laïques ont conduit elles aussi aux pires excès au XXe siècle. Quel que soit leur objet, il n'existe rien de pire à mes yeux que les croyances absolues, y compris celles que l'on retrouve de nos jours dans un matérialisme à courte vue ou dans ce qu'il faut bien appeler un certain intégrisme scientifique.

Nous gardons en nous une contradiction inhérente à nos origines biologiques. Comme tous les mammifères, notre cerveau est préparé à recevoir dans les premières années après la naissance des informations qui le structureront pour tout le reste de la vie. C'est l'analogue du *printing* bien connu chez les oiseaux : si un poussin-canard voit après son éclosion de l'œuf un homme au lieu d'une mère-cane, il suivra aveuglément cet homme comme il aurait suivi sa mère. Les premières images, les premières odeurs, les premiers bruits que reçoit le bébé humain sont également imprimés dans son cerveau jusqu'à sa mort, sans qu'il en ait conscience. Son cerveau est de même préparé à croire tout ce que son entourage lui raconte – le Père Noël descendant par la cheminée, les cloches des églises allant à Rome le vendredi Saint, les belles histoires du catéchisme, pour ne prendre que quelques exemples « occidentaux ».

Naturellement, l'accès à la connaissance par l'école et l'adéquation à la réalité des relations sociales lui feront perdre rapidement ces certitudes mais la tendance à la croyance absolue persistera dans son adolescence et jusqu'à l'âge adulte. Nous avons tous ce défaut de prendre pour vérité intangible ce qui n'est que vérité relative, la meilleure de notre temps. Il est plus facile d'avancer sur ce que l'on croit être des rochers immuables que sur des sables mouvants !

Saint ADN, priez pour nous !

La « croyance » en nos connaissances actuelles ne serait-elle pas un meilleur garde-fou ? Las, les scientifiques n'échappent pas à ce schéma. Eux aussi établissent des lois qu'ils croient intangibles. La science étant devenue une activité collective puissante, une technostructure influente dans la société, les mêmes travers que dans les religions établies apparaissent. Les congrès scientifiques sont devenus des grandes « messes » où officient les grands prêtres délivrant *urbi et orbi* la bonne parole, celle que l'on ramènera dans son laboratoire à ses « collaborateurs-esclaves ». Le besoin de rite et de sacré est décidément fondamental chez l'homme : goût du dogme absolu, propension à éliminer les concepts dérangeants, à créer des chapelles fermées sur elles-mêmes et bloquant toute grande innovation. Pis, on brûle encore – professionnellement – celui qui s'écarte des sentiers de l'orthodoxie. Car nous avons aussi nos inquisiteurs, tous ces scientifiques soi-disant éclairés, enfermés à double tour dans une conviction hors de laquelle il n'y a point de salut ni soutien de laboratoire !

Je ne vois dans ces formes d'absolutisme, dans ce monothéisme scientifique, qu'une perversion de la véritable science. Celle qui, modeste, sait que rien n'est immuable et qu'un jour ou l'autre les dogmes du moment seront remis en question ou intégrés dans une vision plus proche de la réalité ! Bien que la science ait sur les religions l'avantage de ne pas se fonder sur un livre sacré fondateur, c'est bien là le seul garde-fou contre l'absolutisme. Inversement, le danger de ce relativisme est de croire que tout s'équivaut, que tout le monde a raison. Non, à un moment donné, il y a une vérité, la plus proche de la réalité, et des erreurs, mais il faut savoir qu'un jour cette vérité sera remplacée par une autre.

L'un de mes collègues étrangers me racontait il y a quelques années qu'il avait eu à remplir un formulaire assez inquisiteur pour une demande de visa ou de naturalisation. On lui demandait notamment « Êtes-vous ou avez-vous été communiste, quelle est votre religion ? » A cette dernière question, il avait répondu « DNA » (ADN en français). C'était évidemment une boutade. Cela l'est moins aujourd'hui où le dogme de la génétique moléculaire – tout vient de l'ADN – a envahi la biologie. Si cette notion a fait énormément avancer nos connaissances et transformé la biologie de science de description en science d'action, il n'en reste pas moins qu'elle est loin de tout expliquer et qu'il reste de la place pour des « iconoclastes » qui bouleverseront le dogme.

L'approche scientifique actuelle de la biologie est très analytique et réductionniste : on casse la pendule, le réveil, on isole chaque engrenage et on essaie d'en déduire le fonctionnement. En fait, en l'état actuel de nos connaissances, l'Univers serait fondé sur le concept de constantes physiques de particules élémentaires bien spécifiques, bien « choisies », permettant également une auto-organisation particulière de la matière au voisinage du zéro absolu, la vie... Ceci laisse donc la place à un grand Architecte qui aurait « choisi » une fois pour toutes ces constantes qui lui permettraient de s'autoregarder. On peut l'appeler Dieu... mais ce serait un Dieu impersonnel et extérieur.

Vivre sans béquilles ?

Il reste que chez beaucoup d'entre nous règne un besoin aussi fort que les croyances absolues, le besoin mystique d'un Dieu intérieur. Probablement part-il d'une origine biologique, venue du fond des âges. Les croyants y verront certainement la « preuve » de l'existence de Dieu, ce Tout imprimant sa transcendance dans notre pauvre enveloppe charnelle.

En réalité, nous ne sommes pas des êtres rationnels à 100 %, même si nous le voulons. Il reste en nous une part d'incertitude liée au fonctionnement même de la vie : à l'échelle génétique, un gène peut être exprimé 99 fois de la même façon et une fois d'une façon différente. Notre cerveau, à une échelle plus considérable, reflète cette part de hasard. Et cela s'ajoute à l'empreinte des croyances de la première enfance. Moi le premier, même si je ne crois pas au surnaturel, je ne peux exclure que dans une période de danger extrême, je ne ferai pas appel à une prière apprise dans mon enfance, bouée de sauvetage ultime... Pour le non mystique, il s'agit d'un reliquat de nos origines préhumaines qu'il faut accepter comme une faiblesse intermittente mais inévitable.

Pour le vrai mystique, en revanche, les rapports avec Dieu sont constants. La personne apparaît totalement intriquée à ce qui est pour elle une puissance supérieure avec laquelle elle entre en communication et parfois en extase. Dieu est en elle, elle porte les stigmates de son incarnation sur terre ou communique avec lui dans une osmose totale. En étant rationnel, j'y vois deux explications : ou bien les mystiques ont raison et ont trouvé la voie pour communiquer avec les êtres supérieurs évoqués plus haut ou bien il s'agit d'une altération cérébrale particulière. Celle-ci pourrait d'ailleurs se développer dans la population grâce à l'entraînement collectif ou à l'usage de drogues. Dans ce cas, attention danger !

Essayons de rester tolérants mais lucides : au fur et à mesure que notre connaissance s'étend, qu'elle nous donne une idée plus exacte de notre place dans l'univers et de nos origines, on pourrait penser qu'elle restreigne le besoin de Dieu en tant qu'assurance face à l'inconnu, l'ancrage aux dogmes des religions apparaissant alors plutôt comme un reliquat du passé et non comme une force de progrès. Mais quitter la quiétude des certitudes n'est pas facile. L'humanité est comme un enfant qui vient de perdre ses deux parents. Il se sent seul et perdu et a besoin de se raccrocher à quelque chose. Le chemin étroit de la connaissance est pour l'humanité un guide fragile et changeant. Il n'exclut pas un grand Architecte. L'autre choix est de s'arc-bouter sur les piliers de la religion, du Dogme intangible. Choisira-t-on de marcher sans béquilles ?

Ne jouons pas aux apprentis-sorciers !

N'oublions pas nos origines biologiques. J'observe actuellement une tendance dans la société à penser que nous ne sommes que purs esprits. Le biologique est accessoirisé, mis au service de nos désirs les plus insensés. L'esprit humain n'ayant pas de limite, nous nous sentons autorisés à faire n'importe quoi. N'en déplaise aux tenants du « tout est possible », nous restons soumis à des contraintes biologiques.

L'humanité est un système biologique unique qu'il nous faut voir d'un œil nouveau. Un niveau d'organisation des êtres vivants qui, à l'inverse des systèmes vivants nous précédant dans la chaîne de la vie, n'a pas encore trouvé ses mécanismes de régulation. Sur ce plan, nous devons nous poser une question : doit-on toujours rechercher une croissance économique ? Je n'en suis pas sûr : à l'exception de l'espèce humaine, toutes les sociétés, tous les organismes biologiques régulent leur croissance. Il n'y a pas de croissance biologique illimitée puisque celle-ci épuise toujours le milieu. Des facteurs limitants s'intercalent inévitablement. L'humanité le réalise depuis quelques années seulement, c'est à elle maintenant de trouver son propre moyen de régulation. Ce n'est pas évident, je le concède, parce que nous autres humains n'avons plus à subir de facteurs réducteurs comme les autres espèces vivantes. Seule la conscience humaine nous aidera à les définir.

Plus que les autres, les scientifiques détiennent une grande responsabilité. Comme les médecins prêtent le serment d'Hippocrate, chacun d'entre nous devrait s'engager solennellement à ne jamais entreprendre de recherches conduisant à la destruction de la nature humaine. Ne forçons pas la nature, ne dilapidons pas le patrimoine de l'humanité par des manipulations hasardeuses ou des expériences prématurées.

Les progrès de la science n'ont de raison d'être que s'ils bénéficient aux hommes du monde entier. On a souvent prêté à André Malraux la phrase : « Le XXIe siècle sera religieux ou ne sera pas. » En fait, le XXIe siècle a un nouveau grand Livre : ce n'est ni la Bible ni le Coran, c'est un Livre universel s'affichant sur la toile Internet, un Livre accessible à tous et qui s'enrichit tous les jours de nouvelles pages.

Glossaire

Acides aminés (ou amino-acides) : molécules jouant le rôle de « briques », éléments constitutifs des protéines. On en connaît une vingtaine dans le vivant, avec de légères variantes chez certaines plantes. Leur association dans un ordre spécifique permet des combinaisons en très grand nombre, chacune donnant une spécificité de fonction aux protéines. Chacune de ces molécules contient un groupement basique, aminé (NH2) et un groupement acide (COOH), mais certaines sont « neutres », d'autres plus « basiques » car constituées de plusieurs groupes aminés (la lysine par exemple), d'autres plus « acides » (l'acide aspartique). Il existe également des acides aminés « hydrophobes » qui eux sont surtout associés aux lipides (comme le tryptophane).

Acide nucléique : polymère formé par l'association de quatre nucléotides différents. Un nucléotide résulte de l'association d'une base (purique ou pyrimidique), d'un sucre (ribose ou désoxyribose) et d'un ion phosphate. Les acides nucléiques sont les supports du code génétique donc de l'hérédité. Il en existe deux types : les ADN dont le sucre est un désoxyribose et les ARN dont le sucre est un ribose. Les acides désoxyribonucléiques ou ADN constituent le support de l'hérédité chez tous les êtres vivants organisés. L'acide ribonucléique ou ARN est seulement le support de l'hérédité chez certains virus, son rôle principal dans le vivant étant celui d'un messager grâce à sa fonction de transmission entre l'ADN et les protéines. C'est sur l'ARN que le code est lu pour faire la traduction en protéines.

Adénosine triphosphorique (ATP) : une molécule-clé très énergétique, source principale de l'énergie cellulaire.

Adjuvant : substance augmentant le pouvoir immunogène des vaccins. Le plus utilisé de nos jours est constitué de sels d'aluminium.

ADN : acide désoxyribonucléique, constituant essentiel des chromosomes, support de l'information génétique. Il se présente généralement sous la forme d'une double hélice à deux brins. (Voir acide nucléique.)

Anticorps : protéines produites par les lymphocytes B pour répondre à la présence d'antigène. Chaque anticorps est spécifique d'un antigène donné (une protéine en général mais il peut aussi s'agir d'un polysaccharide ou d'un acide nucléique). Les anticorps constituent l'un des deux bras du système immunitaire (l'immunité humorale, l'autre étant l'immunité cellulaire). Les anticorps neutralisants jouent un rôle de défense important face aux bactéries et aux virus en les agglutinant pour les empêcher de se fixer sur leurs cibles

Antigène : substance (protéine en général) présente à la surface d'une cellule ou d'un micro-organisme et qui, introduite dans un organisme étranger, déclenche l'apparition d'un anticorps spécifique capable de reconnaître et de se fixer sur cet antigène pour le neutraliser et le détruire. Mais il existe aussi des antigènes reconnus par les cellules cytotoxiques après avoir été découpés en morceaux : en se fixant aux protéines réceptrices du système HLA, ces antigènes sont en quelque sorte « digérés », disséqués, la réponse des cellules cytotoxiques intervenant ensuite pour détruire ces petits morceaux d'antigènes.

Apoptose : décrit pour la première fois en 1972 par une équipe britannique (Kerr, Wyllie et Currie), ce phénomène traduit un véritable suicide des cellules. Il est déclenché par toute une cascade d'enzymes à partir d'un signal venant de l'extérieur. Ce terme poétique aux racines grecques a été inspiré par la chute programmée des feuilles des arbres en automne (*apo* pour éloignement et *ptose* pour chute). C'est un processus physiologique qui permet par exemple une disparition de certains clones cellulaires qui pourraient être nocifs en sur-nombre (c'est le cas des défenses immunitaires) mais il peut aussi s'agir d'un phénomène pathologique : quand l'apoptose est trop forte, elle entraîne une surmortalité cellulaire. C'est le cas dans le Sida où elle entraîne la mort des lymphocytes en trop grand nombre. Découverte dans les années 1970 mais réellement analysée au début des années 1980, l'apoptose intervient par des mécanismes biochimiques très complexes : par l'intermédiaire d'enzymes d'origine cellulaire découpant l'ADN en petits fragments, mais aussi par l'intermédiaire de cystéines protéases (les caspases) détruisant certaines protéines.

ARN : acide ribonucléique, polymère formé de nucléotides dont le sucre est le ribose. Il transporte le code génétique à partir de l'ADN. Il en existe quatre grands types : l'ARN constitutif des ribosomes ; l'ARN de transfert ; l'ARN messager qui permet au niveau des ribosomes la lecture de l'information génétique par les ARN de transfert (traduction aboutissant à la formation des protéines) ; et enfin l'ARN constituant le génome des virus dits à ARN comme ceux de la grippe ou du Sida.

Athérome : masse ou plaque de dégénérescence survenant dans les parois des artères. Les plaques d'athérome touchent avec prédilection les artères du cœur (coronaires), du cerveau (carotides) et des jambes. Selon leur localisation dans le système vasculaire, elles entraînent des maladies cardiovasculaires diverses.

Auto-immunité : réaction du système immunitaire contre les éléments du « soi » pouvant conduire à des destructions tissulaires (gaine de myéline des cellules nerveuses dans la sclérose en plaques, cartilages des articulations dans la polyarthrite rhumatoïde, cellules de Langerhans du pancréas dans certaines formes de diabètes, etc.).

AZT : un des premiers inhibiteurs de la multiplication du VIH, agissant sur son enzyme transcriptase inverse.

CD4 et CD8 : les CD *(Cluster of Differenciation)* sont des protéines présentes à la surface des lymphocytes qui peuvent être définies par des anticorps monoclonaux spécifiques. Il en existe plus de 200, dont les CD4 et les CD8 qui permettent de différencier deux sous-types de lymphocytes T. Les lymphocytes CD4 sont les plus diminués et les plus atteints dans le cas du Sida car ils constituent la cible principale du virus. Les lymphocytes CD8 sont plutôt associés aux défenses cytotoxiques de l'immunité. *Voir aussi* Lymphocytes T4 et T8.

Chromosome : *voir* ADN.

Cytokines : protéines produites par les cellules du système immunitaire qui permettent de transmettre des signaux en agissant sur d'autres cellules du système immunitaire soit pour stimuler soit, au contraire, pour inhiber le fonctionnement de ces cellules. On peut citer par exemple le TNF Alpha *(Tumor Necrosis Factor Alpha)* qui comme son nom l'indique peut détruire les cellules tumorales mais qui peut aussi entraîner des réactions auto-immunitaires extrêmement fortes et dommageables (dans les polyarthrites rhumatoïdes notamment, en induisant une destruction des cellules articulaires). L'interféron constitue également un groupe de cytokines dont le rôle sur les cellules est plutôt négatif même si certaines d'entre elles (l'interféron gamma) stimulent le système immunitaire, notamment les cellules cytotoxiques.

Cytoplasme : partie de la cellule eucaryote (cellule des organismes supérieurs par opposition aux procaryotes qui comprennent les bactéries) limitée par une membrane externe. Le cytoplasme contient un cytosquelette, des membranes internes, l'appareil de synthèse des protéines et divers organites telles les mitochondries *(voir plus bas).*

Cytosine : base azotée, et plus exactement une base pyrimidique. On la trouve sous forme de nucléotide (associée à un sucre, le désoxyribose et à un phosphate comme élément de la chaîne d'ADN – dans l'ARN le désoxyribose est remplacé par le ribose).

Dopamine : la dopamine est l'une des nombreuses substances chimiques qui servent de neurotransmetteur dans le cerveau. C'est le neurotransmetteur impliqué dans le désir, le plaisir, le mouvement. Son déficit dans certaines régions du cerveau est associé à la maladie de Parkinson.

Enzyme, état enzymatique : protéine qui, en faible quantité, présente la propriété de catalyser une réaction biochimique et de se retrouver intacte à la fin de cette réaction. Elle est indispensable au fonctionnement vital. Citons parmi elles les polymérases, capables de faire la synthèse d'ARN ou d'ADN, les protéases qui coupent les protéines en petits morceaux et les nucléases détruisant les acides nucléiques de la même manière. La catalase, qui joue un rôle important dans le cas du stress oxydant, est également une enzyme : elle transforme l'eau oxygénée (un réactif oxydant très puissant) en eau ordinaire (neutre).

Facteurs de croissance : protéines de « signalisation » sécrétées par des cellules de l'organisme capables de stimuler la multiplication d'autres cellules du même organisme par une fixation sur des récepteurs spécifiques de ces dernières.

FPP : *Fermented Papaya Preparation*/extrait de papaye fermentée : produit de santé naturelle préparé par fermentation à partir du fruit frais ayant des propriétés antioxydantes ou inductrices d'un état antioxydant, présentant également des effets immuno-stimulants locaux. Ce nom est une marque déposée de la firme japonaise Osato.

Gène : unité de l'hérédité composée d'ADN portant l'information nécessaire à la synthèse d'une protéine.

Génome : ensemble des gènes présents dans chaque cellule d'un être vivant ou d'un virus. Le génome humain renferme entre 25 000 et 30 000 gènes. On sait désormais que le génome du chimpanzé est à 98 % identique au génome humain mais les gènes présentent la particularité de pouvoir être lus de différentes façons : le génome est une sorte de disque dur, une simple base de données dont l'enchaînement et la traduction aboutissent à d'énormes différences.

Glutathion : petite molécule composée de trois acides aminés : glutamine, cystine, glycine à grande capacité antioxydante et détoxifiante. Il est synthétisé dans l'organisme par une enzyme, la glutathion-synthétase.

8-Hydroxyguanine : provient de l'oxydation d'une des

bases de l'ADN, la guanine, que l'on trouve dans le sang et l'urine après action d'agents induisant un stress oxydant tels que les radiations ionisantes.

Interféron : ensemble de protéines produites par des cellules ou des tissus en réponse à une infection par un virus. Ces protéines ont un effet antiviral puissant et aussi immunomodulateur (elles modulent les réponses immunitaires). On recense trois espèces principales d'interféron : alpha, bêta et gamma. Ces derniers ont en outre les capacités de moduler les réactions immunitaires d'autres cellules. Il n'existe qu'une seule espèce d'interféron gamma (produit par les lymphocytes) et d'interféron bêta (fabriqué par les cellules du tissu conjonctif) alors que l'on compte plus d'une douzaine d'espèces moléculaires différentes d'interféron alpha (celles-ci étant produites par les lymphocytes).

Interleukine : facteur de croissance de la famille des cytokines. Dans le cadre du Sida, les séropositifs présentent un déficit d'interleukine 2 circulante.

Ion : atome ou assemblage d'atomes (molécule) ayant gagné ou perdu un ou plusieurs électrons. Il existe deux catégories d'ions : les cations portent une ou plusieurs charges électriques positives (correspondant chacune à la perte d'un électron), les anions une ou plusieurs charges électriques négatives (grâce à l'addition d'un électron).

Ischémie : brusque chute de la circulation sanguine entraînant une oxygénation.

Leucémie : cancer pouvant résulter de la prolifération anormale des cellules des lignées blanches du sang (lymphocytes, monocytes).

Leucocytes : globules blancs présents dans le sang et les organes lymphatiques. Il existe trois grandes classes de leucocytes : les polynucléaires (ou granulocytes), les lymphocytes, et les monocytes, qui deviennent macrophages lorsqu'ils sont activés.

Leucotriènes : dérivés oxydatifs des acides gras polyinsaturés proches des prostaglandines, capables de déclencher de puissantes réactions inflammatoires.

Liposomes : les liposomes sont des petites vésicules

fabriquées artificiellement constituées de lamelles de phospholipides, séparées les unes des autres par des compartiments aqueux. Ils ont une structure très proche de celle des membranes cellulaires, ce qui leur permet de fusionner avec elles en libérant le ou les principes actifs qu'ils contiennent. Dans les liposomes, on peut inclure des principes actifs lipophiles dans la paroi ou hydrophiles dans la cavité centrale.

Lymphocytes B : classe particulière de leucocytes qui sécrètent les anticorps. (B pour « Bourse de Fabricius », petit organe glandulaire dans le croupion du poulet.) Chez l'homme, les lymphocytes B sont produits par la moelle osseuse.

Lymphocytes T : classe particulière de leucocytes ainsi nommés parce qu'ils dépendent du thymus. Ils se subdivisent en plusieurs groupes dont les lymphocytes T4 et T8.

Lymphocytes T4 (ou CD4) : lymphocytes auxiliaires dont le rôle est de stimuler les autres cellules du système immunitaire.

Lymphocytes T8 (ou CD8) : lymphocytes classés en deux sous-groupes : les lymphocytes cytotoxiques qui reconnaissent les cellules porteuses d'antigènes étrangers et les tuent, et les lymphocytes suppresseurs dont le rôle est de moduler la multiplication des clones lymphocytaires CD4 et CD8 en réaction à un antigène afin d'éviter un emballement du système immunitaire.

Lymphome : tumeur maligne affectant les tissus lymphoïdes, c'est-à-dire les organes constitutifs du système immunitaire (ganglions lymphatiques, follicules de l'intestin, de la rate, du thymus) qui hébergent les lymphocytes différenciés.

Macrophages : cellules des tissus capables de phagocytose. Les monocytes en constituent les précurseurs à l'état de repos. Quand ils sont activés (face à une bactérie par exemple), ils prennent du volume et sécrètent des enzymes puissants ainsi que des radicaux libres (composants très oxydants dérivés de l'oxygène ou associés à du chlore) pour détruire les microbes pathogènes. Ils meurent ensuite inexorablement.

Maladies opportunistes : maladies apparaissant chez un organisme dont les défenses immunitaires sont devenues déficientes, situation entraînant la prolifération d'agents infectieux normalement contrôlés par l'organisme.

Métabolisme : ensemble des processus bioénergétiques nécessaires au maintien de la vie des cellules et de l'organisme.

Mitochondries : petits organites présents dans le cytoplasme des cellules eucaryotes, qui jouent un rôle fondamental dans la respiration cellulaire et la synthèse de composés chimiques riches en énergie comme l'ATP (adénosine triphosphorique), molécule présentant des liaisons très énergétiques qui une fois transformée en ADP (adénosine diphosphorique) ou en AMP (adénosine monophosphorique) libère des calories. Les mitochondries sont en quelque sorte les batteries de la cellule et de l'organisme (les contractions musculaires sont possibles grâce à l'énergie chimique obtenue à partir de l'ATP).

Monocytes : *voir* Macrophages.

Mutation : modification de l'information génétique contenue dans un gène par changement d'une ou plusieurs bases de l'acide nucléique.

Mycoplasmes : petites bactéries sans membrane rigide qui peuvent parasiter des cellules d'organismes supérieurs en se collant à leur surface. Elles peuvent également être multipliées dans un milieu de culture sans cellule, enrichi en protéines du sérum.

Nucléoside : élément constitutif des acides nucléiques (ADN et ARN) constitué d'une base azotée (purine ou pyrimidine), associée à un sucre, le ribose pour l'ARN, le désoxyribose pour l'ADN.

Nucléotide : molécule constituée d'un sucre, d'une base purique ou pyrimidique et d'une molécule d'acide phosphorique, formant l'élément constitutif des chaînes d'ADN et d'ARN. Il existe quatre nucléotides différents – à partir des quatre bases : adénine, guanine, cytosine, thymine (ADN) ou uracile (ARN) – et leur enchaînement spécifique constitue le code génétique.

Oncogène : gène favorisant l'apparition de cancers dérivé par mutation ou mauvais usage d'un gène ayant une fonction normale dans la cellule, impliqué notamment dans la division cellulaire.

ONUSIDA : Programme commun des Nations unies sur le VIH/SIDA.

Pandémie : une pandémie est une épidémie à grande échelle qui s'étent à la quasi-totalité d'une population d'un ou de plusieurs continents, voire dans certains cas de la planète.

PCR *(Polymerase Chain Reaction)* : technique permettant d'amplifier d'une façon considérable des séquences spécifiques d'ADN ou d'ARN, applicable notamment à la détection d'acide nucléique viral dans les cellules infectées ou dans le plasma des patients.

Phagocytose : mécanisme qui permet à une cellule sanguine de type polynucléaire ou macrophage de reconnaître un micro-organisme étranger, de l'absorber dans son cytoplasme puis de le détruire et de le digérer.

Plasmide : boucle d'ADN d'origine bactérienne capable de se répliquer.

Polynucléaires neutrophiles (PNN) ou **granulocytes neutrophiles :** les neutrophiles sont des globules blancs du sang appartenant à la lignée blanche (leucocytes), qui jouent un rôle important dans le système immunitaire. On les appelle polynucléaires en raison d'une erreur historique : de part le caractère lobé de leur noyau (de deux à cinq lobes en général), on a longtemps cru que ces cellules possédaient plusieurs noyaux. Le qualificatif de « neutrophile » vient aussi d'une caractéristique visible en microscopie optique : après ajout des colorants vitaux usuels, ces cellules restent neutres (elles fixent les colorants acides et basiques).

Polysaccharides : les polysaccharides sont des chaînes plus ou moins longues de sucre qui peuvent être des éléments de reconnaissance entre cellules et agents pathogènes. Elles jouent un rôle également dans le stockage de l'énergie (glicogène, amidon, etc.).

Primo-infection : premier contact d'un organisme vivant

avec un agent infectieux, pouvant être accompagné ou non de signes cliniques.

Prion : protéine pouvant prendre une conformation anormale conduisant à une pathologie dégénérative transmissible du cortex cérébral, telle que la maladie de Creutzfeld-Jacob ou la maladie de la vache folle.

Prostaglandines : les prostaglandines sont des hormones dérivées d'acides gras non saturés qui jouent un rôle dans les réactions inflammatoires.

Protéine : molécule qui est un élément essentiel des organismes vivants, composée de l'enchaînement d'acides aminés. Les protéines peuvent servir à la fois de soutien (ce sont les éléments de la structure de la cellule), de reconnaissance et de transfert de signaux ou de catalyseurs (les enzymes).

Radicaux libres : substances extrêmement réactives dérivées de l'oxygène, capables ainsi d'oxyder les principales constituantes de l'organisme : protéines, acides nucléiques, lipides. Leur excès conduit à l'installation d'un stress oxydant.

Réplication : multiplication à l'identique d'une molécule telle que l'ADN ou d'un virus.

Rétrovirus : virus dont les particules virales (virions) possèdent un génome formé d'ARN et dont la nucléocapside (composée d'ARN et de protéines) est entourée d'une enveloppe lipidique. Il possède pour sa réplication une enzyme spécifique, la transcriptase inverse, qui permet la rétro-transcription de l'ARN viral en ADN, cet ADN pouvant ensuite s'intégrer dans le génome, dans les chromosomes de la cellule.

Sarcome de Kaposi : affection cancéreuse caractérisée par la multiplicité de lésions à caractère hémorragique siégeant essentiellement dans la peau ou les viscères et les ganglions.

Séropositif : état d'un être humain ou d'un animal dont le sérum contient des anticorps contre un agent infectieux. Dans le cas du Sida, l'agent est le VIH.

SIV *(Simian Immunodeficiency Virus)* : rétrovirus qui infecte des singes, proche du VIH-2 humain. Chez le macaque, il provoque une maladie analogue au Sida humain. Chez le mangabey et le singe vert, ce type de virus entraîne une séroconversion (apparition d'anticorps spécifiques contre le virus) mais pas de maladie. Le chimpanzé quant à lui est infecté par un autre virus, le CPZ, proche du VIH-1.

Stress oxydant ou stress oxydatif : état de déséquilibre biochimique constitué par un excès de molécules extrêmement réactives dérivées de l'oxygène (radicaux libres), lorsque les défenses antioxydantes de l'organisme sont insuffisantes.

Superoxyde dismutase (SOD) : enzyme impliquée dans un système antioxydant endogène permettant de convertir l'anion superoxyde, le radical libre le plus agressif, en peroxide d'hydrogène (eau oxygénée) moins agressive qui peut être convertie en eau par une autre enzyme, la catalase. La SOD peut être extraite des globules rouges du sang ou de différents végétaux comme le melon.

Syncitium : association de plusieurs cellules dont les membranes ont fusionné.

Système immunitaire : système chargé de défendre l'organisme contre les agressions extérieures. Il repose sur des globules blancs (ou leucocytes) produits à partir de ganglions, de la rate, du thymus ou de la moelle osseuse. On distingue un bras spécifique, l'immunité humorale (lymphocytes produisant des anticorps) et cellulaire (lymphocytes cytotoxiques) et un bras « inné » constitué de cellules existant indépendamment de l'antigène, qui préexistent dans l'organisme pour répondre immédiatement à toutes les agressions. Quand on est infecté, la réponse spécifique demande du temps (deux semaines sont nécessaires à la formation des anticorps et une semaine environ pour les cellules cytotoxiques), alors que la réponse innée est immédiate (les macrophages ou cellules NK, « *natural killers* », les macrophages, et l'interféron pour les virus).

Télomères : ADN situé aux bouts des chromosomes. Ces séquences de nucléotides répétitives diminuent – dans les cellules normales – à chaque division cellulaire. Les télomérases, groupe d'enzymes, sont capables de maintenir le télomère à son état initial malgré ces divisions mais elles n'existent que chez les cellules souches et les cellules cancéreuses. Une cellule différenciée, elle, perd peu à peu ses télomères à chaque fois qu'elle se réplique et arrêtera de se diviser quand elle n'en aura plus. Les télomères sont donc des séquences « signaux » du comptage et de la limitation du nombre de divisions cellulaires.

TNF *(Tumor Necrosis Factor)* : *voir* Cytokines.

Transcriptase inverse : enzyme intracellulaire permettant chez les rétrovirus la transcription (transfert de l'information génétique) « reverse » de l'acide ribonucléique (ARN) viral en acide désoxyribonucléique (ADN) et non de l'ADN en ARN comme cela se produit ordinairement et qui, en s'intégrant au génome de la cellule hôte, constitue le provirus et renferme toute l'information génétique pour produire à nouveau du virus (par de nouveaux virions). La famille des rétrovirus, à laquelle appartient le virus de l'immunodéficience humaine (VIH), est caractérisée par la présence de cette enzyme, à laquelle elle doit son nom, *retro* signifiant « en sens contraire » en latin.

Trithérapie : une combinaison de trois médicaments actifs sur les enzymes du virus du Sida comprenant des inhibiteurs de la transcriptase inverse du virus, dérivés ou non de nucléosides et des inhibiteurs de la protéase. En général le traitement, qui consiste en un composé de chaque groupe, parvient à juguler la multiplication virale sans toutefois l'éliminer totalement.

VIH : virus de l'immunodéficience humaine, agent causal du Sida. Il existe deux grands types de ces rétrovirus, VIH-1 et VIH-2, chacun ayant de multiples variants.

Virus : agent infectieux formé d'unités très simples, appelées virions, comportant un génome constitué d'acide nucléique (ARN) et d'une coque protéique, éventuellement entourée d'une enveloppe membranaire. La coque protéique (capside) entoure le génome pour former une nucléocapside. Les virus sont des parasites intracellulaires absolus : ils ne peuvent se reproduire qu'en parasitant des cellules.

Notes et références

1. Par exemple, l'interleukine 2 va augmenter la réponse immunitaire de type cellulaire et diminuer la réponse de type humorale. On a ainsi utilisé en thérapeutique de l'interleukine 2 fabriquée artificiellement pour augmenter la réponse cellulaire à l'infection par le VIH qui semble plus efficace que la réponse humorale.

2. C'est à l'Autrichien Hans Selye, médecin physiologiste et biochimiste, que l'on doit la théorie du « stress », un terme qu'il employa dès la fin des années 1930 et qu'il définissait comme « une réponse non spécifique de l'organisme à toute stimulation ». Après avoir fondé l'Institut de médecine et de chirurgie expérimentale de l'université de Montréal en 1945, il créa l'Institut international du stress en 1977 où il développa sa théorie sur le « syndrome général d'adaptation ». Décédé en 1982, il a consacré plus de cinquante ans à l'étude de ce phénomène et une vingtaine de livres de *The stress of the life* en 1956 à *The stress of my life*, son autobiographie.

3. Elles utilisent par exemple des protéines produites par des gènes normalement exprimés uniquement dans la période embryonnaire, protéines aptes à neutraliser les lymphocytes T cytotoxiques.

4. Les résultats de cette étude ont été publiés dans la revue *Science* du 18 février 2005.

5. Intitulé « Le nouveau puzzle mondial, Quel monde pour l'Union européenne en 2025 », ce rapport de l'Institut d'études de sécurité (IES) de l'Union européenne a été établi à la demande de l'Agence de défense européenne (ADE). Ce document est le fruit d'une synthèse de 700 études réalisées par des agences spécialisées, des centres de recherches et autres organismes à travers le monde.

6. *Le cru et le cuit*, 1964.

7. Si l'on en croit ce chiffre publié par la Haute autorité de santé, le risque nosocomial serait en recul puisqu'il s'élevait à 10 000 morts dix ans plus tôt. La sensibilisation des personnels soignants, un meilleur respect des règles d'hygiène et des procédures de stérilisation expliqueraient cette baisse. Cependant, selon un rapport parlementaire présenté en juin 2007, « les infections nosocomiales seraient en cause pour 9 000 décès par an (6,6 % des 130 000 décès annuels à l'hôpital), dont 4 200 concernent des patients pour lesquels le pronostic vital n'était pas engagé à court terme ». Selon ce même

rapport, 30 % des infections pourraient être évitées (soit 1 250 décès). Toujours est-il qu'en 2006, on enregistrait officiellement 750 000 cas de contaminations par an en France (pour moitié chez des personnes de plus de soixante-cinq ans) ce qui signifie que ces infections (urinaires le plus souvent, respiratoires et osseuses) touchent 1 malade sur 20 ! Soit un coût de 200 millions d'euros pour l'Etat.

8. Etude menée par l'équipe de Christopher Murray de l'université de Harvard et publiée dans *The Lancet* en décembre 2006.

9. La vaccination contre la variole a été arrêtée en 1979 en France et en 1984 pour les rappels.

10. Lymphogranulomatose vénérienne rectale, MST autrefois connue sous le nom de maladie de Nicolas et Fabre.

11. Fondateur du Institute for Molecular Medicine, Garth Nicholson s'est lancé dans ces recherches sur le Syndrome de la Guerre du Golfe et sur les maladies chroniques à la suite d'une infection contractée par sa fille dans la conflit.

12. *Histoire du sida*, Mirko D. Grmek (Edition revue et augmentée, Petite Bibliothèque Payot, 1995).

13. Notons qu'en 2008 la discrimination est toujours le lot des séropositifs dans bien des domaines, ne serait-ce qu'en matière d'assurances ou... du droit élémentaire de circuler d'un pays à l'autre. Ainsi, dans beaucoup de pays comme les Etats-Unis et la Russie, il est obligatoire de déclarer sa séropositivité avant d'entrer sur le territoire. Dans d'autres pays comme l'Australie, le Canada, la Chine... un test VIH négatif est obligatoire pour y séjourner au-delà d'un certain temps. Au total, des mesures discriminatoires parfois rédhibitoires ont été relevées dans près de la moitié des états-membres de l'ONU !

14. *Emerging Viruses : Aids & Ebola – Nature Accident or Intentional ?* (Tetrahedron Press, 1998).

15. *La Rivière (The River : A Journey to the Source of HIV and AIDS*, Edward Hooper, Little Brown, 1999).

16. Ce calcul est basé sur la diversité des souches existant en Afrique, plus grande que dans les autres continents. Cette diversité traduirait une durée d'évolution plus grande. Il faut cependant noter qu'un sous-type peut correspondre à une adaptation du virus au terrain génétique d'une population. Or l'Afrique est le continent où l'on rencontre la plus grande diversité génétique à travers de très nombreuses ethnies.

17. *Viral Sex : The Nature of Aids* (Jaap Goudsmit, Oxford University Press, 1997).

18. C'est grâce à cette espèce très utilisée dans les laboratoires que l'on a découvert le facteur du même nom déterminant les groupes sanguins.

19. Source Onusida. Selon ce chiffre avancé de 150 000 séropositifs (la notification obligatoire de la séropositivité n'est effective en France que depuis 2003), on compterait 32 000 femmes. Quant au nombre annuel de décès au stade de Sida, il s'élevait à près de 1 500 personnes en moyenne (estimation du ministère de la Santé établie pour le début des années 2000 avant que l'épidémie ne reprenne sa progression dans l'hexagone).

Selon une autre estimation, très proche, de l'Institut de veille sanitaire (InVS) publiée en 2005, environ 40 000 décès étaient imputables en France au Sida depuis son apparition.

20. Inhibiteurs de transcriptase inverse (bloquant la réplication du virus) et bientôt d'intégrase (enzyme permettant l'intégration de l'ADN viral dans le génome cellulaire), antiprotéases (empêchant une maturation rendant les particules virales infectieuses), inhibiteurs de fusion (entre la membrane du virus et celle de la cellule hôte), de fixation du virus sur ses récepteurs spécifiques...

21. *Des virus et des hommes* (Luc Montagnier, Editions Odile Jacob, 1994).

22. Plus récemment, l'utilisation d'inhibiteurs extrêmement spécifiques d'enzymes d'origine virale (inhibiteurs non nucléosidiques de la transcriptase inverse et de la protéase) a permis de réduire à quasiment zéro la quantité de particules virales dans le sang et en même temps a conduit à une restauration significative du système immunitaire, en particulier par une remontée des lymphocytes CD4.

23. Cette mutation, plus précisément cette « délétion » (absence de 32 nucléotides sur le chromosome) touche une molécule de surface des lymphocytes impliquée dans la fixation du virus à ces lymphocytes, plus précisément un gène codant pour le co-récepteur cellulaire CCR5 du virus, le récepteur principal étant la molécule CD4 à la surface des lymphocytes du même nom.

24. Dans l'état homozygote, la mutation touche les deux éléments de la paire de chromosomes qui portent chacun une copie du gène. Il s'oppose à l'état hétérozygote où la mutation n'existe que sur un des éléments du chromosome.

25. Notamment la protéine Tat et la protéine de surface : nous avons constaté *in vitro* que de toutes petites quantités de Tat pouvaient induire des signaux conduisant à l'apoptose des lymphocytes.

26. Nanomètre (nM) : un millième de micro-mètre ou un millionième de millimètre.

27. Selon une enquête menée au Canada en 2000 (source : Agence de Santé Publique du Canada).

28. Sommet des Chefs d'Etat et de Gouvernement de l'OUA sur le VIH/SIDA, la tuberculose et autres maladies infectieuses connexes, 24-27 avril 2001, Abuja, Nigeria.

29. Le canaripox appartient à la famille des poxvirus, de gros virus dont font aussi partie les virus de la variole et de la vaccine.

30. Les trois acides aminés constitutifs du glutathion sont la glycine, la cystéine et l'acide glutamique.

31. Deux fois prix Nobel (de chimie en 1954 et de la paix en 1962), précurseur de la nutrithérapie qu'il appelait « nutrition orthomoléculaire », le « pape de la vitamine C » en préconisait une consommation élevée pour augmenter la résistance immunitaire, notamment chez les malades atteints de cancer.

32. Prix Nobel de médecine en 1937, le biologiste hongrois Albert Szent Györgyi a découvert la vitamine C dès la fin des années 1920. Les vertus de

l'acide ascorbique (nom dérivé de « scorbut »...) étaient cependant connues depuis le milieu du XVIIIe siècle lorsque l'Anglais James Lind découvrit que des citrons ou des oranges pouvaient guérir les marins de la Royal Navy du scorbut (maladie qui se caractérisait par de graves hémorragies).

33. En France, selon les chiffres officiels (données du ministère de l'Economie, des Finances et de l'Industrie datant de 2000), le bilan global de l'environnement radioactif, toutes origines comprises, représente une exposition moyenne d'environ 3,4 milli-sieverts *(voir ci-dessous)* par an et par personne tandis que les dernières normes de sécurité fixent la dose à ne pas dépasser dans les activités humaines (pour une installation nucléaire par exemple) à 1 mSv par an. Les expositions médicales (radiologies, actes de diagnostics...) représenteraient selon ce bilan plus de 40 % des sources. Le radon compte pour 34 %, le rayonnement des sols 11 %, les radiations cosmiques 7 %, les eaux et les aliments 6 % et la catégorie « Autres » (essais atmosphériques d'armes nucléaires, industries) seulement 1 %... Quoi qu'il en soit cette pollution radioactive s'ajoute à d'autres sources de rayonnement abaissant nos défenses et induisant un fort stress.

Le sieverts (1 Sv = 100 rem), unité « Equivalent de dose », permet théoriquement d'apprécier le risque biologique des rayonnements ionisants sur les tissus vivants. Les seuils de dangerosité dépendent de la sensibilité des tissus : le risque de cataracte par exemple intervient à partir d'environ 5 sieverts, la diminution des lymphocytes et des plaquettes à partir de 0,5 Sv, les affections cancéreuses à des « doses cumulées » supérieures à 0,2 Sv.

34. La fréquence utilisée par nos fours à micro-ondes, 2,4 giga-hertz, correspond en effet à la fréquence de résonance de l'eau. Or n'oublions pas que celle-ci constitue 70 % de notre organisme...

35. La fréquence des CEM étudiés se situe entre 0 et 300 GHz (rayonnements dits « non ionisants »). Dans cet intervalle on différencie trois types de champs : les champs statiques (le champ magnétique naturel ou celui d'un IRM...), les champs d'extrêmement basse fréquence (des installations électriques, des écrans d'ordinateur...) et les radiofréquences (la FM, le four micro-ondes, les antennes de téléphonie mobile...).

36. Etude publiée dans la revue américaine *Circulation* du 8 février 2005.

37. Résultats d'une enquête européenne de l'Agence internationale de recherche sur le cancer, publiée en décembre 2004 dans *The Lancet*.

38. Cette nouvelle réglementation imposée sous le terme « Reach » (pour Registration, evaluation and authorization of chemicals) instaure la mise en œuvre d'un nouveau système d'enregistrement, d'évaluation et d'autorisation pour les substances chimiques : 30 000 d'entre elles, les plus courantes, devront être consignées au plus tard avant 2018 dans une base de données européenne centralisée à Helsinki, qu'elles soient fabriquées ou importées dans l'Union. Les compagnies ont désormais l'obligation de certifier l'innocuité des substances dont elles assurent la commercialisation, études toxicologiques à l'appui.

39. Un autre indicateur instructif est celui du suivi régulier de *Que Choisir*. Les principaux résultats des relevés du magazine effectués en 2005 (cf. n°424) sur 37 salades et 30 pommes donnaient ceci : parmi les salades conven-

tionnelles, moins d'un tiers était exempt de résidus et 15 molécules ont été trouvées sur les autres, dont 1 (sur une salade de marché) au-delà des limites maximales de résidus (LMR) ; sur les pommes, 11 molécules différentes ont été recensées, dont 1 (sur un fruit vendu en hypermarché) trahissant la présence d'un pesticide autorisé exclusivement sur les agrumes. Dans les deux catégories, les produits biologiques ne présentaient aucune trace de pesticides.

40. La catalase permet à l'un des derniers produits de la chaîne oxydante, l'eau oxygénée, de se convertir en eau ordinaire, non oxydante. En l'absence de catalase, il y a donc accumulation de péroxyde d'hydrogène donc d'eau oxygénée.

41. Il faut savoir que le ratio cholestérol / vitamine E est un marqueur aussi important, la vitamine E étant à la fois un transporteur du cholestérol et un antioxydant.

42. Le Dr Michel Brack a fondé en France l'un des rares centres de dépistage du stress oxydant.

43. Maladie connue de longue date puisqu'elle fut décrite pour la première fois, sous le nom de « Paralysie agitante », par James Parkinson, un neurologue anglais, à la fin du XIXe siècle.

44. Etude menée par une équipe de l'université Rush de Chicago et publiée dans la revue *Archives of General Psychiatry* en février 2007. Au terme de cette longue enquête (quatre ans) portant sur le vieillissement et pour laquelle 823 personnes de quatre-vingts ans en moyenne, au départ en bonne santé, ont été suivies, il ressort que les personnes âgées souffrant le plus d'un sentiment de solitude avaient deux fois plus de risque de sombrer dans la maladie que celles qui se plaignaient le moins d'être seules.

45. Maladie décrite pour la première fois en 1906 par le médecin allemand Alois Alzheimer.

46. Ce traitement est effectué en France par le Dr Philippe Bottero.

47. Professeur à l'université de Californie à San Francisco (au service de neurologie), l'Américain Stanley Prusiner a reçu le prix Nobel de Médecine en 1997 pour ses travaux sur le prion qu'il poursuit depuis les années 1970.

48. Cette maladie dite « des griffes de chat » s'exprime par une fièvre et des ganglions apparaissant à proximité de la griffure avec une tendance à la suppuration.

49. Fermented Papaya Preparation ou FPP.

50. Centre intégré de recherches biocliniques dirigé par le Dr Henri Chenal, créé sous l'égide de l'UNESCO par la Fondation mondiale recherche et prévention Sida, avec l'aide du gouvernement ivoirien.

51. Isocell (SOD commercialisée sous la marque Glisodine).

52. De nombreuses études ont établi une corrélation entre l'exposition aux pesticides et les cancers mais l'on détecte maintenant d'autres conséquences. Ainsi, selon une enquête de l'Ecole de santé publique de Harvard publiée en 2006 et menée sur près de 150 000 personnes, le contact avec des pesticides, en particulier chez les agriculteurs ou les personnes utilisant ces produits pour traiter leur jardin ou leurs plantes d'appartement, accroît de 70 % le risque de développer la maladie de Parkinson.

53. *100 mots pour comprendre les médicaments. Comment on vous soigne* (Editions Les empêcheurs de penser en rond, 2005).

54. Le marché mondial des médicaments ne cesse de progresser. En 2005, il représentait plus de 600 milliards de dollars, avec une progression de 7 % qui faisait suite à une croissance de 7 % en 2004 et de 10 % en 2003. Les ventes ont en particulier fortement augmenté au Japon et dans les pays émergents (Chine, Brésil, Inde, Russie, Asie du Sud-Est...).

55. Sir Alexander Fleming, médecin britannique, découvrit la pénicilline en 1928 et obtint le Prix Nobel en 1945.

56. Premier tranquillisant au monde découvert en 1950 par Henri Laborit.

57. Les dépenses de santé se répartissent entre les soins hospitaliers, les soins de ville (soins en cabinets médicaux, remboursements de médicaments, dentistes, etc., analyses, cures...), les biens médicaux (autres médicaments, lunetterie, orthopédie), les transports sanitaires et la médecine préventive (incluant la médecine du travail). En 2003, les dépenses se répartissaient ainsi : 43,5 % pour les soins hospitaliers, 26,5 % pour les biens médicaux, 26,3 % pour les soins de ville, 2,1 % pour la médecine préventive et 1,6 % pour les transports sanitaires.

En 2005, les dépenses de remboursement des médicaments ont représenté un montant de 20,2 milliards d'euros, soit plus de 30 % des dépenses de soins de ville.

58. L'action de la firme en Bourse avait perdu 50 % de sa valeur après le retrait de son anti-inflammatoire après que la FDA (Food and Drug Agency) américaine eut relevé plus de 100 000 cas de décès par crise cardiaque chez des personnes traitées par le Vioxx en cinq ans. Ces graves effets secondaires lui ont valu près de 600 procès et 70 procédures en action collective.

59. *Le Monde* du 20 décembre 2004.

60. C'est ce que l'on pouvait lire dans un numéro de *Prescrire* consacré au sujet fin 2005. La revue professionnelle rapportait notamment les conclusions d'une étude de l'Institut de recherche et de documentation en économie de la santé (Irdes) menée de fin 1992 à mi-1998 sur deux classes de médicaments très prescrits : les antidépresseurs et les macrolides (des antibiotiques). Verdict : « Quel que soit le médicament étudié, le nombre de lignes prescrites par trimestre a été fortement corrélé à l'investissement promotionnel des firmes. [...]. A chaque action promotionnelle correspondait une augmentation du nombre de prescriptions des médecins... »

61. Phrase extraite des conclusions du rapport dressé par l'Inspection générale des finances (IGF) à la demande du ministre du Budget en 2003.

62. Crick, Watson et Wilkins reçurent le Prix Nobel de physiologie (ou médecine) en 1962 pour leurs travaux. Les deux premiers, biologistes, découvrirent la structure en double hélice de l'ADN que le troisième, biophysicien, confirma par ses expériences de diffraction des rayons X.

63. Un cyto-fluoromètre permet de séparer et de compter les cellules exprimant à leur surface des protéines spécifiques après marquage approprié par des anticorps.

64. Le déficit du régime général de la Sécurité Sociale s'élevait à près de 9 milliards d'euros en 2006.

65. En France, l'espérance de vie à la naissance a pour la première fois dépassé quatre-vingts ans en 2004 : elle est de quatre-vingt-quatre ans pour les femmes et de soixante-dix-sept ans pour les hommes. Sur les cinquante dernières années, l'espérance de vie s'est allongée de trois mois par an, soit d'un an tous les quatre ans.

66. La France est l'un des pays au monde où la pollution de l'air liée au tabac est la plus importante. Selon une étude internationale conduite dans 24 pays par le Centre international de recherche sur le cancer (Circ) et l'Institut Roswell Park Cancer aux Etats-Unis, l'Hexagone se situe juste derrière la Syrie, la Roumanie, le Liban, la Belgique et Singapour. Ce constat a été confirmé en 2006 par les relevés de l'Institut national du cancer (Inca) et du Comité national contre le tabagisme (CNCT) effectués dans une cinquantaine de lieux publics (bars, discothèques, gares, aéroports, hôpitaux, entreprises...). Dans près de la moitié des lieux testés, la quantité de particules toxiques issues de la combustion du tabac dépassait le seuil critique des 250 mg par mètre cube d'air. Dans les discothèques, ce seuil dangereux pour la santé est facilement franchi, des taux de 2 400 mg ayant été relevés. Dans la rue, la moyenne s'élève à 19 mg. Par comparaison, la concentration de particules toxiques en France était 17 fois plus élevée qu'en Irlande par exemple où le tabac est interdit dans tous les lieux publics, y compris les bars et restaurants.

67. Cette horloge moléculaire ne fonctionne cependant pas pour les cellules dites « immortelles » (au potentiel de multiplication infini dans le temps), à savoir les cellules souches qui affichent une capacité illimitée de se diviser à l'état non différencié et les cellules cancéreuses.

68. Cette théorie émise par le scientifique allemand Hermann Richter au XIXe siècle s'appuie sur l'hypothèse que les origines de la vie seraient d'origine extra-terrestre et que la Terre aurait été « ensemencée » par des particules provenant de l'espace à partir de météorites ou de comètes.

Table des matières

Sida : la faille immunitaire du troisième millénaire

Ce que j'ai découvert derrière ce mal révélateur

La médecine du futur

Une vision préventive

Photocomposition PCA

Impression réalisée sur CAMERON par
BRODARD ET TAUPIN
La Flèche
en janvier 2008

Imprimé en France
Dépôt légal : février 2008
N° d'édition : 97320/01 – N° d'impression : 45502